KB122393

신안 흑산도 고대문화 조명

전남문화재연구소 연구총서 2

신안 흑산도 고대문화 조명

(재)전라남도문화관광재단

전남문화재연구소 엮음

혜안

책을 펴내며

전남 서남해 지역은 고대로부터 한·중·일 삼국을 잇는 국제해상교류의 중심지였으며 통일신라시대에는 청해진을 중심으로 동아시아의 해상무역의 중요한 거점이었습니다. 특히 다도해해상국립공원에 속해 있는 흑산도는 고대 교류의 중심지였으며 현재에는 천혜의 자연경관을 바탕으로 관광명소로서 널리 알려져 있습니다.

전라남도문화관광재단 전남문화재연구소는 이러한 전남의 역사자원을 발굴·복원하고 연구하기 위해 다양한 사업을 진행하고 있습니다. 매년 여러 석학을 모시고 국제적인 규모의 학술대회를 개최해 심도있는 연구 진척과 앞으로의 연구·조사 방향을 논의하는 자리를 마련하고 있습니다.

이 책은 재단 연구소에서 발간하는 두 번째 연구총서로 지난해 2015년 11월 12일에 개최한 '신안 흑산도 고대문화조명' 국제학술대회의 결과를 정리해 발간한 것입니다. 이기동 교수님의 기조강연을 비롯하여 여러 선생님의 발표와 토론을 통해 고대 흑산도의 고고·역사적인 연구 성과를 점검하고 동아시아라는 큰 흐름 속에서 중국과 일본과의 관계를 살펴보았습니다.

현재까지 흑산도에 대한 조사·연구가 다양하게 이루어지고 있지만 학술대회를 통해 총체적이고 종합적인 '한·중·일 해상교류의 중심지로서의 흑산도'에 대해서 다룬 적은 없었습니다. 따라서 이번 학술대회를 통해 한·중·일 삼국의 관점에서 동아시아 교류까지 해석을 확대해서 흑산도를 비롯한 서남해 섬들의 역할과 위상 등을 검토해 보고자 하였습니다.

이 한 권의 책으로 해상교류 중심지로서의 고대 흑산도의 모든 것을 설명할 수는 없겠지만 앞으로의 연구에 조금이나마 밑거름이 될 것으로 기대됩니다. 나아가 우리나라 고대사 연구에 크게 기여하기를 바랍니다.

우리 재단은 최근 관광 연구·마케팅 기능을 추가해 확대·개편되었습니다. 전남의 우수한 역사문화자원을 활용하여 체계적인 관광 인프라 구축과 함께 새로운 문화관광 프로그램을 개발하여 역사적 의미를 되살리겠습니다. 또한 앞으로도 지속적으로 우리 전남의 고대문화 위상을 조명하고 그 가치를 확대해 나갈 수 있는 각종 학술활동과 학술총서 간행을 적극적으로 장려해 연구 성과를 공유하고 도민들이 많은 관심을 가질 수 있도록 노력하겠습니다.

감사합니다.

2016년 10월
(재)전라남도문화관광재단 사무처장 오 영 상

글 싣는 차례

개회사

발표 모습

종합토론 모습

기념촬영

신라하대 및 고려시대 한·중 해상교류와 흑산도

이 기 동 (동국대학교)

I. 머리말 : 해역사에 대한 관심의 고조

지난날 한국 역사학계의 대외관계사랄까 교섭사 연구는 무언가 고정되고 그 자체로 안정된 구조의 틀 속에서 파악하려는 경향이 강했다는 느낌이 든다. 동아시아의 주축을 형성하고 있던 중심세력으로서의 중국은 이른바 화이(華夷)질서라는 것을 주변의 국가들에게 강요했고, 한편 주변국가들은 이에 사대주의의 자세로 대응한 것이 부정할 수 없는 사실이었다. 그리고 그 제도적 기초가 된 것이 바로 조공·책봉관계였다. 한국은 물론 세계 역사학계에서는 이같은 국제 관계론을 기저에 깔고 주변국가들이 중국과 벌인 교섭의 양상을 구체적으로 구명하는 데 많은 노력을 기울여왔다.

이제 서구학계의 예를 간단히 들어 보면 미국의 중국사학계 거장이었던 페어뱅크(John K. Fairbank) 교수가 기획·편집한 『중국의 세계질서 - 전통시대 중국의 대외관계』(하버드대학 출판부, 1968)가 초기의 대표적인 성과인데, 이는 중국을 둘러싼 사방의 역대 주변국가들과 중국의 교섭을 다룬 13편의 논문으로 되어 있다. 그 중에는 한·중 조공 및 책봉관계의 역사에서도 가장 완성된 형태인 전형적인 조공관계를 보여주는 조선 후기 대청(對淸)관계의 실상을 다룬 전해종 선생의 논문이 포함되어 있다. 그로부터 15년 뒤 몽골사 및 내륙아시아사를 전공하는 로사비(Morris Rossabi) 교수가 중국이 동아시아의 종주국 지위를 상실함으로써 조공·책봉관계가 시행되지 못했던 송대의 다원적 국제관계를 다룬 11편의 연구논문을 모아『동등한 국가들 가운데 중국‒10~14세기 중국과 그 인접국가들‒』(버클리 캘리포니아 내학 출판부, 1983)을 편집, 발간한 것은 주지의 사실이다. 이로써『중국의 세계질서』의 미비한 점이랄까, 약점이랄까가 일부 보완된 것은 사실인데, 11편의 논문 중 2편이 한국사와 관련된 사항을 다루고 있다. 즉 거란(遼)과 여진(金)이 고려에 끼친 충격을 다룬 로저스(Michael C. Rogers) 교수의 논문과 중국·만주·한국의 삼각관계를 전근대에 흔히 왕조의 교체를 법칙적으로 설명할 때 적용한 바로 그 음양의 순환 원리에 입각하여 고찰한 레디아드(Gari Ledyard) 교수의 논문이다.

그런데, 지금부터 대략 20여 년 전부터 국내외 역사학계에서는 새삼스레 해양사(海洋史) 내지 해역사(海域史)에 대한 관심이 일기 시작하여 현재 한국사 연구의 한 독립된 분과로까지 자리 잡게 되었다. 이는 과연 어떠한 문제 상황의 변화에 기인하는 것인가? 그것은 다름 아니라 대외관계사 연구에 있어서 국가 간의 공식적인 외교 교섭에 못지않게, 아니 그 이상으로 국가 간의 물자의 교환이라든지 인간의 이동·이주에 대한 이해가 긴요한 것이라는 인식을 그 바탕으로 깔고 있다고 생각된다. 이같은 기본인식의 변화로 말미암아 종래의 안정된 구조론적 대외관계사에 이해의 틀이 크게 흔들리고 있다는 느낌을 받게 된다. 이를 굳이 비유한다면 종래의 연구가 육상의 탄탄한 궤도 위를 달리는 철도의 이정(里程), 행방을 추적하는 것이라면, 이 해양사·해역사 연구는 그야말로 질풍노도 속에서 망망대해를 항해하는 고주

(孤舟)의 뒤를 쫓는 것처럼 매우 유동적이고 또한 그 만큼 불안정한 일면을 띠고 있다. 이는 역사 파악의 접근방법에 있어서만 느껴지는 차이가 아니라, 실제로 연구자료를 보더라도 종전의 구조론적·체제론적 연구가 정사(正史)를 비롯한 문헌자료에 주로 의거하는 데 반해, 해양사 연구에서는 관련 문헌자료가 매우 영세한 까닭에 고고학적 조사연구라든지 현장 답사에 의존하는 경우가 많은 만큼 그 자체로 연구상의 어려움이 추가되고 있는 실정이다.

이번 국제학술대회의 주제는 흑산도가 한국 고·중세에 동아시아를 무대로 한 해상교류에서 차지했던 역사적 지위를 문헌자료는 물론 최근 10수 년 간에 걸친 현지의 유적 발굴조사를 통해서 얻은 생생한 자료와 새로운 지견을 갖고 조명하려는 데 그 목표를 두고 있다. 14세기 말 고려에 대신하여 등장한 조선왕조는 국초부터 이른바 공도(空島)정책으로 대표되는 해양 포기정책을 강력하게 추진함으로써 바다를 등지고 말았다. 고려 말기 40여 년 간 한반도 해안지방을 줄곧 노략질한 왜구를 진압하는 과정에서 세력과 명성을 쌓아 온 이성계(조선 태조)는 바로 그 군사력을 갖고 역성혁명을 일으켰으나, 그 계승자들은 왜구의 재침을 걱정한 나머지 해안 도서를 깡그리 포기하는 퇴영적인 정책으로 역전했다. 또한 조선 건국보다 한 세대쯤 앞서 몽골족의 원(元)을 타도하며 등장한 명제국도 해금(海禁)에 의한 쇄국정책을 채택함으로써 그 때까지 성황을 이루었던 동아시아 전역을 일관하는 해상을 통한 독자적인 교역권이 한꺼번에 막을 내리게 되었다. 이로부터 100년 내지 150년 뒤인 15세기 말부터 16세기 초에 걸쳐 유럽 사람들에 의한 지리상의 발견 및 이에 뒤이은 세계 일주의 대항해시대가 도래한 것을 상기할 때 조선과 명이 거의 같은 시기에 대외 개방에서 폐쇄로 돌아선 것은 참으로 안타까운 일이 아닐 수 없다. 그것은 어쨌든 동아시아 교역권의 붕괴에 따라 9세기 전반 장보고가 서남해안 일대를 무대로 해상왕국을 건설한 이래 특히 고려시대를 통해 한·중 양국 선박의 중간 기착지로서 기능 발전해 온 흑산도는 하루아침에 역사의 무대에서 퇴장하고 말았다. 오늘 전남문화재연구소가 통일신라·고려시대의 해양활동과 해상교류의 양상을 여러 가지 측면에서 새롭게 조명하고, 특히 그 교류의 일대 거점이었던 흑산도 현지 유적에서 그간 발굴조사한 연구 성과를 종합하여 관심 있는 인사들을 한자리에 모시고 보고할 기회를 갖게 된 것을 진심으로 경하해 마지않는다.

II. 고대 한·중 해상교류에서 항로의 변천

흔히 한국과 중국·일본을 가리켜 동아시아 3국이라고 하지만, 이들 국가가 서로 긴밀한 문화적, 구조적, 내면적 관련성을 갖기 시작한 것은 한자를 매개로 하여 유교·한역(漢譯)불교·율령 등 중국문화가 한국과 일본에 파급·수용되고, 이와 거의 동시에 정치적으로는 고구려·백제·신라 등 3국과 일본열도의 왜국 군주들이 중국황제로부터 관작(官爵)을 받는 책봉형식의 국제관계가 성립된 뒤의 일이었다. 특히 신라가 3국을 통일한 지 한 세대 쯤 지난 8세기 초두가 되면 신라를 비롯하여 고구려 계승을 표방한 신생 국가 발해, 그리고 율령국가를 막 완성한 일본 모두가 압도적인 당제국의 정치적·문화적 영향 아래 정치형태나 일반 법제도, 균전제에 입각한 토지 분배제도, 귀족제의 요소가 농후한 사회구조 등 제반 부문에서 서로 비슷한 면모를 보였다. 다만 당제국이나 신라·발해·일본 등 4국은 본디 주어진 역사적 조건이나 사회적 토대, 그리고 발전단계 등이 각기 달랐으므로 국가사회 내부의 구조적 관계가 반드시 일치할 수는 없었으며, 따라서 국가 간의 수준 차이는 엄연히 존재했던 것이 사실이다. 그럼에도 불구하고 한·일 양국은 당과의 정치적 관계나 물자 교역을 통해 서로 끊임없이 접촉을 유지한 결과 여러 가지 부문에서 공통점이 생겨난 것도 또한 홀시할 수 없는 점이라 하겠다.

고대와 중세를 통해 동아시아 국가들 간의 교역은 주로 해상교통에 의존한 점이 하나의 특징이다. 중국과 직접 국경을 맞대고 있던 고구려 를 제외한 백제와 신라, 그리고 일본은 해상을 통해 중국과 접촉할 수밖에 없는 형편이었으며, 한편 발해는 몽골고원지대에서 중국 북방 의 요서방면까지 세력을 뻗치고 있던 돌궐(突厥)이나 거란(契丹) 등에 의해 육상로가 가로막혀 있었던 까닭으로 요동반도 첨단 혹은 압록강 하구에서 산동반도 첨단부의 등주로 도항(渡航)하는 해로를 택했다. 주지하듯이 육상교통이 발전하지 못하고 적절한 운반 수단을 갖추지 못한 전근대 사회에서는 육지를 통한 물자의 수송에 큰 제약이 따랐으 므로, 오히려 해상교통에 의존하려는 경향도 없지 않았다. 하기야 육로를 통한 물자 이동은 산맥이나 사막 등의 장애가 없는 한 해로보다 안전하고 또한 지속적으로 이루어질 수 있다. 그 반면 해상교통은 갑작스런 기상변동이나 역풍·파도에 의해 때때로 단절되기도 하고, 더욱이 선박이 침몰되는 등 불안전한 면이 있으나, 순조롭게 항해가 이루어진다면 육로보다 신속하게 대량 수송이 가능한 장점이 있다.

삼한 및 3국시대, 그리고 통일신라시대를 통해 한국의 역대 정치세 력은 황해를 매개로 중국대륙과 줄곧 교섭을 유지했다. 황해는 수심이 얕고, 해안선의 굴곡이 복잡한 리아스식 지형인 까닭으로 도처에 항구·포구가 자연스레 형성되는 등 해운에 유리한 조건을 갖췄다.

그리고 북쪽과 서쪽이 중국대륙과, 동쪽이 한반도 서부지역으로 둘러싸여 있어 유럽의 지중해와 비슷한 특징을 갖고 있다. 특히 요동반도와 산동반도를 연결하는 묘도열도(廟島列島), 북쪽의 발해는 거의 내해에 가깝다고 볼 수 있다. 다만 남향(南向)함에 따라 중국대륙과 한반도 사이의 거리가 차츰 넓어져서 제주도 남쪽 차귀도와 중국 장강 하구의 상해 앞 바다 숭명도(崇明島)를 연결하는 이른바 동중국해와의 경계선에 이르면 그 간격은 더욱 벌어져 약 580㎞에 달하고 그 동쪽으로는 태평양과 접하고 있다. 그럼에도 황해는 태평양으로부터 해류의 영향은 비교적 덜 받는 편이다. 한편 해수는 염분의 농도와 바닷물의 온도 차이에 따라 순환하는데, 황해의 경우 해수가 완전히 교환되는 데는 2, 3년이나 걸린다고 한다. 지난 8월 중순 천진항 빈해(濱海) 신구에 있는 대형 창고에서 폭발사고가 발생했을 때 유독물질에 의한 오염이 발해만 일대뿐 아니라 남쪽의 황해 전역으로 확산되지 않을까 걱정한 것도 이처럼 황해의 해수 교환이 느린 것을 의식했기 때문이었다. 그것은 어쨌든 권덕영 교수는 지리적 자연조건과 인문환경이 교묘하게 결합되어 있는 점을 고려할 때 황해가 동아시아의 여러 해역 가운데서는 가장 지중해의 성격을 띠고 있다는 견해를 제시했는데,[1] 이는 청종할 만한 지견이라고 생각한다.

삼한시대에는 여러 소국들이 서해(황해)안을 따라 북상하여 한(漢) 제국이 한반도 서북지방에 설치한 낙랑군 당국과 접촉하면서 중국문화를 수용하는 한편 교역을 행했다. 그 뒤 후한이 내란으로 분열되어 3국이 성립될 무렵인 3세기 초, 공손씨(公孫氏) 정권이 낙랑군 남쪽 현 황해도지역에 대방군을 신설했다. 238년 이 공손씨 정권을 멸망시

1) 권덕영, 2012, 『신라의 바다, 황해』, 一潮閣, 제Ⅰ장.

킨 북중국의 패자 위(魏)나라가 적극적인 동방정책을 펴자 삼한세력을 대표하는 진왕(辰王)과 함경남도·강원도 북부의 동예세력을 대표하는 예왕(濊王), 그리고 일본열도 서부를 대표하는 왜왕 등은 모두 대방군을 매개로 위나라와 긴밀한 정치적 교섭을 갖게 되었다. 그 뒤 3국을 통일한 진(晋)제국이 북방 유목민족의 침략을 받아 장강(長江) 이남으로 쫓겨 가던 4세기 초에 고구려가 남쪽으로 세력을 뻗쳐 낙랑·대방 2군을 접수할 때 쯤 되어 마한과 진한의 소국들도 각기 정치적 통합운동을 벌인 결과, 백제와 신라가 대두하여 바야흐로 한국은 3국이 정립하는 형세로 변했다. 그 중 백제는 371년 중국 남조의 동진(東晋)과 수교, 중국의 선진문물을 직접 수용하면서 국력을 키워 나갔다. 다만 신라는 한반도 동남부에 위치한 그 지리적 제약으로 말미암아 황해로의 진출이 불가능했다. 신라가 황해를 통해 중국대륙과 본격적인 교섭을 갖게 된 것은 6세기 중엽 백제와의 동맹관계를 희생하면서 한강 하류의 백제지역을 탈취한 뒤였다. 신라는 현 경기도 화성시 서신면 남양만의 요충지에 당항성을 쌓고 포구를 열어 황해 진출의 거점으로 이용했다.

초기의 황해 연안항로는 미추홀(인천 제물포)이나 당항진에서 해안을 따라 북상하여 현 황해도 옹진반도 첨단의 초도를 거쳐 압록강 하구에 다다른 뒤 다시 방향을 서남쪽으로 틀어 요동반도 끝 대련(大連)만의 여순(旅順)까지 항행하여 묘도열도를 따라 서남쪽으로 나아가 산동반도 동쪽 등주(登州)에 이르는 긴 코스였다. 이 연안항로는 육지에 매우 근접했으므로, 다른 어떤 항로보다도 안전한 편이었으나, 그 실상을 들여다보면 뜻밖에 까다로운 항해이기도 했다. 일본에서는 야마타이[邪馬臺]국의 위치 비정 문제를 둘러싸고 한창 고대사 붐이 고조되고 있던 1975년 여름 한 유력한 출판사 사주(社主)의 발의로 항해답사단을 구성하고 고대 선박[野性號]을 만들어 3세기 말 중국 역사가 진수(陳壽)가 편찬한『삼국지』위서 동이전 왜인 조에 실려 있는 대방군으로부터 야마타이 여왕국까지의 해로 방향과 이정(里程)에 관한 기사에 따라 실제로 항행을 시도한 적이 있다. 다만 대방군의 영역은 현재 북한 영토에 속하는 까닭에 편의상 그 출발 지점을 인천 제물포로 바꿨고, 또한 야마타이국의 소재지를 구주로 보는 학설을 취해 '야성호'의 종착 지점을 복강(福岡) 박다항(博多港)으로 정했다. 이 야심적인 야요이[彌生]시대 항해 시뮬레이션의 성과는 종래 우리들이 막연히 생각하고 있던 고대 한·일 간 항해가 너무나 낙관적이었음을 잘 보여준다(『野性時代』 1975년 10월 임시증간호, 角川書店). 무엇보다도 한반도의 서해안은 지형이 복잡한데다가 하루에 두 번씩이나 발생하는 조수 간만의 차이가 격렬한 까닭에 이를 적절히 이용하지 않고서는 아무것도 할 수 없다는 사실이었다. 왜인전에는 서해안을 따라 수행하며 한국(馬韓지역)을 지날 때 '사남사동(乍南乍東 : 조금 남쪽으로, 조금 동쪽으로)' 했다는 구절이 보이는데, 이는 바로 조수 간만의 차이를 이용하는 데서 나온 지그재그(Zigzag, Z字形) 항행 법칙을 나타낸 것으로 보인다. 또한 답사 선박이 6월 20일 최초 출항하여 8월 5일에 항행을 모두 마쳤음에도 항행 도중 큰 추위를 느낀 점으로 미뤄 볼 때 만약 겨울철에 출발했더라면 탑승자 전원이 동사(凍死)했을 것이다. 하기야 이 정도의 발견을 갖고 '실험 고고학'이 거둔 성과라고 자부하기에는 빈약하다는 생각이 들기도 하지만, 어쨌든 동력선이 아닌 전근대의 범선으로 황해 연안을 항행하는 것이 생각처럼 쉽지 않다는 점만은 대체로 확인된 셈이다.

그런데 5세기 후반 경부터 동아시아 국제정세의 변동으로 말미암아 황해 연안항로는 큰 위협에 직면하게 되었다. 즉 중국은 남북조의 대립이 격화되어 북중국을 지배한 선비족(鮮卑族) 계통의 토바씨가 세운 북위(北魏)가 자기 나라 근해를 봉쇄했고, 특히 만주('중국 동북지방'이라 해야 옳겠으나, 편의상 만주로 표기함) 서남부의 요동지방에서부터 멀리 남쪽으로 예성강유역까지 세력을 뻗친 고구려가 475년 백제의 수도 한성을 기습 공격하여 백제왕을 죽이고, 다시 그 지배영역을 아산만 이북까지 크게 확장함에 따라 공주에서 어렵게 피난정부를 꾸려 국가 재조(再造)에 여념이 없던 백제는 더 이상 연안항로를 이용할 수 없었다. 공주시대 백제가 중국 남조 국가인 송(宋)과 남제(南齊)에 보낸 사신들은 고구려가 해로를 차단한 까닭에 번번이 되돌아오기 일쑤였다. 그러므로 백제로서는 새로운 항로를 개척하는 일이 절실한 과제가 되었다. 백제는 551년 고구려 군대와 싸워 한강 하류지역을 회복했으나, 2년 뒤 동맹관계를 맺고 있던 신라에 빼앗겼으므로 새로운 항로를 개척하는 과제는 이제 신라로 넘어 온 셈이 되었다. 7세기 전반기에 백제와 고구려 양국의 침략을 받아 고전하던 신라는 위기를 벗어나기 위한 목적으로 신흥 당제국과의 외교 교섭을 강화해 나갔으나, 고구려가 해상에서 '공도(貢道)'를 막고 있어 사신 파견에 애로가 많다고 당에 호소했다. 648년 당의 태종과 역사적 회견에서 원조를 약속받고 귀국 중이던 김춘추(뒤의 태종무열왕)는 서해안에서 고구려 순라군(巡邏軍)에 적발되어 수행원인 온군해(溫君解)의 고귀한 희생 덕분에 겨우 목숨을 건질 수 있었다.

당시 고구려의 위협을 받지 않고 중국과 왕래할 수 있는 항로는 옹진반도 끝에서 서쪽으로 직진하여 산동반도 동쪽 끝 등주(登州) 해안에 이르는 이른바 황해 중부 횡단항로였다. 이 항로는 한·중 간에 최단거리였는데, 일찍부터 중국 군대가 한반도에 침공할 때 이용되었다. 즉 한(漢)의 무제가 고조선에 대한 침공작전을 벌였을 때 중국 남부 해안지대의 동월(東越)을 친 뒤 현지에 머물고 있던 수군이 동원 명령을 받고 서기전 109년 남중국에서 해안을 따라 북상한 뒤 산동반도 앞바다에 이르러 대동강구(大同江口)로 방향을 틀어 육군 부대와 합류, 평양성 포위작전에 들어갔던 것으로 짐작된다. 또한 238년 위(魏)나라 대장군 사마의(司馬懿)는 요동지방의 공손씨 정권을 원정하러 출동했을 때 군대의 일부를 황해상으로 몰래 보내 낙랑·대방 2군 지역을 접수하게 했는데, 이는 공손연(公孫淵)이 본거지인 요동에서 2군 지역으로 도망칠 경우에 대비하여 퇴로를 차단하고자 선수를 친 것이 아닐까 짐작되기도 한다. 이 부대는 공손연이 눈치채지 못하도록 비밀리에 해상 이동을 벌였으므로, 당연히 요동반도에서 멀리 떨어진 코스, 어쩌면 황해 중부 횡단항로를 이용했을 개연성이 크다. 신라와의 사전 협약에 따라 660년 백제 침략전쟁에 나선 당나라 13만 대군은 산동반도 성산(城山, 萊州 지역)을 출항, 동쪽으로 향해 덕물도(옹진군)에 이르러 대기하고 있던 태종무열왕의 태자 김법민(뒤의 문무왕)과 만나 7월 10일을 기하여 백제의 사비도성(부여) 남쪽에서 신라군 5만과 합류하여 함께 백제군을 치기로 합의를 보았다. 이때 태종무열왕의 둘째 아들 김인문은 군사외교를 펴기 위해 당나라에 파견되었다가 당군의 부대총관 직함을 부여받고 대총관 소정방(蘇定方)을 보좌하고 있는 처지였으므로 『일본서기』 권26, 659년 7월 무인 조 기사가 암시하고 있듯이 그는 소정방에게 황해 중부 횡단항로에 대한 정보를 제공했을 개연성이 크다고 생각된다. 이같은 여러 가지 점으로 미뤄볼 때 신라는 7세기 전반 경에 긴박해진 당과의 외교 교섭을 수행하기 위해 시험적으로 황해 횡단항로를 이용했던 듯 짐작되기도 한다.[2]

Ⅲ. 고려시대 신항로의 기착지로 중시된 흑산도

통일신라시대에 들어오면서 당(唐)을 중심으로 한 동아시아 국제관계는 매우 안정된 모습을 보였다. 비록 신라는 삼국통일전쟁을 마무리하는 과정에서 당과 몇 해 동안 치열한 전투를 벌이기도 했고, 또한 7세기 말 고구려 유민들이 말갈족을 포섭하여 동부 만주를 중심으로 발해를 건국함에 따라 한 때 긴장이 감돌기도 했다. 더욱이 발해 군대가 732년 산동반도에 상륙하여 등주(登州)를 침공, 당에 큰 충격을 주기까지 했었다. 이때 신라는 당과 공동전선을 펴서 발해를 압박한 결과 지난날의 혈맹관계를 쉽사리 회복했고, 발해 또한 얼마 지나지 않아 당과의 관계를 크게 개선하여 당의 제도와 문물을 수용하는 데 힘썼다. 다만 신라와 당 모두 내부적으로는 크나큰 변화를 겪었다. 즉 신라는 삼국통일의 여세를 몰아 강력한 중앙집권체제를 확립하는 데 일단 성공을 거뒀으나, 이와 동시에 전제적인 왕권을 추구한 결과 진골귀족세력과 마찰을 빚게 되어 768년 이래 내란과 친위적 쿠데타를 몇 차례 반복한 끝에 780년 국왕이 귀족연합세력에 피살되어 태종무열왕 계통이 끊어지고 쇠퇴기를 상징하는 하대가 개막되었다. 이때부터 100여 년간 국가권력이 줄곧 쇠퇴의 길을 걸은 반면, 지방세력이 대두하여 889년의 전국적인 농민반란을 계기로 지방호족들이 할거하는 사실상의 무정부상태가 반세기 가까이 지속되었다. 한편 당도 안·사의 대란(755~763)을 겪은 뒤부터 황제의 명령에 불복하는 번진(藩鎭)세력이라는, 사실상의 소왕국이 전국 도처에 둥지를 틀고 대두하여 중앙집권체제는 현저히 약화되는 조짐을 보였다. 급기야 황소(黃巢)

---

2) 권덕영, 2012, 『신라의 바다, 황해』, 一潮閣, 85~86쪽.

가 이끄는 농민반란(875~884)을 계기로 당제국은 그 진압작전에 나선 유력한 번진의 절도사들 사이에 내전을 겪은 끝에 907년 멸망했다. 비록 일본은 이 시기 중국이나 한국처럼 왕조 교체를 경험하지는 않았으나, 당제(唐制)를 모방하여 8세기 초에 완성한 중앙집권적 율령체제는 8세기 후반에 들어오면서 동요하기 시작했고, 조정의 필사적인 노력에도 불구하고 9세기를 통해 쇠퇴의 길을 걸었다. 더욱이 10세기에 들어와 천황의 권위는 현저히 약화되고 그 대신 외척이 천황의 권력을 사실상 대행하는 이른바 섭정·관백(關白)정치라는 정치 형식상의 큰 변화를 초래했다.

이처럼 8·9세기를 통해 동아시아 각국은 공통적으로 중앙의 통치권력이 약화되는 현상을 나타냈는데, 이는 역으로 그간 중앙정부의 율령체제에 입각한 삼엄한 통제 아래 억눌려 왔던 지방사회의 감춰진 민중의 에너지가 급기야 폭발할 수 있는 다시없는 기회이기도 했다. 이같은 관점에 설 때 동아시아 역사의 9·10세기 주역이야말로 국가 간의 엄격한 경계를 넘어서 황해와 동중국해를 무대로 왕성한 해상무역 활동에 종사한 상인들이라고 할 수도 있다. 1960년대에 일본의 중국사 연구자였던 니시지마 사다오[西嶋定生] 교수는 넓은 지역적인 축으로서의 '동아시아 세계'라는 것을 이론적으로 체계화하려고 꾀한 적이 있는데, 그는 907년 당나라의 멸망에 의해 국제적인 정치질서로서의 고대 동아시아세계는 붕괴되고, 그 대신 경제적 교역권으로서의 동아시아세계가 출현한다고 보아 10세기의 변화를 일대 전환기로 파악했다. 확실히 중국사의 측면에서 보면 10세기 초의 변화가 중요한 의미를 내포할 수 있다. 다만 한국과 일본 역사를 중심으로 놓고 보면 교역권의 형성 시기를 장보고가 등장하는 830년을 전후한 때로 올려 잡을 수 있다는 생각도 든다. 그러니까 니시지마 교수가 강조한

10세기의 변화란 결코 새로운 현상이 아니라 9세기를 통해 줄곧 진행된 변화의 연속 내지 확대로 파악할 여지가 있다고 보여지는 것이다.

그런데 당시 해상무역의 발달 추세에 비춰 볼 때 종래의 황해 중부 횡단항로에 도저히 만족할 수 없는 형편이었다. 즉 한반도에서 양자강 이남의 강남지역으로 통하는 직항로 개척이 긴요한 과제가 되었을 것으로 짐작되기 때문이다. 무엇보다도 당시 중국 최남부 해안지역인 광주(廣州)에는 멀리 아랍을 비롯하여 인도·동남아시아의 상인들이 내왕하면서 남해무역이 전개되고 있었으므로, 이곳과 멀지 않은 강남지역으로 무역로를 확장할 필요성이 더욱 높아졌을 것으로 짐작된다. 이 황해 남부(종래 '동중국해'로 지칭했으나, 본고에서는 '황해 남부'로 표기함) 사단항로가 언제 개척되었는지는 확실히 알 수 없으나 당나라 덕종(德宗, 779~804) 후기에 재상을 역임한 가탐(賈耽)이 홍려경(鴻臚卿)으로 있을 때 외국사신들이나 외국에 사행(使行)하고 돌아온 사람들의 증언을 참고하여 저술한 『황화사달기(皇華四達記)』의 일문(逸文, 『新唐書』에 초록됨)에는 신라의 남해로부터 황해·동중국해를 내려와 장강 하구 연안으로 도달하는 남방로에 대한 기술이 보이고 있는 사실로 미루어 늦어도 8세기 말 이전부터 이 사단항로가 이용된 것만은 분명하다고 생각된다. 실제로 이 항로는 659년 일본의 제4차 견당사의 제2선(船)이 통과한 적이 있다. 즉 당시 일본의 견당사라든지 유학승 등은 황해 중부 횡단항로(이른바 '新羅道')를 이용했는데, 마침 659년 가을에는 당과 신라가 비밀 협정에 의해 곧 백제를 치기로 예정되어 있어 바야흐로 전운이 감돌고 있었으므로, 백제를 지지하는 일본 당국의 처지로서는 신라의 영해(즉 서해)를 회피할 목적에서 신라도(新羅道) 남쪽으로 방향을 틀어 백제의 어떤 남쪽 섬에 9월 13일 기착(寄着)했다가 하루 뒤 대양(大洋) 한 가운데로 나가 황해

남부를 횡단(혹은 사단), 장강 하구에 도착했다. 이때는 계절풍이 남풍에서 북풍으로 바뀐 직후였으므로, 견당사 제2선은 순풍에 잘 적응하여 불과 2일 만에 황해남부를 도항(渡航)할 수 있었다고 하며 또한 귀국할 때도 이 항로를 택하여 9일밖에 걸리지 않았다고 한다.[3] 여기에 등장하는 '백제의 어떤 남쪽 섬'이란 뒤에서 보게 되듯이 흑산도일 개연성이 크다고 생각한다.

이처럼 황해 남부 사단항로는 659년 일본 견당사에 의해 이용된 바 있고, 또한 가탐(賈耽)의 유명한 저서에도 기재되어 있으나, 고려시대처럼 흔히 이용되지는 않았던 듯하다. 어떤 항해사 연구자는 9세기 전반 경 항해용 나침반이 일반적으로 사용되었고, 더욱이 장보고에 의해 한·중·일 3각무역을 주도하는 해상왕국이 건설되어 전성을 누리던 때였으므로 당연히 이 신항로가 널리 이용되었을 것으로 추정하고 있으나, 이 시기 황해·동중국해 항행에 대해 가장 세밀하게 기록한 일본 단기유학승 엔닌[圓仁]의 『입당구법순례행기(入唐求法巡禮行記)』에 의하면, 그는 847년 봄 소주(蘇州)에서 일본으로 가는 신라 무역상인 김진의 배를 타고 북상하여 산동반도 내주(萊州) 경계의 뇌산(牢山, 현 靑島市)을 경유, 계속 해안선을 따라 등주(登州) 경계에 이르러 9월 2일 적산포(赤山浦)에서 출항하여 옛 백제 해안(서해)에 당도하여 남쪽으로 탐라(耽羅, 제주도) 부근을 통과하여 18일 복강(福岡)의 대재부(大宰府) 홍려관(鴻臚館, 영빈관)에 귀착(歸着)한 것으로 되어 있다. 그러니까 그가 탄 배는 종래의 황해 중부 횡단항로를 택한 것이다. 그 뒤 870년대 후반에 황소의 반란이 산동반도를 발화점으로 하여 일어난 까닭에 신라에서는 황해 중부 횡단항로를 위험하게 여겨

---

3) 森克己, 1966, 『遣唐使』, 至文堂, 45쪽.

영산강 하구 근처의 회진(會津, 나주)에서 출항하여 장강 하구의 회남도(淮南道) 양주(揚州)로 상륙하게 되었다는 견해도 있다.[4] 실제로 신라의 입조사(入朝使) 김직양은 882년 길이 막혀 초주(楚州, 江蘇省 塩城)에서 해안을 따라 양주로 가서 촉(蜀)으로 피난한 당의 황제 희종(僖宗)에게로 달려갔다. 그렇지만 최치원은 그로부터 2년 뒤인 884년 10월에 17년 동안 머문 당나라를 떠나 귀국 길에 올라 양주(揚州)를 떠나 북상하여 회성(淮城)·유산(乳山)·곡포(曲浦) 등지에 머물면서 겨울을 지내다가 선편(船便)으로 이듬해 3월 경주에 도착했다.[5] 이로 보아 적산(赤山) 서쪽의 유산포(乳山浦) 부근에서 출항하여 황해 중부 횡단항로를 이용한 것을 알 수가 있다.

신라는 889년에 일어난 전국적인 농민반란을 계기로 지방의 호족들이 대거 중앙정부에서 이탈하고, 곧 이어 큰 야심가들이 출현하여 후백제와 후고구려를 선언함에 따라 후삼국시대의 동란기로 접어들었다. 그리고 후고구려의 왕실을 찬탈한 왕건(王建, 고려 태조)에게 신라가 935년 자진 항복하고, 그 이듬해 후백제가 고려에 정복됨으로써 급기야 후삼국시대는 막을 내리고 말았다. 그런데 고려 태조는 본디 개성지방을 본거지로 하여 무역에 종사한 집안 출신이었으며, 그 자신은 젊은 시절 후고구려왕 궁예의 부하로 수군을 이끌고 해적을 소탕하는 등 서남해안 일대를 공제(控制)하면서 각지의 해상세력을 자신의 휘하에 집결시킨 경력의 소유자였다. 이 때문에 고려왕조는 해상무역의 이익에 깊은 관심을 보였으나, 다만 왕건 태조에게 귀부(歸附)한 유력한 해상세력의 두목들이 모두 조정의 관인·귀족이 됨에 따라 오히려 바다를 등지게 되는 결과를 초래했다. 이는 장보고가

---

4) 濱田耕策, 2008, 「신라의 견당사와 최치원」, 『朝鮮學報』 206, 14쪽.
5) 『桂苑筆耕集』 권20, 「祭巉山神文」.

죽은 뒤 아직 완전히 회복되지 못한 해상활동 및 대외교역에 또 한 차례 타격을 가한 꼴이 되었다.

한편 중국은 907년 당이 멸망한 뒤 반세기 이상 분열기를 거친 뒤 960년 후주(歸附)를 찬탈하고 들어선 송(宋)에 의해 979년 국내 통일을 달성하여 황소의 농민반란 이래 100년 간 지속된 극심한 혼란에 일단 종지부를 찍었다. 다만 송은 당(唐)을 계승한 전통왕조로 자부했으나, 거란(遼)·여진(金)·몽골(元) 등 북방 유목민족들이 순차적으로 일어나 군사적으로 송을 압도한 결과 이들에 대한 종주국의 지위를 완전히 상실했다. 이처럼 송대는 한족 중심의 동아시아 국제 정치질서가 무너진 때였으나, 그 반면 해외 무역활동만은 매우 왕성하게 전개되었다. 그런 만큼 진정 이 시대를 주도해 나간 것은 해상(海商)들이었다고 할 수 있다. 이들은 폐쇄적인 국가 간의 경계를 교묘하게 넘나들면서 동아시아 전역에 걸친 경제권역을 형성했다. 특히 이 시기 송상(宋商)의 활동이 단연 압도적이었다. 이들은 민간의 무역업자였으나, 그렇다고 순수한 의미에서의 사상(私商)에 그치지 않았고 오히려 국가의 일정한 무역 관리체제 속에 편성된 존재들이었다. 이들 송상은 고려가 거란과 여진의 압박을 받아 송과 정식 국교를 단절했던 시기에도 은밀히 고려에 왕래하면서 송나라 황제의 비공식 사절로서의 역할을 수행하기까지 했다. 고려 초만 하더라도 강남지방 오월국(吳越國, 현 절강성 지역) 출신의 상인들이 여(麗)·송(宋)무역을 주도했으나, 그 뒤 남쪽의 민(閩, 현 福建省 지역) 출신이 대세를 이뤘다.『송사』권487, 고려전에 의하면 고려 수도 개경에는 중국인 수백 명이 체류하고 있었는데, 그 중 민 출신이 가장 많았다고 했다.

고려 초기에는 황해 중부 횡단항로도 이용되었으나, 시간이 지남에 따라 황해 남부 사단항로가 유일한 코스로 고정되었다. 북송(北宋)

최말기에 해당하는 고려 인종(仁宗) 원년(1123) 송나라 국신사(國信使)의 고위 수행원으로 고려에 온 서긍(徐兢)은 『선화봉사고려도경(宣和奉使高麗圖經)』(권35, 海道2)에서 황해상의 유일한 중간 기착지였던 흑산도에 대해, 산세가 서로 포개져 있으며, 가운데가 마치 마을처럼 아늑하고 특히 양쪽 사이의 바다가 만(灣)을 이루고 있는 등 능히 배를 숨길 만하여 정박처(停泊處)로서 충분한 조건을 갖췄다고 하면서 관사(館舍) 외에도 산 위에는 개경까지 죽 이어지는 첫 번째 봉화대가 설치되어 있다고 기술했다. 한편 조선 초기에 편찬된 『동국여지승람(東國輿地勝覽)』(전라도 나주목 山川 조)에는 『송사』에 중국 명주(明州, 寧波) 정해현(定海縣)으로부터 순풍을 만나면 3일 만에 대양(大洋)에 들어가고, 또 거기서 5일 만에 흑산도에 이르러 고려 경내(境內)에 들어간다고 한 구절을 인용한 바 있다. 이같은 지견을 종합하여 조선 후기 청담(淸潭) 이중환(李重煥, 1690~1752)은 유명한 『택리지(擇里志)』(八道總論·전라도 靈巖 조)에서 나주의 서남쪽인 영암 바닷가는 신라 때 당나라로 조공하러 가는 모든 배가 떠난 곳인데, 하루 가면 흑산도에 이르고, 거기서 또 하루 가면 홍의도(紅衣島)에 이르며, 다시 하루를 가면 가가도(可佳島)에 이르러 북동풍을 만나 3일이면 중국 태주(台州) 영파부(寧波府) 정해현에 도착하게 되는데, 실제로 순풍을 만나기만 하면 하루 만에 도착할 수도 있는 바 남송(南宋)이 고려와 통행할 때 정해현 바닷가에서 배를 출발시켜 7일 만에 고려 경계에 이르고, 육지에 상륙했다고 하는 곳이 바로 이 지역이었다고 상논했다. 이중환이 언급한 항해 일정은 앞에서 본 659년 일본의 제4차 견당사 제2선(船)의 입당(入唐) 및 귀환(歸還) 때의 그것과 비교할 때 조금도 과장이 없는 것으로 주목할 필요가 있다.

Ⅳ. 맺는말 : 소생하는 흑산도 해상기지의 문화유산

앞에서 본 일본의 단기 유학승 엔닌은 847년 신라의 상선을 타고 당에서 귀국 중 9월 4일 고이도(高移島, 목포 앞바다 압해도 북쪽의 古耳島)에 잠시 정박해 있을 때 흑산도에 대해 들은 이야기를 그의 유명한 일기에 기록한 바 있다. 즉 고이도 서북쪽 100리 쯤 떨어진 곳에 있는 흑산도는 그 모양이 동서로 조금 긴데, 옛날 백제의 셋째 왕자가 도망가서 피신했다는 설화가 전해지고 있으며 현재 300~400 가구가 산 속에 살고 있다는 것이다. 그로부터 300년 가까이 지난 1123년 송나라 사신 서긍(徐兢)이 고려에 올 때 중간 기착지인 흑산도에 대해 그 지형을 간단히 묘사한 뒤 중국 사신을 접대하는 시설인 관사(館舍)가 있고 또한 사신의 도착을 육지에 알리는 봉수대가 설치되어 있다고 『고려도경』에 기술한 것은 앞에서 본 바와 같다. 다만 그가 탄 배가 이곳에 정박하지 않고 그대로 통과했기 때문인지 그는 섬의 상주(常住) 인구수를 기록하지 않았으나, 당시 흑산도가 고려와 송의 해상 항로상에 하나밖에 없는 중간 기착지였던 만큼 장보고시대에 비해서 인구도 크게 증가했을 것으로 짐작된다. 학계에서는 대체로 흑산도를 황해 남부 사단항로의 기착지로만 생각하고 있으나, 최근 강봉룡 교수는 장보고의 전성기에 산동반도 적산포와 청해진(淸海鎭, 완도)을 연결하는 직항로의 존재 가능성을 고려할 때, 그리고 근래 산동반도 봉래(蓬萊)에서 2척의 고려시대 선박이 해저에서 발굴된 사례들을 근거로 하여 흑산도에서 산동반도로 이어지는 또 하나의 항로가 존재했을 가능성을 추정하고 있어 주목을 끈다.[6]

---

6) 강봉룡, 2009, 「고대 한·중항로와 흑산도」, 『고대 동아시아의 바닷길』, 국립 해양문화재연구소·목포대학교 도서문화연구소, 제3·4장.

흑산도의 선사문화에 대해서는 1954년 이래 국립중앙박물관이나 혹은 서울대학교 동아문화연구소에 의해 서남해안 도서의 고고학적 조사가 간헐적으로 진행되는 가운데 패총이나 지석묘, 삼국시대의 고분과 산성 등의 존재가 학계에 보고된 바 있었다. 그러나 통일신라시대와 고려시대의 대중국 항해활동의 역사에서 중요한 위치를 차지하고 있던 흑산도의 관련 유적과 유물에 대한 조사연구에 착수하게 된 것은 아주 최근의 일에 속한다. 1999년 목포대학교 도서문화연구소가 대흑산도의 최북단에 위치한 진산(鎭山)인 성라산에 축조된 산성을 조사하는 과정에서 '无心寺禪院'이란 명문이 새겨진 기와를 수습한 것이 실마리가 되어 신안군(新安郡)의 의뢰를 받은 동 대학 박물관에 의해 2009년 2개월 간에 걸쳐 무심사 경역에 대한 시굴조사가 진행되었다. 그 결과 확인된 유구(遺構)와 출토된 도기류(陶器類)로 미뤄볼 때 이 사찰은 신라 말(9세기 경) 창건되어 고려 말(14세기) 왜구의 침입으로 폐허가 된 것으로 짐작되어 관심을 끈 바 있다. 또한 성라산의 정상부에 놓여 있는 제사유적은 2000년 역시 목포대학교 도서문화연구소에서 실시한 성라산성과 그 주변 유적에 대한 정밀 지표조사 때 제사 관련 유물이 수습된 것을 단서(端緒)로 신안군의 의뢰를 받은 동신대학교 문화박물관에 의해 2010년 4개월 간에 걸쳐 발굴조사가 이루어진 결과, 통일신라시대와 고려시대의 관련 유물이 발견되었다. 다만 특별한 시설이 없는 것으로 볼 때 노천(露天) 제사터가 아닐까 짐작된다. 한편 서긍이 언급한 봉수대는 바로 이 산의 정상부에서 남쪽으로 50m 쯤 떨어진 곳에 위치하고 있다.

흑산도 유적들 가운데 관심의 표적이 되어 있는 관사(館舍)터는 성라산에서 뻗어내린 구릉 말단부에 위치하고 있는데, 역시 신안군의 의뢰를 받은 전남문화재연구원에 의해서 2013년 봄 10여 일 간 발굴조사가 행해졌다. 이에 따라 초석을 비롯하여 적심시설·기단시설·축대·담장시설 등이 확인되었고, '陵城郡允草' 등의 명문이 새겨진 기와를 비롯하여 북송시대(11세기 후반)에 주조된 가우통보(嘉祐通寶)와 희령원보(熙寧元寶) 등의 중국 동전 2점이 출토되었다. 이곳 진리 2구 읍동마을에는 3층 석탑과 석등이 남아 있거니와, 산동반도 적산촌이나 전라남도 완도, 제주도 등지에 공통적으로 항해의 안전을 기원한 법화사(法華寺)가 있었던 사실에 비춰 볼 때 이곳에도 그같은 성격의 사원이 있었다고 보아야 할 것이다. 요컨대 아직 충분히 발굴조사가 이뤄졌다고 할 수는 없으나, 이상 열거한 것과 같은 몇 가지 성과만 보더라도 고려시대 흑산도가 차지하고 있던 독특한 위상을 엿보기에 부족함이 없다고 생각된다.

참고문헌

강봉룡, 2009,「고대 한·중항로와 흑산도」,『고대 동아시아의 바닷길』, 국립해양
    문화재연구소·목포대학교 도서문화연구소.
권덕영, 2012,『신라의 바다, 황해』, 一潮閣.
濱田耕策, 2008,「신라의 견당사와 최치원」,『朝鮮學報』206.
森克己, 1966,『遣唐使』, 至文堂.

신안 흑산도의 고고학적 성과 및 의미

이 범 기 (전라남도문화관광재단 전남문화재연구소)

I. 머리말

흑산도(대흑산도)는 행정구역상 전라남도 신안군에 위치하며 소흑산도, 상하태도, 만재도 등을 비롯한 부속도서로 이루어진 흑산면의 섬 중 하나이다. 지형은 한반도 서남해안에 위치하며 전체적으로 남북은 길고 동서가 짧은 형태로 이루어진 섬이다. 북쪽으로부터 상라산, 칠락산, 깃대봉, 문암산, 선유봉, 옥녀봉 등이 남북을 가로지르고 있고, 북동쪽으로는 칠락산에서 갈라져 나온 산줄기가 대봉산으로 이어지는 반도지형을 이루고 있다. 지리적으로 연안 도서지역과 대양을 연결해주는 징검다리의 역할과 아울러 과거 중국대륙을 연결하는 주요한 해상교역로였다. 특히 중국 남송대(南宋代) 강남지방에 이르는 가장 가까운 해로상에 위치하였으며, 문헌을 통해서도 흑산도가 지닌 해양교통로의 입지를 알 수 있다.[1]

---

[1] 고대 흑산도의 지리적 환경과 해양교통로에 대해서 기술된 대표적인 문헌자료는 다음과 같다.
　① 徐兢,『宣和奉使高麗圖經』, 第三十五卷 海道二 黑山條.
　② 圓仁,『入唐求法巡禮行記』, 卷四 會昌 七年 九月 四日條.
　③ 李重煥,『擇里志』, 全羅道 羅州條.

따라서 바다가 인적·물적으로 중요한 운반수단으로 활용되던 시대에는 흑산도는 대외적인 교류의 중심으로 거점항이자 국제적인 해양포구로서의 면모를 과시하면서 번영을 하였던 역사적 배경의 중심지가 되기도 하였다. 특히 고려시대에 들어서면 당시 국제정세의 흐름에 따라서 흑산도의 경우 중요한 지리적 위치로 부각되기 시작한다. 즉 중국의 강남지방이 중국의 왕조교체기와 맞물려 당말(唐末) 이후 신흥왕조인 송나라 때 적극 개발되면서 강남지방과 고려와의 각종 교역이 활발하게 이루어진다. 송과 고려와의 정치적·경제적 이유로 양국 사이를 왕래하는 선박들이나 사신, 상인집단들은 흑산도를 기착하거나 인근을 경유하면서 지리적 이점을 이용하여 국제적 항구로서 번영을 누리게 된다.

이처럼 흑산도는 고대부터 현재에 이르기까지 대중국과의 관계에서 전략적으로 매우 중요한 지정학적 위치를 차지하는 섬으로서 이러한 지리적 환경과 역사적 배경은 당시에 활용되었던 유적들의 존재로 그 중요성이 부각되고 있다.

이 글에서는 최근까지 조사된 고고학 유적과 자료들을 중심으로 당시 흑산도의 위상과 역사적 의의를 살펴보고자 한다.

Ⅱ. 유적의 조사현황

흑산도에 위치하는 유적의 경우 본격적인 조사는 목포대학교박물관에서 1987년에 실시된 조사2)를 기점으로 그동안 간헐적인 조사만

---

④ 『新增東國輿地勝覽』, 羅州牧 山川條.
2) 목포대학교박물관, 1987, 『신안군의 문화유적』.

이루어졌다. 하지만 2000년대에 들어서면서 흑산도가 지닌 지정학적 위치와 역사적 중요성이 부각되면서 이 지역에 대한 조사의 필요성이 언급되었다. 이후 2000년에 실시된 정밀지표조사에서 확인된 자료를 바탕으로 중요유적 중심으로 연차적인 발굴조사가 진행되고 있다.[3]

1. 상라산성[4]

상라산성은 진리 읍동마을 상라산에 있으며 산성은 바다와 접하고 있는 상라산의 북쪽 능선상에 위치한다. 상라산성에 대한 가장 오래된 기록은 일제강점기에 처음 단편적으로 언급되었으며,[5] 이후 2000년에 목포대학교 도서문화연구소에서 정밀지표조사가 이루어졌다.

산성이 위치한 곳인 상라산 북쪽 능선은 정상부로부터 4개의 작은 봉우리가 동쪽으로 이어져 있으며 이 가운데 세 번째 봉우리와 그 남사면을 이용하여 산성이 축조되었다. 해안에 면한 북쪽 부분은 100m가 넘는 천혜의 자연요소인 해안 절벽으로 이루어져있어 성벽을 쌓지 않았다. 성벽은 남사면의 6부 능선을 반월형(半月形)으로 둘러싸고 있으며 이러한 평면 형태는 우리나라 산성에서는 그 사례를 찾기 힘든 특이한 형식이다. 산성의 전체길이는 약 280m의 테뫼식의 소형 산성이며 이중에 순수 석축부만의 길이는 약 220m이다.

성벽의 단면 형태는 거의 수직에 가깝고 성돌의 경우 성 내부 암반에

---

3) 조사유적의 현황자료에 소개되는 설명은 각 기관에서 조사된 정밀지표조사 보고서나 발굴조사보고서 및 약식보고서 등을 참고하여 기술하였다.

4) 목포대학교 도서문화연구소, 2000, 『흑산도 상라산성 연구』.

5) 흑산산성의 북방은 우뚝 솟은 천연의 암벽을 이용하였고, 성축의 높이는 5尺, 길이 200칸의 석루로 둘러져 있다. 또 고려 때 왜적을 방어하기 위해 쌓았던 성지라고 전해온다(朝鮮總督府, 1942, 『朝鮮寶物古蹟調査資料』).

서 채석의 흔적이 있는 것으로 보아 현지에서 직접 채석하여 성벽을 축조했던 것으로 추정된다. 축조방식은 기저부에만 부분적으로 장대석을 사용하였고 성돌의 상·하단의 구분 없이 동일한 크기의 성돌로 수직으로 쌓았다. 성벽의 상면은 성벽의 고·저와 경사도에 따라서 쐐기돌로 고정하여 수평을 유지하였다. 면석은 성벽의 무너짐을 방지하기 위해서 대충 다듬은 면을 외벽으로 하여 가로쌓기와 세로쌓기로 서로 결구하여 축조하였으며, 내부는 잡석으로 뒤채움 하였다. 상면 또한 잡석이나 판석형의 할석재를 깔았으며, 안쪽 벽선 쪽에는 지형에 따라 도랑으로 추정되는 흔적도 확인된다.

부속시설로는 추정 동문지와 건물지가 각각 1개소씩 확인되었다. 먼저 동문지의 경우 내부보다 외부의 높이가 상대적으로 낮은 지형상 파괴가 심하여 정확한 규모 등을 파악하기 어렵다. 건물지는 북쪽 해안과 접하고 있는 능선의 중간정도에 위치하고 있다. 지형적으로 건물지 양쪽이 암벽으로 둘러싸여 있어 외부에서는 조망되지 않고 해로를 조망하는 데 유리한 구조이다. 추정 규모는 10m(동 - 서)×17m (남 - 북) 정도이며 방향은 바다를 조망할 수 있는 정북향이다. 남쪽으로 길이 20㎝, 너비 80㎝, 잔존높이 60~70㎝의 석축 담장이 타원형으로 둘러져 있으며 유물은 확인되지 않았다.[6] 현재 정밀지표조사만 이루어져 차후에 발굴조사나 성벽에 대한 정밀측량조사 등이 진행되면 산성의 정확한 기능 등이 파악될 것이다.

---

6) 현재 상라산성의 성격을 규모가 소형이고 내부 입지상 주거공간의 부적합과 식수관련 시설 부재 등으로 추정할 때 단순한 해안방어와 선박의 입·출입을 감시하던 산성의 기능보다는 오히려 상라산 정상 부근에 위치하는 봉수대와 연계해서 살펴볼 필요가 있다.

〈그림 1〉 상라산성 전경 및 성벽 입·단면도

2. 상라산 제사유적[7]

상라산 제사유적이 위치하고 있는 곳은 해발 229.8m 높이의 상라산 정상부로 2000년에 목포대학교 도서문화연구소에서 실시한 지표조사에서 확인되었다. 제사유적은 자연침식과 관광객들의 등산로 전망대로 이용되고 있으며 동신대학교문화박물관에서 2010년 발굴조사를 실시하여 유적의 정확한 성격이 밝혀진 곳이다.

제사유적의 경우 유구의 남·서쪽 부분은 조사 전부터 이미 지표상

7) 이정호·이수진·선영란·윤효남, 2012, 『신안 흑산도 상라산 제사유적』, 동신대학교 문화박물관.

에 암반층이 노출되어 있었으며, 북·동쪽 부분 또한 경사면을 따라 암반층이 노출되었다. 조사는 지형적 입지를 고려하여 대상지 중심부에 임의의 중심점을 설정한 후 이를 중심으로 네 방향으로 1m×1m 크기의 그리드를 유구 전체에 설정한 후 조사를 실시하였다. 조사결과 지표하 20~50cm에서 암반층이 노출되었다. 굴착이나 수혈 등의 유구는 확인되지 않고 퇴적된 지표와 암반층 사이에서 편병편, 병편, 주름무늬병편 등의 통일신라시대 토기편과 철제마 7점, 토제마 1점, 조질 청자류, 흑유자기 등 다량의 고려시대 자기와 도기편 등이 출토되었다. 철제마는 머리, 몸통, 다리, 꼬리 등으로 약식 표현하였고, 몸통의 배 부분은 비어 있는 형태다. 철제마는 완형품은 없고 부분적으로 유실된 상태이며 토제마의 경우도 몸통 부분만 잔존한다.

상라산 제사유적은 철제마와 다량의 제사관련 유물 등이 출토된 노천제사터로 특별한 시설 없이 자연 요철면을 그대로 이용하여 지냈던 것으로 확인되었다.[8] 특히 주목할 점은 조사 당시에 토제마와 철제마, 병류와 호류 등의 제사 관련 유물들이 제사터 북동쪽에서 집중적으로 출토되어 제사를 지냈던 방향은 북동쪽을 향하고 있었던 것으로 추정된다. 출토된 유물들의 특징을 살펴보면, 통일신라와 고려시대 유물만 확인되어 통일신라시대부터 사용되다 고려시대 후반 왜구로 인한 공도(空島)정책이 시행되기 전까지 이용되었던 제사유적으로 판단된다.

---

8) 상라산 제사유적과 동일한 시기의 노천제사유적지인 월출산 천황봉 제사유적지에도 철제마(3점)와 토제마(11점)가 출토되었다.

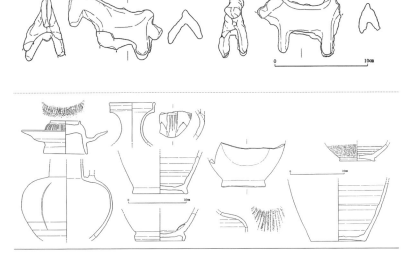

〈그림 2〉 상라산 제사유적 출토유물 분포도(상) 및 출토유물(하)

3. 추정 관사터[9]

진리 읍동 마을에 위치하며, 조사지역 북쪽으로는 상라산이 위치하고, 남쪽으로는 해안가와 인접한다. 관사터는 상라산에서 뻗어내린 해발 약 7~9m에 자리하고 있는 일명 '해내지골'로 불리는 구릉 말단부에 위치하고 있다. 2차에 걸쳐 조사가 진행되었으며 1차 조사는 시굴조사 당시 하단 평지부 쪽에서 확인된 유구를 중심으로 조사하였고 2차 조사는 기존 조사에서 확인된 유구 및 추정 관사터 건물지의 전체적인 범위를 확인하였다. 조사결과 추정 관사터와 건물지, 부속시설인 담장시설, 계단, 배수로, 석열, 진단구 등이 확인되었다.

추정 관사터에서는 초석 및 적심시설, 기단 석열, 축대 등이 확인되었으며 일부 초석과 적심 등이 훼손되었지만 비교적 양호하게 확인되어 관사터 건물지의 규모 및 성격 등을 파악할 수 있었다. 입지는 다른 지역에 비해 높은 지형에 축조되었으며, 전체 건물의 규모가 남-북 2,640cm, 동-서 1,170cm이며, 정면 초석간 거리가 440cm 정도이다. 또한 초석도 자연석이나 막돌초석이 아닌 상면을 잘 다듬은 치련초석을 사용하였으며, 크기도 100×90cm 정도로 큰 편에 해당한다.

건물지1은 조사지역의 경계에 해당하는 동남쪽에 위치하고, 조사지역의 경계로 인해 전체적인 형태는 파악할 수 없으며, 북쪽 기단부만 확인된 상태이다. 관사터 건물지보다 1.5~2m 정도 낮은 지형에 축조되어 있다. 건물지1 북쪽 기단의 잔존 길이는 1,190cm이며, 38×28×13cm 규모의 할석들을 이용하여 4~5단 정도의 높이 70cm의 기단을

---

9) (재)전남문화재연구원, 2014, 『신안 흑산도 관사터 2차 발굴조사 약식보고서』;
   (재)전남문화재연구원, 2015, 『신안 흑산도 관사터 I』.

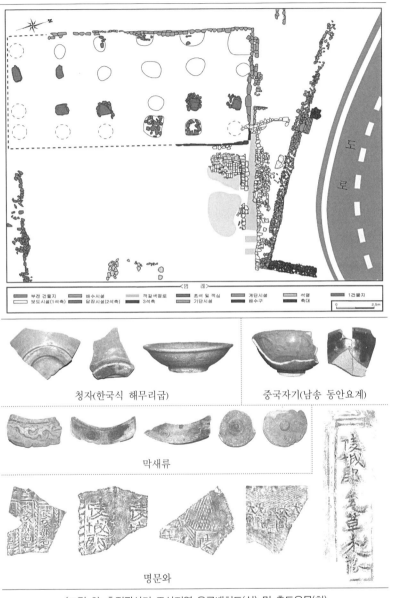

청자(한국식 해무리굽)   중국자기(남송 동안요계)

막새류

명문와

〈그림 3〉 추정관사터 조사지역 유구배치도(상) 및 출토유물(하)

축조하였다. 남동쪽 일부는 후대의 유실로 인하여 1단만 잔존하는 경우도 있다. 출토유물은 북쪽 기단 상면에서 기와류, 청자류가 확인되었다. 이외에도 건물지1 북쪽 중정부분에서는 산발적으로 총 7기의 진단구가 확인되었다. 진단구는 모두 도기를 수직으로 매납한 형태를 띠고 있다. 북동쪽에 위치한 진단구의 경우 도기호 4점이 20㎝ 정도의 간격을 두고 나란하게 매납되어 있다.

담장시설은 1차 발굴조사에서는 동쪽 부분(석축 2)이, 2차 조사에서 서쪽 부분이 조사되었다. 담장시설 중간부에서는 계단과 배수구가 확인되었다. 계단은 담장시설과 수직에 가깝게 배치되어 있으며, 계단은 관사터 건물지로 이동하기 위한 출입시설로 판단된다.

출토유물은 평기와, 막새, 명문와, 자기류, 도기류, 중국동전 등이 있으며, 이중 '陵城郡瓦草弟八隊'명의 명문와가 출토되었다. 능성군(陵城郡)이라는 명칭은 현재 화순 능주의 옛 명칭으로, 통일신라 경덕왕 16년(757) 이후 등장해 현종 9년(1018)에는 능성군이 능성현으로 바뀌었다는 기록이 있다.

자기류는 청자가 주류를 이루면서 대접, 접시, 병 등 다양한 기종이 출토되었다. 이 중에서는 해무리굽 청자편과 초기 청자들이 중국 남송대(1127~1279) 자기인 동안요계 청자완과 흑유자기 등과 함께 출토되었다.

이외에도 담장시설(석축 2) 동쪽에서 중국자기와 더불어 관사터의 운영시기를 알 수 있는 '가우통보'와 '희령원보' 중국 동전 2점이 출토되었다. 가우통보(嘉祐通寶)는 송나라 인종 가우년간(1056~1063), 희령원보(熙寧元寶)는 송나라 신종 희령년간(1068~1077)에 주조된 것으로 중국동전의 출토는 동안요계 자기와 함께 고려시대 흑산도의 위상과 관사터 건물지의 운영시기와 성격을 뒷받침할 수 있는 중요한 자료다.

4. 무심사지[10]

무심사지는 신안 흑산면 진리 읍동마을 뒤편에 속칭 탑산골 골짜기 입구에 위치하고 있으며 전남문화재자료 제193호로 지정된 무심사지 삼층석탑과 석등 일대이다. 북쪽으로 상라산성, 북서쪽에 상라봉 제사터유적과 봉수대가 자리하고 있다.

1999년 목포대학교 도서문화연구소에서 흑산도 상라산성과 읍동마을 주변에 대한 정밀지표조사를 진행하던 중 처음으로 '无心寺禪院' 명 기와가 발견되면서 사찰의 명칭이 무심사지로 명명되어 현재에 이르고 있다. 시굴조사는 2009년에 목포대학교박물관에 의해 이루어졌으며 조사결과 건물지와 석열, 수혈 등이 확인되었다.

발굴조사는 시굴조사에서 확인된 건물지의 규모 및 성격 등을 파악하기 위한 학술발굴조사로 지형적 조건을 고려하여 각 단마다 구역을 설정하여 1구역에서 4구역으로 명칭을 부여하고 조사를 실시하였다. 조사방법은 그리드기법으로 설정하여 각각의 10×10m 그리드를 기본으로 구획하였다. 기준점은 기존 시굴조사에서 확인된 건물지를 중심으로 설정하였고, 방향 역시 기존 시굴트렌치 방향과 일치하게 구획하여 조사를 진행하였다.

조사결과 총 4구역에서 유구는 건물지 6동(중복 건물지 포함), 석열 및 다수의 수혈유구가 확인되었다. 중복 건물지 2동은 1구역과 2구역에서 확인되었는데, 1구역 중복 건물지의 양상은 장방형과 방형으로 확인되며, 방형의 건물지가 후대에 증축되었으나 시기차이는 크지

---

10) 최성락·정영희·김영훈, 2011,『신안 무심사지』, 목포대학교박물관 ; (재)전남문화예술재단 전남문화재연구소, 2015,『신안 흑산도 무심사지일원 문화재 발굴조사 약식보고서』.

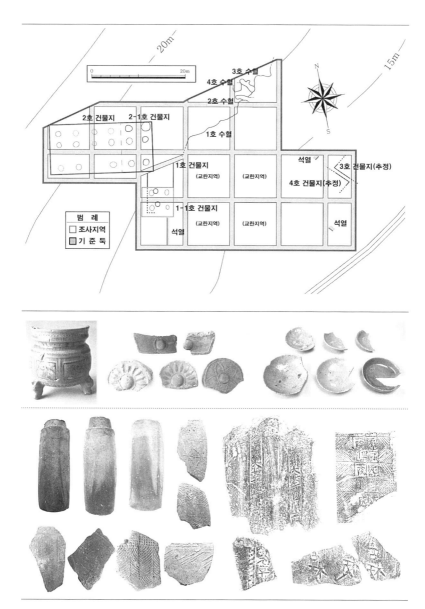

〈그림 4〉 무심사지 유구배치도(상) 및 출토유물(하)

않을 것으로 추정된다. 2구역에서 확인된 중복 건물지는 정면 3칸, 측면 2칸의 중형급으로 사용되다가 정면 5칸, 측면 2칸으로 증·개축하여 대형급으로 증축이 이루어진 것으로 판단된다. 현재 남아있는 초석은 1매이며, 잔존 적심석은 11개이나 총 18개의 적심석이 있었을 것으로 추정된다. 부속 시설로는 증축 후 중앙에 계단시설이 추가로 설치되어 다른 구역으로의 이동하기 위한 의도로 설치되었다.

출토유물은 통일신라시대 토기편과 고려시대 막새류, 명문와, 평기와, 청자접시, 청자향로, 완 등이 확인되었다. 토기류는 통일신라시대로 추정되는 완류의 토기류가 출토되었으며 자기류는 청자류가 대부분을 차지하는데 한국식 해무리굽청자편과 청자상감모란유노수금향로(靑磁象嵌牡丹柳蘆水禽香爐), 접시 등이 다수 확인되었다. 특히 출토된 향로의 경우 아직까지 동일한 성격의 유구에서 확인된 바가 없어 당시 건물지의 위상을 보여주고 있다.

평기와는 외면에는 어골문, 복합문, 격자문, 무문 등이 타날되어 있으며, 기단열 바깥쪽에서 어골문 타날 기와류가 대부분이다. 건물지의 내부로는 복합문 타날 기와류가 가장 높은 비중을 보이고 있다. 막새류는 소량 확인되었으며, 연화문 수막새와 귀목문 암막새 등이 출토되었다. 명문와는 1-1호 건물지 기단열 밖에서 '无心寺禪院'명 기와가 출토되었으며, 2호 건물지 북쪽 와적부에서 '陵城郡瓦草'명 기와가 확인되었다. 이중에 무심사선원명의 기와는 지금까지는 지표수습에 의해서만 확인되었으나 발굴과정에서는 건물지내에서 처음으로 확인되었다. 이외에도 주변에서 다수의 명문와 등이 수습되었는데 대표적인 명문으로는 '日山指鍮自英禪院'명이 있다.

이번 발굴조사 결과 다양한 유구와 유물이 확인되었다. 출토된 유물의 양상으로 볼 때 사찰의 중심 시기는 11C 후반~13C 후반으로 추정할 수 있으며, 일부 건물지에서 통일신라시대 기와와 토기편들의 출토로 추정할 때 창건시기를 올려볼 수 있다.

5. 기타 유적[11]

지표조사 결과 확인된 유적으로는 패총 등이 있다. 아직까지는 발굴조사가 이루어지지 않아서 정확한 유적의 성격이나 시대 등을 확인하기는 어렵다. 그러나 지표조사와 간단한 시굴조사를 통해 수습된 유물로 살펴보면 패총의 경우 신석기시대, 그외 유적의 경우 고려시대를 거쳐 조선시대로 확인된 행정치소 등이 있다.

주변유적 중에서 상라산 제사유적 및 관사터 유적과 밀접한 관련이 있는 봉수대 유적이 있다. 봉수대가 위치하는 곳은 상라산 정상부에 위치하는 제사터유적 남쪽으로 약 50m 정도 떨어진 곳에 위치하고 있으며 해발고도 약 226m정도에 해당된다. 남쪽을 등지고 삼면의 바다가 잘 조망되며 서긍의 『고려도경』에서 언급된 봉수대로 추정한다. 주요 기능은 대중국 항로와 연결되어 중국사신의 입국 또는 주변 섬들 간의 긴급 상황을 알리는 기능을 했던 것으로 추정할 수 있다. 현재의 봉수대는 직경 2m, 높이 1m 정도로 복원되어 있다.

---

11) 기타유적 현황에 소개되는 유적설명은 다음과 같은 자료를 참고하여 정리하였다.
　① 목포대학박물관, 1987, 『신안군의 문화유적』.
　② 목포대학교 도서문화연구소, 2000, 『흑산도 상라산성 연구』.
　③ 목포대학교 도서문화연구소, 2003, 『흑산면 - 도서문화유적 지표조사 및 자원화연구3 - 』.
　④ 목포대학교박물관, 2003, 『신안군 흑산면 소사지구 지방상수도시설 사업 지역내 문화유적지표조사보고』.

〈표 1〉 기타 유적 현황

유적명	유적 현황		비고
	추정시기	성격	
죽항패총 (예리패총)	신석기	·예리 죽항마을 일원에 위치 ·1967년 서울대 동아문화연구소에서 시굴조사 실시 ·토기편, 토제어망추, 타제석부, 숫돌 등 출토	파괴되어 멸실·주변에서 패각과 석재들이 확인
진리 지석묘군	청동기	·흑산면사무소의 동편에 위치 ·1954년도에 총 7기가 처음 발견, 1호 지석묘 시굴조사 결과 지석 5개만을 확인 ·후대 주변을 정비하면서 상석들 대부분 이동	전라남도 문화재자료 제194호
상라봉 봉수대	통일신라 ~고려(?)	·상라산 정상부에 위치하는 제사터유적 남쪽으로 약 50m 정도 떨어진 곳에 위치	후대에 정비·복원
흑산진지	조선	·현재 진리마을 일원에 해당 ·성격은 조선시대 수군들의 주둔처인 별장진(別將鎭) ·역할은 상납(上納)·보전·선세(船稅)·수직(守直)·유배인에 관한 업무 담당	정확한 축성 시기는 알 수 없음

Ⅲ. 흑산도 유적의 고고학적 성과

1. 유구의 검토

앞 장에서는 흑산도에서 최근까지 고고학적으로 발굴조사된 유적들을 살펴보았다. 현재까지 확인된 유적들의 성격은 건물지와 방어시설 등으로 구분할 수 있다. 먼저 건물지에 대해서 살펴보면 추정 관사터와 사지(무심사지) 및 제사터로 구분할 수 있다. 방어시설의 경우 산성과 봉수대로 구분할 수 있으며 시기적으로 통일신라시대에 해당된다.

상라산성의 경우 발굴조사가 이루어지지 않아서 정확한 성격을 알 수 없으나 2009년도 실시된 정밀지표조사 결과를 토대로 살펴보면 우리나라에서는 유례를 찾기 힘든 반월형으로 축성된 산성으로 흑산도의 자연적인 환경을 이용하여 축성되었다. 규모는 소형의 산성이나 성 내부에서 부속시설 등이 확인되고 있는데, 특히 건물지가 위치하는 곳은 해로상의 교통로를 조망할 수 있는 곳에 설치되어 산성의 성격은 단순히 방어와 해로의 통제나 관리의 기능보다는 앞에서 언급했듯이 산성 내부에 일정규모의 군대를 주둔하기 힘든 구조와 식수와 관련된 시설의 부재 등으로 살펴볼 때 특수한 목적을 지니고 있었던 것으로 추정된다. 봉수대의 경우 후대에 정비·복원되어 원형을 정확히 알 수 없으나 주변에 위치하는 제사터와 상라산성과의 연관성이 있을 것으로 추정된다.

상라산 제사터의 경우 발굴조사 결과 건물과 관련된 기와등이나 굴광의 흔적이 발견되지 않아서 노천제사지로 확인되었다. 통일신라시대 토기류와 철제마, 토제마 등 제사와 관련된 유물들이 다수 수습되었으며 북쪽(바다)과 동쪽(포구)에서 집중되는 경향이 있다. 지형적으로도 제사터에서 주변을 조망해보면 북쪽과 동쪽으로 시계가 확보되고 출토유물로 보았을 때 제사의 방향은 북동쪽을 향하고 있었던 것으로 판단된다.

추정 관사터의 경우 확인된 유구는 초석 및 적심과 기단석열, 축대 등이다. 잔존하는 초석 및 적심간의 거리는 남‐북 440cm, 동‐서 230cm, 360cm로 동‐서 방향은 중앙부가 넓은 구조를 보인다. 이러한 시설을 통해 현재 출토된 관사터 건물지의 규모는 정면(남‐북) 5칸, 측면(동‐서) 3칸이며 적심은 12곳에서 확인되었다. 적심은 경사면 상단부에 해당하는 서쪽에서는 자연암반을 최대한 이용하였고, 중앙부는 원형에 가까운 수혈을 굴착하여 적갈색점토와 적심석을 설치하였다. 경사면 하단부에 해당하는 동쪽은 할석들을 이용하여 설치하였는데, 이러한 구조는 관사터 건물지가 입지한 자연지형을 고려하여 축조한 것으로 판단된다. 기단 석열은 북쪽과 서쪽에서만 확인되고, 장방형 할석을 이용하여 축조하였으며, 서쪽 기단석열 일부에서 장방형의 할석 대신 전돌을 이용하여 축조하였다. 북쪽 기단 석열에 잇대어 조성된 비교적 편평한 할석이 확인되는데 낙수 및 배수를 위한 시설로 파악된다. 서쪽 기단의 외면에 특이하게 백색 자갈돌이 깔려있는데 아마도 우수나 습기 제거를 위한 맹암거 역할을 하였을 것으로 파악된다. 이러한 효과는 자갈돌로 인하여 우수가 내리면서 물과 습기가 밑으로 서서히 빠져 나가는 원리를 이용한 것이다. 또한 모두 백색 조약돌을 이용하면서 관사터 건물지의 미적 부분과 품격을 높여주는 역할도 동반하였던 것으로 파악된다. 관사터 건물지에서 아궁이 및 구들시설은 확인되지 않고 건물지의 규모나 위치 등을 살펴보면 관사터의 중심건물인 정청에 해당되는 것으로 추정할 수 있다.

무심사지는 발굴조사 결과 총 6개의 건물지가 확인되었으며 대표적인 건물지를 살펴보면 다음과 같다. 먼저 1호 건물지는 1-1호 건물지와 중복되어 확인되었다. 후대에 1-1호 건물지가 개축하면서 1호 건물지를 훼손하고 기단을 축석하였다. 건물지의 형태는 장방형이고 적심은 총 2개가 확인되는데 부정형 할석을 원형으로 돌려 내부에 기와편을 채워 시설하였다. 건물지는 대지를 조성하기 위해 흑갈색사질점토와 기와편을 혼합하여 일정 부분 지반을 수평으로 채워 다진 후 기단을 조성하였다. 기단은 협축 기단으로 내·외측에 비교적 큰 석재를 축석한 뒤 내부에 소형할석을 채워 넣었다.

2호 건물지는 2-1호 건물지와 중복된 양상으로 확인된다. 평면 형태는 장방형이고 규모는 장축 1,465㎝, 너비 790㎝ 규모로 조사된

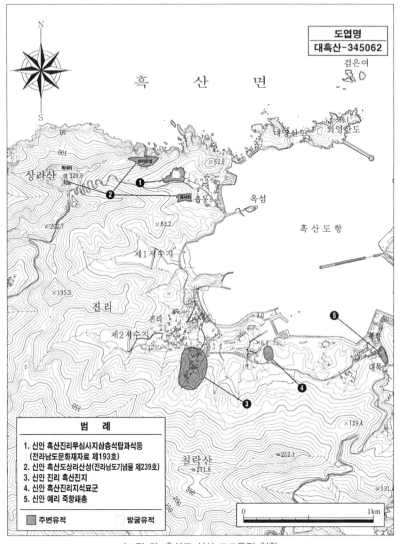

<그림 5> 흑산도 선사·고고유적 현황

건물지 중에서는 대형건물지로 파악된다. 건물지는 정면 3칸, 측면 2칸으로 남향으로 기단열을 조성한 뒤 대지를 조성하였다. 기단열은 북쪽은 협축으로 남쪽은 편축으로 축석하였으며 기단석은 자연석을 그대로 활용하였고 비교적 편평한 면을 밖으로 보이게 시설하였다. 적심석은 할석을 이용하여 원형으로 돌려 내부에 황갈색점토를 채웠으며, 적심간 거리는 남쪽 적심거리가 동쪽 적심거리보다 다소 차이가 있다. 현재 초석은 북서쪽 모서리 부분에 1매가 확인되는데 대형의 자연석을 그대로 활용하였고 편평한 면을 상면을 보게 하였다. 북쪽의 적심 중앙을 따라서 석열이 확인되는데 고맥이 적심시설로 추정되며 소형할석을 이용하여 축조하였다. 건물지 내 남쪽으로 장방형의 아궁이 시설이 확인되었는데 구들이 확인되지 않아서 온돌기능보다는 화기를 이용하여 공기를 따뜻하게 했던 용도로 추정된다. 이 건물의 용도는 대형의 건물에 지대가 비교적 높고 내부에 아궁이가 확인된 점 등으로 미루어보아 강당 등으로 활용되었을 가능성이 있다.

2. 출토유물의 검토

지금까지 흑산도에서 확인된 유물은 크게 토기류, 자기류, 기와류와 금속류 등으로 구분할 수 있다. 특히 조사된 유구의 성격에 따라 출토유물의 비중이 서로 달라지고 있다. 즉 건물지와 관련된 유구에서는 기와류와 자기류가 주종을 이루고 제사유적에서는 토기류(토제품 포함), 금속류 등이 주로 출토된다.

먼저 토기류를 살펴보면 통일신라시대에 해당되는 주름무늬병편, 편병편, 완편 등의 유물들이 제사터와 무심사지 2지구에서 주로 출토되었다. 특히 제사터 유적에서 출토된 토기류들의 경우 통일신라시대

중사(中祀)를 지냈던 월출산 제사유적에서 출토된 것과 유사한 것으로 시기는 통일신라시대 후기에 주로 제작된 것으로 추정[12]되며, 장보고 의 해상활동과도 깊은 연관이 있을 것으로 추정하기도 한다. 출토된 편병의 경우 제사에 전용된 유물로 볼 수 있으며 이와 비슷한 사례로 완도 청해진 유적[13]이 있다. 이러한 사례는 무심사지에서도 통일신라 시대 후기에 해당되는 토기들이 일부 출토되었는데, 현재 두 유적에서 확인되는 토기들의 경우 영암 구림리 가마 출토품과 유사하며 형태학 적으로 살펴볼 때 9세기대로 편년할 수 있다.

청자의 경우 대체로 10~14세기까지 폭넓게 확인되며 주요기종은 대접, 접시, 완, 잔, 병류 등이다. 무문청자는 주로 접시와 완에서 확인되며 전 시기에 걸쳐 가장 많이 출토되고 있다. 출토지는 현재 강진산의 양질청자와 해남산의 조질청자로 구분할 수 있다. 관사터에 서는 생산지가 확실한 철화청자병 구연부와 중국자기인 남송 (1127~1279) 동안요계 청자완과 흑유자기 등이 출토되어 비교 검토를 통해 관사터 건물지의 운영시기를 추정할 수 있다.

명문와는 '大○○', '陵城郡瓦草弟八隊', '法堂址○', '无心寺禪院', '日山 指鑰自英禪院'명 등이 출토되었다. 이중 출토된 명문와 중에 '陵城郡'이 라는 지명은 현재 전남 화순군 능주의 옛 명칭으로, 통일신라 경덕왕 16년(757) 이후 등장해 고려 현종 9년(1018)에는 능성현으로 바뀌었다 는 기록이 있어 주목할 만하다. 따라서 동일시기로 편년되는 화순 잠정리유적(이영문 외, 2012)에서 동일하게 출토된 명문와의 비교를 통해 흑산도와 화순 능주의 지역적인 관계에 대해서도 살펴볼 수

---

12) 최맹식, 1991, 「統一新羅 줄무늬 및 덧띠무늬 토기병에 관한 小考」, 『文化財』 24, 국립문화재연구소.
13) 국립문화재연구소, 2001, 『장도 청해진 유적발굴조사 보고서Ⅰ』.

있을 것으로 판단된다. '陵城郡'이라는 지명이 새겨진 동일한 기와명을 살펴볼 때 기와의 제작지와 관련이 깊을 것으로 추정된다. 즉 장인의 유입이나 완성품의 유입 등으로 해석될 수도 있기 때문이다.[14]

또 다른 '日山指鍮自英禪院' 명문와의 경우 지명으로 일산(日山, 흑산도), 직책으로 지유(指鍮, 승려 장인), 인물로는 자영(自英, 성명) 등으로 해석[15]하기도 한다. 특히 명문와에서 언급된 지유(指諭)의 명칭은 고려시대에 군대의 중급 지휘관, 관청에 소속된 장인, 사찰 건축을 지휘 감독하던 승려장인 등의 다양한 의미로도 사용되었는데,[16] 여기서는 승려 장인으로의 해석이 타당할 것으로 판단된다. 이외에도 '无心寺禪院' 명문와의 경우 사찰명과 더불어 선원이라는 명칭으로 선종계통의 사찰로 추정할 수 있다.

금속류 중에서는 제사터에서 출토된 철제마와 관사터에서 출토된 중국동전이 있다. 철제마는 토제마와 더불어 제사유적에서 필수적으로 확인되는 미니어처 유물 중의 하나다. 이러한 미니어처 말은 본래의 모습을 축소하거나 일부를 생략하여 제작한 후 제사 등 특정한 목적에 사용한 것을 말한다. 사용은 희생제물의 대용이나 신의 신승물, 또는 신에게 바치는 공헌물의 의미를 가진다. 말이 상징하는 의미는 한국문화 속에서 인간이 말에 부여한 상징적인 의미[17]로서 신과 함께 하고자

---

14) 현재 흑산도 관사터와 화순 잠정리유적에서 출토된 기와의 성분분석과 산지 추정에 대한 과학적 분석이 진행되고 있다.

15) 최연식, 2011, 「흑산도 무심사선원지 출토 명문 기와의 내용 검토」, 『신안 무심사지』, 목포대학교박물관.

16) 指諭의 신분과 위상을 보여주는 구체적인 자료들은 『高麗史』 兵志, 『高麗史』 食貨志 등에 구체적으로 언급되어 있다.

17) 표인주는 말이 지니는 상징성을 다음과 같이 크게 11가지로 구분하여 정의하였다.
　① 신승성, ② 영험적 존재, ③ 정신적인 존재, ④ 의리를 지키는 존재, ⑤

했고, 나아가서 지상계의 신성한 공간인 당신(堂神)으로 신격화시키기도 한다. 이처럼 말의 상징은 주요 제물로 사용되는 것은 신적인 존재 또는 신에 대한 공헌물로서의 의미를 갖고 있기 때문일 것이다. 이외에도 잡귀를 물리치는 벽사의 의미로 무덤 주변을 장식하기도 한다. 그리고 말은 물을 관장하던 신과 말의 관계 등을 보여주는 자료 등을 통해서 수령신앙(水靈信仰)과도 연관이 있는 것으로 보기도 한다.[18]

출토된 동전 2점은 남송시대 가우통보(嘉祐通寶, 1056~1063), 희령원보(熙寧元寶, 1068~1077)가 확인되어 당시 관사터 운영시기와 중국과의 교류를 살펴볼 수 있는 유물이다.

지금까지 정밀지표조사나 발굴조사 결과 출토된 유물의 특징과 성격 등을 살펴보았다. 흑산도에서 출토되는 유물의 경우 조사지역과는 상관없이 동일계통의 유물들이 공통적으로 출토된다는 점이다. 출토수량에서 가장 많은 수량을 차지하는 유물 중에 명문와와 막새류를 포함한 다량의 기와들의 경우 형태나 문양에서 관사터와 무심사지에서 출토되는 유물이 동일하다는 점이다. 자기류 또한 주로 접시류와 완류가 다수를 차지하는데 역시 조사유적에서 출토되는 양상도 동일하다. 이처럼 출토유구를 달리하면서 동일한 형태나 기종들이 나타나는 경우는 아마도 섬이라는 환경과 관아나 사찰 등 특수한 목적을 가진 건물의 건립에 기인한 것으로 추정할 수 있다.

충성을 다하는 존재, ⑥ 재앙을 예시하는 존재, ⑦ 민중의 이상과 꿈을 실현시켜 줄 수 있는 존재, ⑧ 으뜸(남자), ⑨ 정력(氣가 왕성), ⑩ 지혜로움, ⑪ 도약 등(표인주, 1992, 「민속현상에 나타난 말(馬)의 상징성」, 『비교민속학』 9, 비교민속학회 ; 표인주, 1992, 「민속현상에 나타난 말(馬)의 상징성(Ⅱ)」, 『호남문화연구』 21, 전남대 호남문화연구소).
18) 유병하, 1998, 「부안 죽막동 제사유적 - 삼국시대의 제사양상과 변천을 중심으로」, 『부안 죽막동 제사유적 연구』, 국립전주박물관 학술심포지움 논문집.

특히 기와류의 경우 한곳에서 생산하여 관사터와 무심사지로 제작 공급했을 것으로 추정된다. 따라서 출토된 명문 중에서 '自英'이라는 승려 장인의 감독하에 제작이나 완성품의 공급을 담당했을 것으로 판단된다. 이외에도 상라산성과 추정 관사터와 지리적으로 매우 가까워 당시에는 흑산도의 행정의 중심인 관사터와 주변지역의 자복사 역할도 겸했을 것으로 판단된다.

Ⅳ. 문헌자료를 통해 살펴본 흑산도 위상

당시 흑산도의 번영과 위상을 알려주는 대표적인 문헌기록 중에서 입지적 조건을 언급한 이중환의 『택리지』와 국제 교역로서 부각된 서긍의 『선화봉사고려도경』 등이 있다.

먼저 고려시대의 국제항구로서의 교역로서의 언급한 기록을 살펴보면 다음과 같다.

『**宣和奉使高麗圖經**』[19]

… 黑山 在白山之東南 相望甚邇 初望極高峻 逼近 見山勢重複 前一小峯 中空如洞 兩間有澳 可以藏舟 昔海程 亦是使舟頓宿之地 館舍猶存 … 每中朝人 使舟至 遇夜於山顚 明火於燧燧 諸山次第相應 以迄王城 自此山始也 申後舟過 …(… 흑산은 백산 동남쪽에 있어 서로 바라볼 정도로 가깝다. 처음 바라보면 극히 높고 험준하다. 가까이 다가서면 첩첩이 쌓인 산세를 볼 수 있다. 앞의 한 작은 봉우리는 가운데가 동굴같이 비어 있고

---

19) 徐兢, 卷第三十五 海道二 黑山條 23.

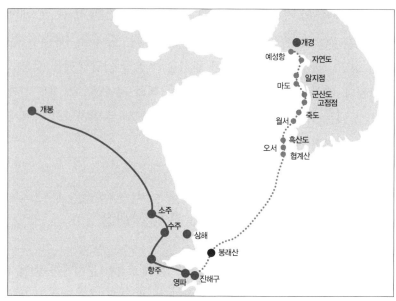

〈그림 6〉 서긍의 항해로[21]

양쪽 사이가 만입했는데, 배를 감출 정도다. 옛날에는 바닷길에서
이곳은 사신의 배가 묵었던 곳이어서, 관사가 아직 남아 있다. …
중국 사신의 배가 이르렀을 때 밤이 되면 산 정상에서 봉화를 밝히고
여러 산들이 차례로 서로 호응하여서 왕성(개경)에까지 가는데, 그
일이 이 산에서부터 시작된다. 신시(오후 5시)가 다되어 배가 이곳을
지나갔다. …)

위 기사는 당시 송나라 사신인 서긍이 남방항로[20]를 통해 고려를

---

20) 고려시대 초기에는 북방항로(한반도의 서해안에서 산동반도 북안의 등주나
    내주에 이르는 항로)를 주 항로로 이용하였으나, 남송대에는 수도의 변경에
    따라 남쪽인 강남지역이 문화와 경제의 중심지가 되었기 때문에 남방항로(양
    자강 하류의 명주나 양주에 이르는 항로)가 주로 이용되었다.

방문할 당시, 흑산도에 대해 기록한 것이다. 여기에서 언급되는 내용 가운데 사신들이 머물렀던 관사는 그 터만 남아 읍동마을 뒤편의 계곡부에 위치하고 있으며, 봉화를 피우던 곳은 현재 상라산 정상에 위치한 봉수대로 추정된다. 특히 상라산 봉수대의 경우 기능이나 성격 등으로 살펴보면 서긍의 언급처럼 중국사신의 입국 또는 인근 섬들 간의 긴급 상황을 알리는 기능의 역할을 했을 것으로 추정된다. 이러한 추정이 가능한 이유는 우선적으로 흑산도의 봉수대에 대한 기록은 현재로서는 『고려도경』이 유일하다. 이후 조선시대에 들어서 면서 국가에서 체계적으로 봉수로를 구분하여 설치하게 되는데 크게 5거(炬)로 나누어져 관리하며 통제하였다. 이중에서 전라도 지방을 지나는 경로를 살펴보면 '순천 돌산도 → 진도 여귀산 → 옥구 화산 → 양성 괴태곶 → 양천 개화산 → 한양'에 이른다고 했지만 흑산도 의 경우 5거의 봉수로에서 제외되었다.

따라서 당시 흑산도의 봉수대 기능이 통신이나 국경지방의 동태를 알리는 기능의 역할을 했다면 이 지역은 고대부터 지리적으로 매우 중요한 거점이었기 때문에 조선시대에도 그 역할을 계승했을 가능성 도 있다. 하지만 후대에 제외되면서 흑산도 봉수대의 역할은 국경의 방어기능 보다는 일종의 중국 사신의 중간 기착지로서 국제적 항구인 흑산도에 입국의 표시나 평상시에는 해로상의 이정표를 나타내주는 등대의 역할을 했던 것으로 추정된다. 이러한 추론이 가능한 이유는 비록 후대의 기록이지만 흑산도가 지리적으로 매우 중요한 위치를 차지하고 있음을 알려주며 기록으로는 다음과 같다.

---

21) 문안식, 2014, 「백제의 해상활동과 신의도 상서고분군의 축조 배경」, 『전남서 남해지역의 해상교류와 고대문화』, 혜안.

『擇里志』[22)

… 新羅朝唐皆於此郡海上發船乘 一日海至黑山島自黑山乘一日海至紅衣島 又
乘一日海至可佳島艮風三日乃至台州寧波府定海縣苟風順則一日可至 南宋之
通高麗也亦自定海縣海上發船七日可至麗境登陸卽此地也 …

… 신라에서 당나라로 조공 갈 때 모두 이 고을(나주) 바닷가에서
배로 떠났다. 바닷길로 하루 가면 흑산도에 이르고, 흑산도에서 또
하루 가면 홍의도(홍도)에 이른다. 다시 하루를 더 가면 가거도에
이르며, 북동풍을 만나 3일을 가면 태주 영파부 정해현에 도착하게
되는데, 실제로 순풍을 만나기만 하면 하루만에도 도착할 수도 있다.
남송이 고려와 통행할 때 정해현 바닷가에서 배를 출발시켜 7일만에
고려 경계에 이르러 뭍에 올랐다는 곳이 바로 이 지역이다. …

이 기록으로 미루어 보아 통일신라 이래 중국과의 교역로로 흑산도
를 경유, 나주를 통과하는 해로가 주로 이용되고 있었음을 알 수
있다.

이외에도 일본의 승려인 옌닌[圓仁]은 청해진대사 장보고의 선단에
편승하여 중국에 구법여행을 하였다. 그가 귀로 도중 한반도의 서해를
경유한 것은 신라 문성왕 9년(847) 9월 초로 이때 당시 그가 쓴『입당구
법순례행기(入唐求法巡禮行記)』[23)에 흑산도에 대해 언급한 부분이 있
다. 이 기록에서 이미 통일신라시대에 서·남해를 경유하는 고대 해상

---

22) 李重煥, 『擇里志』, 全羅道 羅州條.
23) 圓仁, 『入唐求法巡禮行記』 卷四, 會昌 七年 九月 四日條, "고이도의 서북쪽으로
   백리 남짓한 곳에 흑산도가 있는데 섬의 모습은 동서로 다소 길다. 듣자니
   이곳은 백제의 3왕자가 도망하여 피난한 곳이라 한다. 오늘날에는 삼사백
   가구가 산속에서 살고 있다."

로가 개통되어 있었고 이 교역로 가운데 흑산도가 자리하고 있음을 알 수 있다. 특히 상라산 제사유적의 경우 성격은 해양제사로서 소규모의 제사를 지냈던 곳이다. 그러나 제사의 규모는 작지만 제사 전용기물(토제마, 철제마 등)과 제사에 전용된 기물(편병, 완, 자기 등)이 포함되어 출토되었다.

이러한 제사의 특징은 목적에 따른 상징성이 부각되고 장소가 대외적인 해양활동과 직접적으로 연관된다.[24] 즉 대외적인 입·출항이 가능한 항구나 포구를 가지고 있고 이러한 포구는 국제항로와 직접 연결된다. 따라서 상라산 제사유적의 경우 그 성격이 원거리 항해상의 안전을 기원했을 가능성이 매우 높고 대상은 '수신(水神)'이었을 것으로 보이며 이를 위해서 토제마나 철제마가 희생의 대용으로 사용되어 출토된 것으로 추정된다.

다음으로 출토유물을 살펴보면 기와류와 자기류가 다수를 차지하고 있다. 기와류가 다수를 이루는 요인은 관사터와 사지 등의 행정치소와 같은 특수한 목적을 지닌 건물이 다수를 이루고 있었기 때문이다. 특히, 자기류는 접시나 완 등의 출토비율이 높게 나타나고 있다. 이러한 요인은 아마도 무심사지와 관련이 있을 것으로 추정된다. 즉, '无心寺禪院'이라는 명문와에서도 보이듯이 아마도 선종계통의 사찰이었을 것으로 추정된다. 당시의 시대적 상황은 선종이 통일신라 후대에 널리 유행했다. 이러한 시대적 상황과 맞물려서 많은 선종계통의 유학 승려들이 사용했던 해상교통로가 현재 서남해안 지방을 이용했으며 이 시기에 집중적으로 선종계통의 사찰이 전남지역 일원에 개창되었다.[25]

---

24) 유병하·최지향, 2014, 「호남지역 선사·고대의 해양제사」, 『호남지역 선사와 고대의 제사』, 호남고고학회.

따라서 무심사의 명칭도 '선원'이라는 명칭으로 불렸을 것이고 성격은 당시에 중국을 경유하던 수많은 유학승들이 흑산도를 경유하면서 잠시 머무를 때 예불을 위한 사찰로 추정하기도 한다.[26] 또한 선종계통은 내면의 자아성찰과 같은 참선과 사색을 중요시하여 이러한 영향으로 차(茶)문화가 발달했으며 자기 중에서도 대접과 완 종류의 출토율이 높았던 것으로 추정된다.

출토된 중국동전과 절대연대를 파악할 수 있는 중국자기(동안요 계통) 등의 출토는 당시 흑산도가 국제적인 포구로서의 거점지역이었음을 밝혀주는 중요한 단서라 할 수 있다. 이외에도 '능성군'명의 명문와는 기와의 생산과 유통 등을 추적해 볼 수 있는 중요한 자료이다. 고려 말~조선 초기 흑산도는 잦은 왜구의 침입으로 공도정책이 시행되면서 문화적 단절과 공백기를 가져온다. 따라서 공도정책의 시점을 기준으로 공도 전과 후의 유물의 변화상을 살펴 볼 수 있는 기준을 제시해주고 있다.

고대부터 한반도 서남해안의 해상은『삼국지』왜인전[27]에 의하면 중국 ↔ 삼한(馬韓·辰韓·弁韓) ↔ 가야 ↔ 왜로 연결되는 당시 고대인들의 해로가 자세히 기록되어 있다. 이처럼 흑산도가 위치하는 전남

---

25) 신라 하대에 개창된 선종 9산문의 대표적인 전남지역 사찰로는 장흥 보림사 (가지산문), 곡성 태안사(동리산문), 화순 쌍봉사(사자산문) 등이 있다.

26) 강봉룡, 2000,「고대 한·중 횡단항로의 활성화와 흑산도의 번영」,『흑산도 상라산성 연구』, 목포대학교 도서문화연구소.

27) "倭人 在帶方東南大海之中 … 從郡至倭 循海岸水行 歷韓國乍南乍東 到其北岸狗邪韓國 七千餘里 始 度一海 千餘里 至對馬國 ….(왜는 대방 동남쪽 커다란 바다 가운데 있다. …(낙랑·대방)군으로 부터 왜에 이르는 경로는 다음과 같다. 군에서 해안을 따라 가다가 한국을 거쳐 다시 남쪽과 동쪽으로 잠시 가다 보면 그 북쪽 해안에 있는 구사한국에 도달하게 되는데 여기까지 거리가 7천여 리이다. 여기에서 처음 바다를 건너 1천여리가면 대마도에 이르게 된다.)"

서남해안의 해양은 고대부터 해로를 통한 활발한 교류가 이루어졌음을 알 수 있다.[28]

하지만 13세기에 들어서면 주변국의 시대적 상황이 급변하면서 흑산도가 해상교통로서의 역할을 상실하게 된다. 즉, 이 시기는 중국 북방의 몽고족이 흥기하면서 여진(金)과 남송이 멸망한 이후에는 육로를 이용한 몽고(元)와의 교류가 이루어지고 후대에는 왜구의 침략이 빈번하게 이어지면서 해로를 통한 해상교류는 와해된다. 그러나 원종 9년(1268)에 나타나는 기록을 보면 왜를 정벌하기 위한 원의 요구에 의해 박신포(朴臣浦) 등을 흑산도에 파견해 수로를 시찰케 할 만큼[29] 흑산도의 지정학적 위치는 당시의 위정자들에게도 매우 중요성이 컸었다고 할 수 있다. 물론 이전 시기보다는 흑산도를 경유하던 해로의 중요성은 감소내지는 크게 위축되었지만 남송이 멸망하기 이전까지의 남방항로는 상인들에 의해서 명맥을 유지하였다.

또한 활발한 해상교류를 했던 고려를 대신하여 조선이 건국되고 중국도 명나라가 들어서면서 당시의 혼란했던 도서지방은 점차 안정화된다. 하지만 약 100여 년의 공백기와 더불어 대중국의 교역방식의 변화를 가져온다. 당시 명나라의 해상정책이 이전 왕조와는 다르게 쇄국정책으로 바뀌게 되면서 조선과 명 사이의 교류는 육로를 통한 조공정책으로 한정되면서 해로를 통한 대(對)중국 교류는 중단된다. 이처럼 후대의 정책적인 변화와 더불어 흑산도의 지정학적 위치의 중요성이 상실되고 공도(空島)정책까지 시행되면서 점차 쇄락의 길을 걷게 된다.

---

28) 崔盛洛, 1993, 『韓國 原三國文化의 硏究 – 全南地方을 中心으로』, 學硏文化社.
29) 『高麗史』 世家 元宗 9年 冬十月.

V. 맺음말

지금까지 흑산도 읍동마을 일원에 위치한 유적들을 중심으로 고고학적 성과와 역사적 의미 등에 대해서 살펴보았다. 흑산도의 경우 고대부터 지리적인 이점과 해로상으로 중국 - 통일신라(고려) - 일본 등 고대 동북아지역의 거점항로로 발달하였으며 통일신라와 고려시대에 국제 해양교역의 중간 기착지로서의 번영하였다.

특히 고려시대의 경우 흑산도는 해상교통로에서 매우 중요한 위치를 차지하고 있어서 흑산도를 경유하는 항로는 통일신라시대 중엽부터 개척되기 시작했으며 나말여초에 적극적으로 이용하였다. 이후 고려가 건국되면서 일부 북방항로가 사용되었지만 이후 대부분 남방항로를 통해 중국 송나라와 활발히 교류하였다. 이러한 과거의 화려했던 흔적들은 현재 읍동마을을 중심으로 분포하는 고고학적 유적들을 통해 알 수 있다. 하지만 상라산성의 경우 다른 유적에 비해서 현재까지는 대체로 잘 남아있으나 일부 구간에 대해서는 자연적인 붕괴가 진행되고 있으며, 관사터의 경우도 경작 등으로 지속적인 훼손이 이루어지고 있다.

특히, 읍동마을 일원에 분포하는 중요유적[30](상라산성, 상라산 제사유적, 무심사지, 관사터 등)들의 경우 고대 흑산도가 국제적인 교류의 중심 거점항이자 해양포구로서의 면모를 과시하면서 번영을 누렸던 흔적을 보여주는 유적이다. 따라서 이들 유적이 분포하는 일원을 중심으로 고대 흑산도의 위상과 해양문화를 밝히기 위해서는 보다 체계적인 관리와 지속적인 학술조사와 연구 등이 병행되어

---

30) 현재 상라산성과 무심사지 일원만 도지정문화재로 지정되어 보호·관리되고 있다.

야 할 것이다.

　이러한 축적된 자료를 통해서 보존 방안 등에 대한 연구의 진행과 함께 행정당국과 해당 주민들의 지속적인 관심과 보호대책이 마련되어야 할 것이다.

참고문헌

徐兢, 『宣和奉使高麗圖經』.

圓仁, 『入唐求法巡禮行記』.

李重煥, 『擇里志』.

『新增東國輿地勝覽』.

『高麗史』

朝鮮總督府, 1942, 『朝鮮寶物古蹟調查資料』.

국립문화재연구소, 2001, 『장도 청해진 유적발굴조사 보고서 I 』.

국립문화재연구소, 2002, 『장도 청해진 유적발굴조사 보고서 II 』.

강봉룡, 2000, 「고대 한·중 횡단항로의 활성화와 흑산도의 번영」, 『흑산도 상라산성 연구』, 목포대학교 도서문화연구소.

목포대학교박물관, 1987, 『신안군의 문화유적』.

목포대학교 도서문화연구소, 2000, 『흑산도 상라산성 연구』.

목포대학교 도서문화연구소, 2003, 『흑산면 - 도서문화유적 지표조사 및 자원화 연구3 - 』.

文安植, 2014, 「백제의 해상활동과 신의도 상서고분군의 축조 배경」, 『전남서남 해지역의 해상교류와 고대문화』, 혜안.

이정호·이수진·선영란·윤효남, 2012, 『신안 흑산도 상라산 제사유적』, 동신대 학교 문화박물관.

이영문·김승근·김응백·현윤석·박인애, 2012, 『화순 잠정리유적』, 동북아지석 묘연구소.

李釩起, 2006, 「考古學 資料를 통해 본 古代 南海岸地方 對外交流」, 『지방사와 지방문화』 9-2, 역사문화학회.

윤명철, 2002, 『한민족의 해양활동과 동아지중해』, 학연문화사.

유병하, 1998, 「부안 죽막동 제사유적 - 삼국시대의 제사양상과 변천을 중심으 로」, 『부안 죽막동 제사유적 연구』, 국립전주박물관 학술심포지움 논문 집.

유병하·최지향, 2014, 「호남지역 선사·고대의 해양제사」, 『호남지역 선사와 고대의 제사』, 호남고고학회.

(재)전남문화예술재단 전남문화재연구소, 2015,『신안 흑산도 무심사지일원 문화재 발굴조사 약식보고서』.

(재)전남문화재연구원, 2014,『신안 흑산도 관사터 2차 발굴조사 약식보고서』.

(재)전남문화재연구원, 2015,『신안 흑산도 관사터 Ⅰ』.

崔盛洛, 1993,『韓國 原三國文化의 硏究 – 全南地方을 中心으로 – 』, 學硏文化社.

최성락·정영희·김영훈, 2011,『신안 무심사지』, 목포대학교박물관.

최맹식, 1991,「統一新羅 줄무늬 및 덧띠무늬 토기병에 관한 小考」,『文化財』 24, 국립문화재연구소.

최연식, 2011,「흑산도 무심사선원지 출토 명문 기와의 내용 검토」,『신안 무심사지』, 목포대학교박물관.

표인주, 1992,「민속현상에 나타난 말(馬)의 상징성」,『비교민속학』9, 비교민속 학회.

표인주, 1992,「민속현상에 나타난 말(馬)의 상징성(Ⅱ)」,『호남문화연구』21, 전남대학교 호남문화연구소.

장보고시대 흑산도의 위상

강 봉 룡 (목포대학교)

Ⅰ. 머리말 : '장보고시대'와 흑산도

장보고는 8세기 말에 태어나 841년에 암살당했으므로, '장보고시대'는 8세기 말에서 9세기 전반에 해당한다. 이 시기에는 당과 신라와 일본의 왕권이 무너지고 잘 나가던 동아시아 공무역체계가 붕괴되면서 개인 사상(私商)들이 바다의 무법자인 해적과 결전을 벌이며 개별적으로 사무역을 전개하는 양상으로 바뀌어 가고 있었다.[1]

바로 이 시기에 장보고는 당으로 건너가 절도사의 난이 판치는 혼란기에 군인으로 성공을 거두었고, 이를 바탕으로 군직에서 물러나 재당신라인을 규합하여 당의 산동반도 적산포를 중심으로, 그리고 828년 이후에는 신라의 청해진(완도)을 중심으로 동아시아 해상무역을 주도하여 당대 사무역의 최고급 강자로 대두하였다. 따라서 장보고의 활동상을 부각시키기 위하여 이 시기를 '장보고시대'라 통칭하는 것도 의미가 있을 것 같다. '장보고시대'는 장보고가 활동했던 시대를 의미하는 편의적 개념인 셈이다.

---

1) 강봉룡, 2015, 「8~9세기 동아시아 무역형태의 변화」, 『제6회 전국해양문화학자대회 자료집2』.

흑산도는 목포에서 남서쪽으로 약 97㎞ 떨어져 있는 섬으로 통일신라~고려시대에 한·중해로의 거점섬으로 기능했던 것으로 알려져 있다. 특히 흑산도 북쪽의 해안에 위치한 읍동마을에는 이 시기의 유적과 유물들이 집중적으로 확인되고 있어서, 당시 이곳에 동아시아 해상교류의 거점항 역할을 담당하는 '국제해양도시'가 있었을 가능성까지 논의되고 있다.

읍동마을에서 찾아진 유물들은 고려시대의 것이 주종을 이루는 가운데 통일신라시대의 것으로 추정되는 것도 일부 포함되어 있어, 읍동포구가 동아시아 거점항 역할을 담당했던 시기는 통일신라 후기부터였다고 할 수 있다. 그렇다면 흑산도 읍동포구가 '국제해양도시'로 부상하기 시작한 것은, 9세기 전반에 신라와 당 사이를 내왕했던 장보고의 무역선이 흑산도를 중간 기착기지로 삼아 활용하면서부터였을 것으로 추정해볼 수 있다. 이런 관점에서 '장보고시대' 흑산도의 위상을 조명해 보고, 그 위상이 그 이전 및 이후 어떻게 전변되어 갔는가 살펴보려 한다.

II. 흑산도 읍동포구의 재발견

흑산도 읍동포구가 세간의 주목을 끌기 시작한 것은 1999년에 목포대학교 도서문화연구원(당시 도서문화연구소)이 신안군의 의뢰를 받아 읍동마을의 상라산 상에 있는 산성을 조사하면서부터였다. 당시 도서문화연구소의 조사팀은 산성2) 조사와 함께 읍동마을에 절터가

---

2) 마을 주민들은 성의 모양이 '반월형'이라 하여 반월성이라 불러왔으나, 조사
   팀은 '상라산 상에 있는 성'이라는 의미의 '상라산성'이라 칭하는 것이 학술

있다는 것을 주목하고 절터와 마을 전체에 대한 지표조사를 겸행하였고, 그 과정에서 읍동마을에 심상치 않은 문명의 흔적이 있음을 확인하였다. 당시 조사의 주요 성과는 다음과 같다.[3]

먼저 읍동마을의 유적지로는 관사지, 절터, 제사지 및 봉수지, 상라산성 등이 조사되었다. 첫째, 관사지로 추정되는 곳이다. 후술하듯이 『고려도경』에서 흑산도에 있었다고 한 관사가 그것이다. 상라산 전망대에서 읍동마을을 향해 뻗어 내려온 동쪽의 끝자락에 형성된 '해내지골'에 동서 장축 30m 정도의 평탄 대지가 형성되어 있는데, 이곳이 관사지로 추정되는 곳이다. 이곳에는 초석이 일부 남아 있고, 그 건물지는 남향으로 추정된다.

둘째, 절터이다. 이 절터에는 오늘날 3층석탑[4]과 석등이 남아있다. 석탑과 석등은 대개 고려시대의 것으로 추정하고 있으나 그 이전으로 올라갈 가능성도 있다. 절 이름이 전혀 알려져 있지 않았으나 1999년의 조사 과정에서 수습된 명문기와를 통해서 '무심사선원(无心寺禪院)'이라는 것을 알 수 있게 되었다. 흑산도 읍동마을의 절터는 팔금도 읍리마을의 절터와 함께 한·중해로 상에 위치하고 있어 각별히 유념할 필요가 있다.

셋째, 제사지 및 봉수지이다. 해발 226m의 상라산 정상부(상라봉)에서 철제마 3점을 비롯하여 주름무늬병 및 줄무늬병편, 편병의 구연부편 등 제사관련 유물이 다수 수습되어 제사지로 비정할 수 있다.

적으로 합당하다고 판단하여 그리 부르기로 하였다.

3) 당시 도서문화연구소는 보고서를 출간하고 그 의의를 알리기 위해서 학술대회를 개최하였다. 도서문화연구소, 2004, 『신라·고려시대 국제 해양도시 흑산도의 재발견』.

4) 1942년 조선총독부에서 발행한 『朝鮮寶物古蹟調査資料』(171쪽)에는 4층석탑으로 보고되어 있어, 원래는 5층석탑이었을 것으로 보인다.

이곳은 『고려도경』에서 봉화불을 밝혀 왕성에 알렸다고 하는 봉수대로도 활용되었을 것으로 보인다. 이곳에서 철제마가 수습되었다는 것은 상대포 천왕봉의 철마, 우이도 진리 상산봉의 철마 등과 더불어 고대 한·중해로의 항정(航程)에서 확인되는 철마신앙의 중요 사례에 해당한다.

넷째, 상라산성이다. 상라산성은 전체길이 280m의 테뫼식 소형산성으로 상라산의 6부 능선을 따라 남사면만을 반월형으로 성벽을 쌓았고, 바다에 면한 북쪽 능선은 성벽을 쌓지 않고 100m 이상의 해안절벽이 자연 성곽을 이루고 있는 형세이다. 부속시설로는 동문지와 건물지 1개소가 확인되었는데, 건물지는 북쪽 해안과 접하고 있는 능선의 중간쯤에 위치하고 있어, 해로를 감시하기 위한 시설로 보이며, 고려시대에 축조된 것으로 추정되고 있다.

이상의 유적지와 읍동마을 일대에서 상당한 유물들도 수습되었다. 수습유물은 크게 토기류, 자기류, 기와류, 그리고 그밖에 철제마, 문초석 등으로 분류할 수 있다. 이중 절 이름을 처음 알게 해 준 '无心寺禪院'명 수키와와 철마신앙이 행해졌음을 보여주는 철제마의 수습은 조사과정의 최대 성과라 해도 과언이 아니다. 이밖에 주름무늬병과 줄무늬병, 해무리굽청자 등은 통일신라 후기의 전형적인 유물로서 읍동포구가 통일신라 후기, 즉 '장보고시대'부터 한·중해로의 중간 해상거점으로 활용되었음을 증언해 준다. 11~14세기대의 유물로는 녹청자와 상감청자, 중국 송대 동안계요(同安系窯) 청자 등의 청자류, 그리고 전형적인 고려시대 기와인 어골문(魚骨文) 기와편 등이 다수 수습되었다.

1999년 이후 읍동마을 주요 유적지에 대한 추가 조사가 몇 차례 이루어졌다. 2003년 도서문화연구소의 재조사5)에 이어 2009년에 목포대학교박물관에 의해 무심사선원지에 대한 시굴조사6)가 이루어졌고, 2010년에는 동신대 문화박물관에 의해 상라산 제사터에 대한 발굴조사7)가 이어졌다. 그리고 이번에 전남문화재연구소에 의해 무심사선원에 대한 발굴조사8)가 진행되었다.

추가 조사에서 1999년 발굴성과를 더욱 풍부하게 재확인하는 유물들이 수습되었고, 동시에 새로운 정보도 얻을 수 있었다. 먼저 2009년 조사에서 '无心寺禪院' 명문기와 이외에 '日山指鑰自英禪院' 명문기와가 수습되었고, 무심사의 대략적인 사역(寺域)이 파악되었으며, 그 무심사가 통일신라 말에 창건되어 고려 말기(14세기)에 흑산도가 공도(空島)될 때까지 지속되었음이 확인되었다. 2010년 조사에서는 제사터에서 철제마 9점과 토제마 1점이 추가 수습되었고, 제사형태가 노천제사였음이 밝혀졌다. 또한 2015년 조사에서는 방형(6×6m)과 장방형(21×8m)의 무심사의 건물지 총 4동이 확인되었고, '陵城郡允草○○' 명문기와를 비롯해 청자상감향로, 청자접시 등의 품격있는 유물들이 확인되었다.

이상의 조사에서 『고려도경』에 나오는 관사지와 봉수대가 확인되었을 뿐 아니라, 이와 함께 무심사선원지와 제사지 등이 확인된 것은 매우 중요한 의미가 있다. 먼저 중국 사신들이 머무는 관사터와 그들의 입경을 알리는 봉수대의 존재는 읍동마을이 한·중해로 상에서 핵심적

---

5) 목포대학교 도서문화연구소, 2003, 『도서문화유적 지표조사 및 자원화연구3 – 흑산면편』.

6) 목포대학교 박물관, 2009, 「신안 흑산 무심사지 삼층석탑 주변 유적 지도위원회 회의자료」 ; 목포대학교 박물관, 2011, 『흑산도 무심사지』.

7) 동신대학교 문화박물관, 2010, 「흑산도 상라산성 제사터 학술발굴조사 지도위원회 자료」.

8) (재)전남문화예술재단 전남문화재연구소, 2015, 「신안 흑산도 무심사지 일원 발굴조사 자문위원회 자료집」.

인 거점포구로 기능했음을 확인시켜준다. 또한 무심사선원과 제사터가 확인된 것은 사신 일행이나 해상(海商) 등의 뱃사람들이 읍동포구에 머무르면서 안전항해를 기원하는 다양한 해양신앙의 의식을 거행했음을 보여준다. 결국 읍동마을에는 다국적의 뱃사람들이 모여들어 '국제해양도시'를 이루었을 가능성이 있다. 자연히 국제해양도시 읍동포구는 해적들의 공격대상이 되었을 것이고, 이를 감시하고 수호할 필요가 있었을 것이니, 상라산성은 이러한 필요성에서 축조된 것으로 볼 수 있다.

특히 주목할 것은 읍동포구가 통일신라 후기, 즉 장보고시대부터 본격 활용되었고, 그런 위상이 고려시대에 이르러서도 견고하게 유지되었다는 점이다. 이는 유물들이 통일신라 후기부터 14세기에 걸쳐 있음을 통해서 알 수 있다. 이러한 고고학적 발굴의 성과는 문헌을 통해서도 확인할 수 있다.

Ⅲ. 문헌에 나타난 흑산도의 위상

장보고가 한반도 서남해 지역에 위치한 완도에 청해진을 건설하여 동아시아 해상교역을 주도했던 것은 잘 알려진 사실이지만 '장보고의 바닷길'을 전하는 구체적인 기록은 찾아보기 어렵다. 다만 장보고의 도움으로 약 9년간 유학생활을 했던 엔닌이 『입당구법순례행기』에서 장보고 무역선[交關船]의 동향을 소개한 바 있는데, 이는 청해진에서 중국에 이르는 '장보고의 바닷길'을 추정하는 데 중요한 단서가 될 수 있다.

『입당구법순례행기』에 의하면 청해진의 장보고가 중국에 파견한 교관선이 산동반도의 적산포에 입항했던 것으로 나온다. 엔닌은 『입당구법순례행기』에서 839년 6월 27일에 장보고 대사의 교관선이 적산포에 도착하였고 그 이튿날에 교관선의 매물사인 최병마사(최훈)가 적산법화원으로 찾아왔다는 사실을 전하였고, 840년 2월 15일자 일기에서는 매물사 최훈의 배가 양주로부터 와서 유산포에 도착한 사실을 전하고 있다.

결국 장보고의 교관선을 이끈 최훈은 적산포에 도착한 이후에 적산법화원에 참배를 하고서 곧 중국의 동해안을 따라 남행하여 양자강변에 위치한 국제무역도시 양주로 떠났다가 7개월 보름만에 적산포에 인접한 유산포에 돌아온 것이 된다. 아마도 그는 7개월이 넘는 장기간에 걸쳐 적산포에서 양주에 이르는 광대한 지역을 해상으로 왕래하면서 무역활동을 전개[9]한 연후에 다시 적산포로 돌아와, 그곳에서 청해진을 향해 출항했을 것으로 보인다.

적산포는 오늘날 영성시 석도진에 위치한 곳으로 장보고가 그 진산인 적산에 대규모의 사찰(법화원)을 건설할 정도로 재당시절부터 긴밀한 관계를 맺은 곳이기도 하여, 적산포에 장보고 교관선의 전용 포구가 있었을 가능성이 크다. 장보고의 교관선은 대개 청해진과 산동반도 적산포를 잇는 항로로 취항했을 것으로 보인다.

이러한 장보고의 바닷길은 장보고만 이용한 것은 아니었다. 엔닌은 839년 6월 28일자 일기에서,

　　大唐 천자가 신라로 파견하여 새로 즉위한 왕을 위문할 사신인 청주병마사 오자진, 최부사, 왕판관 등 30여 명이 절로 올라와 서로

---

9) 강봉룡, 2002, 「장보고의 '청해진 체제'의 건설과 성공비결」, 『장보고와 미래대화』, 해군사관학교 해군해양연구소, 144~145쪽.

만났다.

라 하여 신라 신무왕 즉위를 축하하는 당의 공식 사절단이 적산법화원에 들렀던 것을 전하고 있는데, 이는 당의 사절단이 적산포를 출항하기 전에 법화원에 들러 안전 항해를 기원하는 의식을 거행한 것으로 보인다. 주로 장보고가 전용포구로 활용한 적산포가 당 황실 공식사절단의 출발항으로도 이용된 사례라 할 것이다.

이렇듯 장보고 선단은 산동반도 적산포에서 청해진을 연결하는 해로로 취항했다는 것을 알 수 있는데, 그 해로의 구체적인 경로를 보여주는 직접 자료는 없다. 다만 엔닌이 847년에 일본으로 귀국할 때 취항한 해로를 통해서 장보고의 항로를 간접적으로 유추해 볼 수는 있겠다. 『입당구법순례행기』에 엔닌의 귀국 준비과정이 자세히 기록되어 있는데, 먼저 이를 간략히 소개하면 다음과 같다.[10]

엔닌은 원래 산동반도의 등주에서 재당신라인 장영 등이 엔닌을 위해 건조한 선박을 타고 귀국할 예정이었으나 불미스런 일이 생겨 장영의 배를 이용하지 못하고, 명주(오늘날 영파)에서 일본으로 떠나는 일본인 배에 편승하기 위해 847년 3월 10일에 명주를 향해서 떠난다. 6월 5일에 초주에 이르렀으나 초주의 신라방 총관인 유신언으로부터 일본인 배가 이미 명주를 떠났으며, 대신에 소주에서 출발하여 적산포를 들려 일본으로 떠날 예정인 재당신라인의 배가 산동반도의 노산(오늘날 청도)에서 기다리고 있다는 소식을 듣는다. 배편으로 급히 노산으로 향한 엔닌 일행은 7월 20일 유산의 장회포에서 그 재당신라인의 배를 만나게 되었고, 이후 귀국 절차를 마친 연후에

---

10) 『入唐求法巡禮行記』 권4, 會昌 7年(847) 2~9月 2日條 참조.

마침내 9월 2일 적산포를 출발하게 된다.

　여기에서 우리는 명주가 대일본 출항지의 하나였다는 점과 재당신라인의 배는 주로 적산포에서 출항했다는 점을 간취할 수 있다. 9월 2일에 적산포를 출항한 엔닌은 다음 해로를 거쳐 귀국하게 된다.

　　산동반도 적산포(847년 9월 2일 정오) → 막야구(莫耶口) → (동행)
　　→ 서웅주 서해(9월 4일 새벽) → (동남행) → 고이도(高移島, 9월 4일
　　오후 9시경) → 무주 황모도(黃茅島, 혹은 丘草島)(9월 6일 오전 6시경)
　　→ (동행) → 안도(雁島, 9월 8일 오전 9시경) → (동남) → 대마도 서쪽
　　통과(9월 10일 오전) → 규슈 비전국 송포군 녹도(肥前國 松浦郡 鹿島,
　　9월 10일 초저녁)

　이에 의하면 엔닌 일행은 산동반도의 적산포를 출발하여 불과 이틀만에 서웅주 서해(충청도 먼 바다)에 이르렀고, 여기에서 다시 동남쪽으로 항해하여 고이도(高移島)에 도착하고, 이어 황모도(黃茅島, 丘草島)와 안도(雁島)를 거쳐 일본 규슈에 도착하고 있음을 알 수 있다. 여기에서 고이도는 압해도 북변에 접해 있는 고이도(古耳島)를 지칭하고, 황모도 혹은 구초도는 진도 서남단에 위치한 거차군도의 한 섬으로, 그리고 안도는 여수 남쪽에 위치한 안도(安島)를 지칭하는 것으로 보인다.11) 그렇다면 엔닌의 항로는 산동반도에서 동쪽으로 곧바로 항해하여 황해를 횡단하여 충청도 먼 바다에 이르렀고, 여기에서 동남쪽으로 꺾어 항해를 계속하여 고이도에, 다시 연안을 따라 남으로 항해하여 진도 서남단의 거차도에, 그리고 다시 동쪽으로 꺾어 항해하

---

11) 강봉룡, 2000,「고대 한·중 횡단항로의 활성화와 흑산도의 번영」,『흑산도
　　상라산성 연구』, 목포대학교 도서문화연구소, 143쪽.

여 안도에 이르렀으며, 여기에서 동남쪽으로 항해하여 일본에 귀환한 것으로 정리할 수 있겠다.

한편 엔닌은 고이도에 이르러 정박해 있을 때 전해들은 흑산도에 대한 이야기를 다음과 같이 소개하고 있다.

> 고이도의 서북쪽으로 백 리 남짓한 곳에 흑산도가 있는데 섬의 모습은 동서로 다소 길다. 듣자니 이곳은 백제의 제3왕자가 도망하여 피난한 곳이라 한다. 오늘날에는 삼사백 가구가 산속에서 살고 있다.[12]

당시 300~400가구가 살고 있었다고 한 것으로 보아 당시 흑산도에 상당한 인구가 거주하고 있었다고 할 것이다. 엔닌이 탑승한 재당신라인 배가 흑산도를 거치지는 않았지만, 엔닌이 흑산도에 대한 전언을 기술한 것은 당시 흑산도가 한·중해로의 중간 기착지로 알려져 있었을 가능성을 시사해 준다. 그렇다면 엔닌을 실은 재당신라인의 배가 흑산도를 거치지 않은 것에는 그만한 이유가 있었을 가능성이 있다. 엔닌은 신라 당국이 일본인에 대해 비우호적인 것에 두려운 마음을 품고 있었고[13] 재당신라인들 역시 그들의 리더격인 장보고의 암살 사건으로 인해 신라 당국을 불신하는 마음을 갖고 있었을 것이기 때문에,[14] 엔닌을 태운 재당신라인의 배는 가능한 한 신라 당국에

---

12) 『入唐求法巡禮行記』卷4, 會昌 7年 9月 4日條.

13) 엔닌은 9월 6일에 황모도(구차도)에 도착하여 정박해 있을 때 섬 주민으로부터 당의 칙사 500여 명이 경주에 있고, 표류해온 일본 대마도 백성 6인이 무주 관리에게 잡혀가 감금되어 있다는 소식을 전해 듣고서, 9월 8일의 일기에서 "나쁜 소식을 듣고 매우 놀라고 두려웠으나 바람이 없어 출발하지 못한다"고 불안한 심경을 표출하고 있다.

14) 엔닌은 장보고가 암살당한 사건을 國難이라 표현하여 신라 당국에 대한 부정적 생각을 드러낸 바 있다(『입당구법순례행기』 회창 5년 7월 9일).

발각되지 않기 위해서 상당한 주의를 기울였을 가능성이 있다. 그들이 흑산도에 들리지 않은 것도 바로 이 때문이지 않았을까? 이와 관련하여 서긍(徐兢)의 『고려도경』에 전하는 흑산도 관련 기사를 주목해 보자.

흑산은 백산의 동남에 있어 바라보일 정도로 가깝다. 처음 바라보면 극히 높고 험준하고, 바싹 다가가면 산세가 중복되어 있는 것이 보인다. 앞의 한 작은 봉우리는 가운데가 굴같이 비어 있고 양쪽 사이가 만입했는데, 배를 감출만하다. 옛적의 해정(海程)에서 사신선이 머무른 곳으로, 관사(館舍)가 아직 남아 있다. 그런데 이번 길에는 여기에 정박하지 않았다. 여기에는 주민이 사는 취락이 있다. 나라 안의 대죄인으로 죽음을 면한 자들이 흔히 이곳으로 유배되어 온다. 중국 사신선이 이르렀을 때 밤이 되면 매번 산마루에 봉화불을 밝히고 여러 산들이 차례로 서로 호응하여 왕성에까지 이르는데, 그 일이 이 산에서 시작된다. 신시 후에 이곳을 지나갔다.[15]

서긍이 고려를 방문한 것은 1123년의 일이며, 그 일행은 명주 정해현 (오늘날의 영파)에서 출발하여 흑산도 근처를 지나 서남해지역을 거쳐 서해를 따라 북상하여 개경에 이르는 항로로 취항했다.[16] 서긍은

---

15) 『高麗圖經』 第35卷, 海道 黑山條.
16) 『고려도경』에 나타난 서긍 일행이 취항한 해로는 다음과 같다.
1123년 3월 14일 汴京 출발→ 5월 3일 四明 도착→ 5월 16일 明州 출발→ 5월 19일 定海縣 도착→ 5월 24일 招寶山·松柏灣·蘆浦→ 5월 25일 沈家門 도착→ 5월 26일 梅岑→ 5월 28일 海驢焦·半洋焦→ 5월 29일 白水洋·黃水洋·黑水洋→ 6월 2일 夾界山→ 6월 3일 白山·黑山·月嶼·闌山島·白衣島·跪苫·春秋苫 → 6월 4일 檳榔焦·菩薩苫·竹島→ 6월 5일 苦苫苫→ 6월 6일 群山島→ 6월 7일 橫嶼→ 6월 8일 紫雲苫·芙蓉山·洪州山·鴉子苫·馬島→ 6월 9일 九頭山·唐人

흑산도 인근을 항해하면서 이곳에 머물지 않고 지나쳤지만, 항해와 관련하여 흑산도에 대한 유의할만한 기록을 남겨놓고 있다. ① 흑산도가 배 정박에 적합한 지형을 가지고 있다는 점, ② 사신선이 머무르는 곳으로서 관사(館舍)가 남아있다는 점, ③ 그리고 사신선이 오면 산마루에 봉화를 피워 왕성에 알린다는 점 등이 그것이다. 이는 곧 흑산도가 중국에서 고려에 들어올 때 반드시 들려야 하는 관문으로 기능했음을 보여준다. 아마도 서긍 일행은 지체된 여정을 단축하기 위해 일부러 흑산도를 들르지 않고 지나쳤을 것으로 보인다.

여기에서 윗 기사에 나오는 '옛적의 해정(海程)[昔海程]'이란 표현에 유의할 필요가 있다. 이는 아마도 '통일신라 이래의 해상 경로'를 지칭하는 것으로 보이고, 그렇다면 흑산도가 관문으로 기능한 것이 통일신라시대까지 올라갈 수 있다. 흑산도가 이처럼 통일신라시대 이래 한·중해로 상에서 국가의 중요한 관문 포구로 기능했다고 한다면, 엔닌을 태운 배가 흑산도를 들르지 않고 충청도 앞 바다로 우회 항해를 시도한 이유가 이해될 만도 하다. 장보고 사후 강화된 신라 당국의 재당신라인 및 일본인에 대한 경계와 감시의 망을 벗어나기 위한 것으로 볼 수 있을 것이기 때문이다. 또한 그런 맥락에서 암살당하기 전 장보고의 해상무역활동이 전성을 누렸을 때에는 흑산도가 장보고 선단의 중간 기착지로 활용되었을 것으로 보는 것이 자연스럽다.

이와 관련하여 이중환의 『택리지』에서 한·중해로를 소개하면서 흑산도를 언급한 대목에 유의할 필요가 있다.

나주의 서남쪽이 영암군이고 월출산 밑에 위치한다. 월출산은 한껏

島·雙女焦·大靑嶼·和尙島·牛心嶼·晶公嶼·小靑嶼·紫燕島→ 6월 10일 急水門·蛤窟→ 6월 11일 龍骨→ 6월 12일 벽란정→ (육로)6월 13일 개성.

깨끗하고 수려하여 화성(火星)이 하늘에 오르는 산세이다. 산 남쪽에 월남촌이 있고 서쪽에 구림촌이 있는데, 모두 신라 때 명촌이었다. 서해와 남해가 맞닿는 곳에 위치하여, 신라에서 당나라에 조공갈 때 모두 이 군(郡)의 바닷가에서 배로 떠났다. 바닷길을 하루 가면 흑산도에 이르고, 흑산도에서 또 하루 가면 홍의도(紅衣島)에 이르며 다시 하루를 가면 가가도(可佳島)에 이른다. 간풍(艮風, 북동풍)을 만나면 3일이면 태주(台州) 영파부(寧波府) 정해현(定海縣)에 도착하게 되는데, 순풍을 만나기만 하면 하루만에 도착할 수도 있다. 남송이 고려와 통행할 때 정해현 바닷가에서 배를 출발시켜 7일만에 고려의 경계에 이르고 뭍에 올랐다는 곳이 바로 이 지역이다. 당나라 때 신라 사람이 바다를 건너서 당나라에 들어간 것이 통진(通津) 건널목에 배가 잇닿아 있는 것 같았다. 최치원, 김가기, 최승우는 상선에 편승하여 당나라에 들어가 당나라 과거에 합격하였다.[17]

이에 의하면 '영암 - 흑산도 - 홍의도(홍도) - 가가도(가거도) - 영파'로 이어지는 한·중해로를 살필 수 있고, 이 해로를 통해서 통일신라 시대에 조공선과 상선 등 수많은 배들이 왕래한 것으로 되어 있다. 이 기사는 18세기 중엽에 기록된 것으로서 그대로 신빙하기는 어렵지만, 항해의 경로와 일정, 영암 발착포구의 풍경, 그리고 이 항로를 통해 중국으로 건너간 인물 등에 대한 정보가 상당히 구체적일 뿐만 아니라 당시 서남해지역이 차지한 해양사적 위치를 염두에 둘 때 이를 간단히 무시해버리기도 어렵다.

서남해지역은 남해를 따라 신라의 수도 경주에 이르고, 서해를

---

17) 『擇里志』 八道總論 全羅道篇.

따라 고려의 수도 개경에 이르는 국내 해로의 최고 요충지에 위치하고 있어, 통일신라시대 이래 국내 해상교통의 요충지였을 뿐 아니라 흑산도를 통해 중국에 이르는 한·중해로의 발착지점으로서도 중시되었다. 더욱이 9세기 전반에 장보고가 완도의 청해진을 중심으로 동아시아 해상교역을 주도했던 역사적 실례도 있고, 영암에서 흑산도를 거쳐 영파에 이르는 한·중해로가 크게 활성화되었다는 윗 기사의 신빙성에 상당한 무게를 둘 수 있다고 생각한다.

이상에서 살펴보았듯이『입당구법순례행기』,『고려도경』,『택리지』등은 '황해 사단해로'의 항정을 기술하면서 공통적으로 흑산도를 언급하고 있다는 것을 알 수 있다. 흑산도에 대한 언급은『송사』에서도 확인할 수 있다. 즉 이에 의하면 명주로부터 3일만에 바다에 들어가고, 다시 5일이면 흑산도에 이르며, 여기에서 7일 후면 예성강에 이르는 것으로 기술하고 있다.[18]

여기에서 우리는 통일신라~고려시대의 한·중해로 2개를 확인할 수 있다. ① '서남해지역 - 흑산도 - 산동반도(적산포)'의 해로(장보고와 엔닌의 사례)와 ② '서남해지역 - 흑산도 - 명주(영파)'의 해로(『고려도경』과『택리지』와『송사』의 사례)가 그것이다. 장보고 암살 후에 ①의 해로가 쇠퇴하고 중심 해로가 ②의 해로로 대체되어간 듯한 흐름이 감지되기도 하지만, 두 해로는 고려시대에 이르러서도 모두 포기되지 않고 활발히 이용된 것으로 나타나고 있다.[19]

이러한 일련의 문헌 기록은 통일신라 후기~고려시대에 흑산도가 차지하는 위치가 특히 중요했음을 보여준다. 그리고 이는 흑산도 읍동마을에서 확인된 고고학적 유적과 유물의 편년과도 정확히 일치

---

18)『宋史』卷487, 列傳246 高麗條.
19) 강봉룡, 2005,『바다에 새겨진 한국사』, 한얼미디어, 195쪽.

되는 바여서, 당시 흑산도의 위상을 정확히 반영하는 것으로 보아도 좋을 것이다. 이제 이를 염두에 두면서, 이 시기 한·중해로 상에서 차지하는 흑산도의 위치를 최치원설화와 철마신앙을 통해서 다시 확인해 보기로 하자.

Ⅳ. 최치원설화와 철마신앙을 통해 본 흑산도

여기에서는 최치원(857~?) 등이 영암 구림마을에서 상선에 편승하여 '흑산도 - 홍도 - 가거도'를 거쳐 중국 영파로 건너갔다고 소개한 『택리지』의 기사에 주목하고자 한다.[20]

먼저 구림마을에는 상대포라는 포구가 있었던 곳으로 전해지고 있다. 그런데 구림마을에는 통일신라시대 도기의 최대 생산지가 있었을 뿐 아니라,[21] 장보고가 대규모 초기청자 생산단지를 조성한 것으로 추정되는 해남군 화원면 신덕리 일대와 물길로 가까이 통하는 곳에 위치하고 있어,[22] 구림마을의 상대포는 장보고 선단의 포구로 활용되었을 가능성도 있다. 또한 상대포는 왕인이 떠났다는 설화가 전해지기도 하여, 중국뿐 아니라 일본과도 통하는 국제항으로 기능했음을 알 수 있다.[23] 실제로 상대포는 1944년부터 시작하여 1961년에 완료한 간척사업으로 거대한 평야(학파농장)로 다시 태어나기[24] 전까지는,

---

20) 주 17) 참조.

21) 梨花女大博物館, 1988, 『靈巖 鳩林里 土器窯址 發掘調査』 참조.

22) 강봉룡, 2002, 「해남 화원·산이면 일대 靑磁窯群의 계통과 조성 주체세력」, 『전남사학』 19.

23) 문안식, 2003, 「왕인의 도왜와 상대포의 해양교류사적 위상」, 『한국고대사연구』 31.

바다에 접해 있는 항구였다.

상대포에서 출항하여 도당(渡唐)했다는 최치원(857~?)은 장보고보다 두 세대 가량 뒤진 신라 하대에 활동했던 인물로서, 『택리지』의 최치원 관련 기사는 장보고시대에 운용했던 한·중해로 상에서 흑산도의 위치를 가늠하는 데 참고가 된다. 이 점에서 서남해지역에서 중국에 이르는 해로 상에서 일련의 최치원 관련 설화가 전하는 것을 주목할 필요가 있다.

먼저 해남 화원의 운거산(雲居山)에 있는 서동사(瑞東寺)를 최치원이 창건했다고 하는 설화이다. 서동사가 위치한 운거산(雲居山)은 최치원의 호가 고운(孤雲)이라는 것과 관련하여 '고운이 거(居)한 산'이라는 의미로도 풀이할 수 있어 설화는 더욱 묘한 느낌을 준다. 또한 구림과 화원면 신덕의 물길이 합류하여 바다로 통하는 화원반도의 끄트머리에 '당포(唐浦)'라는 지명이 있는데,[25] 이는 구림을 떠난 배가 당포를 거쳐 당으로 건너갔을 것임을 연상시킨다.

당포에서 흑산도에 이르는 해로는 흔히 안좌도‐팔금도 사이의 해협과 비금도‐도초도 사이의 해협을 지나 큰 바다로 나가는 첫 번째 섬인 우이도를 거쳐서 흑산도에 이른다. 그런데 비금도 수도와 우이도 진리에 최치원 관련 설화가 전한다.

먼저 비금도 수도마을에 전해오는 최치원 설화는 '고운정(孤雲井)'이라 불리는 우물과 관련이 있다. 고운정은 도초도가 마주 보이는 비금도 최남단의 수도마을 뒷산(해발 95m) 8부 능선 지점에 있는데,

24) 김경수, 1999, 「영산강 주변의 干潟地 개간과정과 경관변화」, 『문화역사지리』 11, 88~89쪽.

25) 강봉룡 외, 1995, 『장보고 관련 유물·유적 지표조사보고서』, 재단법인해상왕 장보고기념사업회, 240~241쪽.

고운이 이곳을 지나다가 배에 물이 떨어지자 섬에 내려서 이 산에 우물을 파고 샘물을 취했다는 것이다. 또한 비금도에 들른 최치원이 주민들의 요청에 따라 선왕산(仙王山) 산정에서 기우제를 지내 비를 내리게 해주었다는 설화도 전한다.26) 본래 수도마을은 '관청도'라 불리던 조그만 섬이었으나, 제방 축조로 본섬과 연결되어 지금은 관청동이라 불리고 있다. 관청도나 관청동이라는 지명은 최치원이 이곳에 관청이 들어설 곳이라 예언하면서 붙여졌다고도 전한다. 이러한 최치원의 설화는 이곳에 한·중해로의 거점 포구가 있었을 가능성을 시사해 준다.

우이도 진리마을의 상산봉에 전하는 최치원설화는 조선시대 한문 소설 『최치원전』에 반영될 정도로 연원이 깊고 생생하다. 설화의 내용은 대략 다음과 같다.

신라 말 고운 최치원 선생이 중국으로 유학 가던 중에 우이도 상산에 도착한다. 때마침 우이도에는 가뭄이 극심하였는데 고운 선생을 본 주민들은 가뭄을 물리치고 비를 내려주도록 간청한다. 고운 선생은 즉시 바다 용왕을 불러서 가뭄을 해결하라고 했으나 옥황상제의 명령이 아니면 용왕의 마음대로 비를 내릴 수 없다고 난색을 표한다. 용왕의 말을 듣고 고운 선생이 화를 내면서 속히 비를 내리라고 호령하자, 기가 꺾인 용왕은 하는 수 없이 고운 선생의 명령대로 비를 내려 가뭄을 해결한다. 하늘에 있는 옥황상제가 뒤늦게 이 사실을 알고 화를 내면서 용왕을 잡아 죽이라고 명령하자, 고운 선생은 용왕을 도마뱀으로 변신시켜 무릎 밑에 감추어 죽음을 면하게 한다.27)

26) 이준곤, 2001, 「비금도 설화의 의미와 해석」, 『도서문화』 19, 352~359쪽.
27) 신안군, 1998, 『우리고장의 문화유적』 참조.

최치원이 우이도 진리의 상산봉에서 주민들을 위해서 가뭄을 해결해주었다는 설화는 비금도의 그것과 닮아 있지만, 그보다는 훨씬 더 생생하고 흥미진진한 이야기를 포함한다. 여기에 덧붙여서 최치원이 현지에 남겼다는 설화의 '물증'도 있다. 고운이 이곳에 머물면서 상산봉 제2봉에 있는 바위에다 새겼다는 바둑판의 흔적, 고운이 남겨놓고 간 철마(鐵馬)와 은접시가 상산봉의 당집에 남아 있었다는 것이 그것이다.[28]

고운이 남겼다는 철마는 '철마신앙'[29]의 일환으로 이해할 수 있다. 철마신앙이란 천마(天馬)사상에 의거하여 말이 하늘로 날아 올라가 인간의 희원을 하늘에 전달해 준다는 영매신앙의 일종으로, 철마를 소지하여 산 정상에 올라가 제를 올리는 의식으로 표현된다.[30] 이러한 철마신앙은 위험한 항해활동에 종사하는 뱃사람들이 안전항해를 기원하기 위해 행하는 해양신앙의 일환으로 행해지곤 하는데,[31] 한·중

---

28) 주민들의 전언에 의하면 은접시는 어떤 주민이 가져가 버렸다 하고, 철마는 계속 전해오다가 고인이 된 주민 문모씨가 대장간에 가지고 가서 늘리려고 하다가 뜻을 이루지 못하고 가산을 탕진하는 등 큰 피해를 입은 이후로 철마마저 온데간데없이 사라져 버렸다고 하는 것으로 보아, 실제 최근까지 전해져 왔던 모양이다.

29) '철마신앙'이란 철로 馬像을 만들어 神體로 봉안하고 이를 숭배하는 민속신앙의 독특한 한 형태이다. 신체로 봉안하는 마상의 종류는 鐵製馬만 있는 것이 아니라, 재료에 따라 銅製馬, 石製馬, 木製馬, 陶製馬, 瓦製馬 등 다양하다. 그렇지만 철제마가 압도적으로 많고, 이와 관련하여 철마산, 철마봉, 철마산성 등의 산 이름 역시 전국적으로 퍼져 있을 뿐 아니라, 철물을 다루는 대장장이와 관련한 마신앙 설화가 전해오는 경우가 있음을 주목하여, 다양한 마상과 마신앙을 대표하여 흔히 '鐵馬'와 '鐵馬信仰'이라 총칭한다.

30) 강봉룡, 2006, 「한국 서남해 도서·연안지역의 鐵馬信仰」, 『도서문화』 27.

31) 그간 전남 도서연안지역에서 발견된 예를 들면, 진도 철마산성과 용장산성의 철마, 광양 마로산성의 철마, 완도군 금일도 유서리의 철마, 여천군 화정면 개도리 화산마을 天祭의 철마, 여천군 남면 횡간리 당제의 土馬, 고흥군 나로도 신금리 당제의 石馬, 나로도 예당마을 당산제의 砂器馬, 영광군 낙월면

해로의 길목에 해당하는 우이도에서 최치원 설화와 함께 철마신앙이 확인된다는 것은 의미있는 일임에 분명하다.

이와 관련하여 흑산도 읍동마을의 상라봉 꼭대기 제사유적지에서 1999년 조사에서 3구의 철제마가, 그리고 2010년 조사에서 철제마 9구와 토제마 1구가 수습되었고, 월출산의 최고봉인 천황산 꼭대기의 제사유적지에서 철마 3점과 토마 11점이 수습된 것을 함께 유의할 필요가 있다. 천황산 제사유적지의 철마는 중국과 일본으로 통하는 국제포구로 기능했을 것으로 추정되는 영암 구림의 상대포[32]의 해양 신앙의 일환으로 행해졌을 것으로 보인다.

이렇듯 한·중해로의 길목에 최치원설화와 철마신앙이 중첩적으로 확인되는 것은 유의할 만한 일이다. 『택리지』에서 구림 상대포에서 출발하여 흑산도와 홍도와 가거도를 거쳐 중국 영파에 이르렀다고 소개한 최치원에 관한 설화가 해남 화원반도의 서동사, 비금도 수도, 우이도 진리 등지에서 전하고 있을 뿐 아니라, 철마신앙이 월출산 천황봉 제사지, 우이도 진리 상산봉 당집, 흑산도 상라봉 제사지 등지에서 확인되고 있는 것은, 당시 섬들이 한·중해로의 징검다리 역할을 담당했음을 시사한다. 이중 특히 흑산도는 읍동마을에서 확인된 고고자료와 여러 문헌자료, 그리고 최치원설화 및 철마신앙 등이 집중 확인되는 곳으로, 통일신라 후기, 즉 '장보고시대' 이후에 한·중해로의 핵심 거점포구로 기능하면서 크게 활성화되어갔음을 알 수 있다.

안마도 都祭의 철마, 신안군 도초면 우이도 馬神祭의 철마 등이 있다. 전북 부안의 죽막동 제사유적지에서 토마의 몸체 5점, 머리 1점, 다리 2점이 수습된 바 있다.

32) 강봉룡, 2007, 「영암 구림마을의 옛 국제포구 상대포」, 『역사와 문화』 창간호.

V. 맺음말

이상에서 고고자료, 문헌자료, 그리고 설화와 신앙의 여러 측면에서 살펴본 결과, 흑산도는 한 때 한반도 서남해지역에서 중국의 산동 및 영파 방면에 이르는 한·중해로 상의 핵심 거점섬으로 기능했으며, 이러한 흑산도의 위상은 통일신라 후기, 즉 '장보고시대'에 정립되기 시작했고, 고려시대까지 이어진 것을 알 수 있었다. 그렇다면 '장보고시대' 이전의 흑산도의 상황과 조선시대 이후의 흑산도의 상황은 어떠했을까?

먼저 흑산도 선사문화에 대한 조사보고는 일찍이 이루어졌다.[33] 신석기시대의 예리 패총과 청동기시대의 진리 지석묘군이 그 대표적인 예이다. 하태도와 가거도에서도 신석기시대 패총이 확인되었다. 이는 선사시대에 흑산도와 같은 절도(絶島)에도 사람들이 들어와 삶을 영위했다는 것을 의미한다.

다음에 역사시대 흑산도에 대한 조사는 1999년 이후에 읍동마을을 중심으로 이루어졌고, 유적과 유물이 대거 확인되었다.[34] 그런데 이러한 역사시대의 유적과 유물은 읍동마을이 통일신라 후기~고려시대까지 한·중해로의 중심 거점항으로 기능했음을 반영하는 것임이 밝혀지고 있다.

여기에서 두 가지 의문을 제기한다. ①의 의문 : 흑산도에서 삼국시대의 유적과 유물이 전혀 찾아지지 않는다는 것을 어떻게 볼 것인가?

---

33) 국립박물관, 1957,『한국서해도서』; 김원룡·임효재, 1968,『남해도서고고학』, 동아문화연구소 ; 최성락, 1988,「흑산도지역의 선사유적」,『도서문화』6.

34) 주 3), 5), 6), 7), 8) 참조.

②의 의문 : 조선시대 이후의 상황은 어땠을까?

먼저 ①의 의문은 두 가지 관점에서 해석할 수 있다. 첫째 삼국시대의 유적과 유물이 아직 발견되지 않았을 뿐이라는 관점과 둘째 삼국시대의 유적과 유물이 없을 것이라는 관점이다. 좀 성급한 면이 있지만 둘째의 관점에 따라 삼국시대의 유적과 유물이 흑산도에 없는 현상에 대하여 다음과 같이 시론적인 해석을 제시해 보기로 한다.

먼저 선사시대에는 사람들이 연안도서지역뿐 아니라 흑산도와 같은 절도(絶島)에도 '우연히' 흘러들어가 삶을 영위하고 그 흔적을 남기기도 하였지만, 역사시대에 이르러 절도는 인간의 삶의 현장에서 배제되어 간 것이 아닐까 한다. 이는 역사시대에 이르러 연안해로를 통해 문물교류가 활성화되면서 연안에서 가까운 도서지역은 인간의 정착주거공간으로 활용되고 활성화되어 갔지만, 멀리 떨어진 절도의 경우 표류 등에 의해 우연히 도착했다가도 정착하지 않고 곧바로 철수했기 때문이라 여겨진다. 실제 연안해로 상의 길목에 해당하는 도서지역에서는 삼국시대의 고분, 성곽 등이 심심치 않게 확인되고 있는 반면,[35] 흑산도와 같은 절도에는 삼국시대의 흔적이 전혀 찾아지지 않는다. 그러다 황해를 횡단 혹은 사단하는 해로가 일상화되면서 흑산도와 같은 절도도 횡·사단해로의 거점섬으로 활용되기 시작하고, 읍동마을에 거점포구가 들어서게 되었을 것이다. 그 조성 시점은 통일신라 후기, 즉 '장보고시대'에 해당한다는 것이 필자의 견해이다.

이러한 견해는 해로의 일상화 시점을 둘러싼 논쟁과도 관련이 있다. 필자의 견해를 부연한다면, 삼국시대까지는 주로 연안해로를 통해서 국내 및 국제(동아시아)의 문물교류가 이루어졌으며, 황해 횡·사단해

---

35) 강봉룡, 2013, 「고대~고려시대의 해로와 섬」, 『대구사학』 110, 10~13쪽.

로를 일상 해로로 활용할 수 있게 된 것은 통일신라 이후 어느 시점부터였다. 이런 관점에서 흑산도에 삼국시대, 더 나아가 통일신라 전기의 유적과 유물이 없는 현상에 대하여 부연한다면, 서남해지역에서 흑산도를 거쳐 영파나 산동반도에 이르는 황해 사단해로는 통일신라 후기에나 일상적 해로로 활용하는 것이 가능했고, 이를 개척한 주체는 다름 아닌 장보고선단이었다는 결론에 이르게 된다.

다음에 ②의 의문, 조선시대 흑산도의 상황에 대한 해명이다. 고고자료에 의하면 '장보고시대'에 활성화되기 시작한 흑산도 읍동포구의 위상은 고려시대까지는 발전적으로 지속되었으나, 조선시대에 이르러 소멸된 것으로 나타난다. 이는 조선시대에 해로를 통해 흑산도를 거쳐 중국으로 건너갔다는 문헌자료가 없는 것과도 일치한다. 그렇다면 이렇게 된 이유는 무엇일까? 우선 고려 말기에 거제도, 진도, 압해도, 장산도, 남해도와 함께 흑산도의 사람들을 육지로 강제 이주시켜 흑산도를 사람이 살지 않는 공도(空島)로 만들어 버렸다는[36] 사실에서 첫 번째 이유를 찾을 수 있다. 고려 말에 단행된 일련의 공도 조치는 무신정권과 삼별초에 협조하여 몽골에 항거한 도서해양세력에 대한 탄압의 일환으로 행해졌을 가능성이 있다. 공도의 대상이 된 섬들이 대부분 몽골에 항거한 거점 섬들이었다는 점이 이러한 가능성을 뒷받침한다.[37]

그런데 조선왕조는 섬을 정주공간으로 회복시키는 조치를 취하지 않고, 오히려 특유의 해금정책을 채택하여 공도의 조치를 강화하면서 섬은 사람이 살지 못하는 공간으로 전락했다. 임진왜란 이후 조선

---

36) 『신증동국여지승람』 권25, 나주 고적조.
37) 강봉룡, 2011, 「몽골의 침략과 고려 무인정권 및 삼별초의 '도서해양전략'」, 『동양사학연구』 115, 87~93쪽.

후기에 섬을 지켜야 할 필요성이 제기되고 섬에 수군진이 설치되면서, 섬은 비로소 사람이 사는 공간으로 다시 돌아갔지만 섬은 여전히 살 수 없는 공간이라는 인식이 강하여 섬주민들은 천시의 대상이 될 수밖에 없었다.[38] 흑산도의 운명도 예외는 아니었다.

마지막으로 다시 통일신라 후기~고려시대 현장인 읍동포구로 돌아가서 한 가지 제언을 하는 것으로 마치고자 한다. 읍동마을에는 당시 보도블록으로 활용되었을 와전(瓦塼)이 다수 수습되었다. 이는 당시 보도블록으로 포장된 국제해양도시 읍동포구의 거리에 다수의 건물들이 들어서 크게 성황을 누렸을 가능성을 보여준다. 1999년 처음 지표조사를 할 때만 하더라도 읍동마을에는 유물들이 즐비하게 산재해 있었다. 그러나 세월이 흐르면서 유물들이 서서히 자취를 감추기 시작하고 새로운 집들이 하나둘씩 세워지고 있어, 유적의 훼손이 심하다. 만시지탄이지만 읍동마을 전체를 국가사적으로 지정하고 계획을 세워 장기간의 발굴조사사업에 들어갈 것을 제안한다.

---

38) 강봉룡, 2014, 「섬의 인문학 담론 - 섬과 바다의 일체성과 양면성의 문제 - 」, 『도서문화』 44, 22~23쪽.

참고문헌

강봉룡, 2000, 「고대 한·중 횡단항로의 활성화와 흑산도의 번영」, 『흑산도 상라산성 연구』, 목포대학교 도서문화연구소.

강봉룡, 2002, 「장보고의 '청해진 체제'의 건설과 성공비결」, 『장보고와 미래대화』, 해군사관학교 해군해양연구소.

강봉룡, 2002, 「해남 화원·산이면 일대 靑磁窯群의 계통과 조성 주체세력」, 『전남사학』 19.

강봉룡 외, 2003, 『장보고 관련 유물·유적 지표조사보고서』, 재단법인해상왕장보고기념사업회.

강봉룡, 2005, 『바다에 새겨진 한국사』, 한얼미디어.

강봉룡, 2006, 「한국 서남해 도서·연안지역의 鐵馬信仰」, 『도서문화』 27.

강봉룡, 2007, 「영암 구림마을의 옛 국제포구 상대포」, 『역사와 문화』 창간호.

강봉룡, 2011, 「몽골의 침략과 고려 무인정권 및 삼별초의 '도서해양전략'」, 『동양사학연구』 115.

강봉룡, 2013, 「고대~고려시대의 해로와 섬」, 『대구사학』 110.

강봉룡, 2014, 「섬의 인문학 담론 - 섬과 바다의 일체성과 양면성의 문제 - 」, 『도서문화』 44.

강봉룡, 2015, 「8~9세기 동아시아 무역형태의 변화」, 『제6회 전국해양문화학자 대회 자료집』.

국립박물관, 1957, 『한국서해도서』.

김경수, 1999, 「영산강 주변의 干潟地 개간과정과 경관변화」, 『문화역사지리』 11.

김원룡·임효재, 1968, 『남해도서고고학』, 동아문화연구소

도서문화연구소, 2004, 『신라·고려시대 국제 해양도시 흑산도의 재발견』.

동신대학교 문화박물관, 2010, 「흑산도 상라산성 제사터 학술발굴조사 지도위원회 자료」.

목포대학교 도서문화연구소, 2003, 『도서문화유적 지표조사 및 자원화연구3 - 흑산면편 - 』.

목포대학교박물관, 2009, 「신안 흑산 무심사지 삼층석탑 주변 유적 지도위원회

회의자료」.

목포대학교박물관, 2011, 『흑산도 무심사지』.

문안식, 2003, 「왕인의 도왜와 상대포의 해양교류사적 위상」, 『한국고대사연구』 31.

신안군, 1998, 『우리고장의 문화유적』.

이준곤, 2001, 「비금도 설화의 의미와 해석」, 『도서문화』 19.

梨花女大博物館, 1988, 『靈巖 鳩林里 土器窯址 發掘調査』.

전남문화예술재단 전남문화재연구소, 2015, 「신안 흑산도 무심사지 일원 발굴조사 자문위원회의 자료집」.

최성락, 1988, 「흑산도지역의 선사유적」, 『도서문화』 6.

김 희 만 (광운대학교)

　이 논문은 '장보고시대'와 흑산도를 조명하기 위해서 읍동포구와 문헌에 나타난 흑산도 관련 자료, 그리고 최치원설화와 철마신앙 등을 통해 그 위상을 전개하고 있다. 이는 장보고 연관 사료가 절대적으로 부족할 뿐만 아니라, 그 유적이나 유물도 산동반도의 적산포, 완도의 청해진 등 매우 한정적으로 분포하고 있는 현상을 보완하는데 매우 중요한 의미가 있다고 하겠다.

　이를 토대로 '장보고시대'라는 개념을 정립하여 8세기 말에서 9세기 전반(841)에, 특히 그의 활동상을 부각시키기 위한 편의적 개념으로 이를 사용할 수 있다는 의견이나, 흑산도는 통일신라~고려시대에 한·중해로의 거점섬으로, 특히 읍동포구는 '국제해양도시'로서 추정할 수 있다는 새로운 견해는 이 시대를 이해하는 데 참고가 된다고 본다.

　그러나 이러한 논지의 개연성에는 수긍이 가는 바이지만, 보다 구체적으로 이를 대변할 수 있는 적극적 자료나 해석에는 문제가 없지 않다고 본다. 다시 말해, 이 논문에서 제기하고 있는 여러 논거는 그 정황상으로 추정이 가능한 부분이라 할 수 있지만, 보다 심층적으로 접근해보면 그 실제성에는 보완할 측면이 여러 면에서 찾아지는 것도 사실이다.

01   이 논문 전체에서 소위 '장보고시대'라 할 수 있는 시기의
        구체적 증빙자료를 찾아보기가 어렵다는 점이다. 읍동포구의
발굴조사 주요 성과 가운데 딱히 이 시기를 지칭할 수 있는 유적이나
유물이 있다면 그것이 무엇이며, 어떤 근거를 제시할 수 있는지가
궁금하다.

02   문헌에 나타난 흑산도의 위상을 상정하면서 그 근거로 엔닌의
        『입당구법순례행기』에 보이는 '장보고의 바닷길'을 하나의
단서로 제시하고 있으며, 다른 하나는 서긍의 『고려도경』에 보이는
흑산도 관련 기사를 제공하고 있으며, 또 다른 하나는 이중환의 『택리
지』에 보이는 흑산도 관련 대목을 주목하고 있다.
    엔닌의 『입당구법순례행기』에 보이는 '장보고의 바닷길'을 단서로
흑산도를 언급한 부분을 보면, 엔닌이 탑승한 재당신라인 배가 흑산도
를 거치지 않고 고이도, 황모도(구초도), 안도를 경유하여 일본으로
귀환하고 있다. 흑산도를 경유하지 않은 이유를 제기하고 있는데
과연 일본인(엔닌 1인 탑승)에 대한 비우호, 신라 당국의 불신(장보고
이후의 교역관계) 등이 직접적인 연유였을까 하는 의문(직항로)이다.
    서긍의 『고려도경』에 보이는 흑산도 관련 기사를 보면, 중국에서
고려에 들어올 때 반드시 들러야 하는 관문이었을 테지만, 서긍 일행은
지체된 여정을 단축하기 위해 일부러 흑산도를 들르지 않고 지나쳤을
것으로 보고 있다. 그러한 근거가 무엇인지, 혹은 기록이 있는지 고민
이다. 그런데 이 기사 가운데 "여기에는 주민이 사는 취락이 있다.
나라 안의 대죄인으로 죽임을 면한 자들이 흔히 이곳으로 유배되어

온다."라는 내용이 작용하였을 가능성에 대해서 주목할 필요가 있지 않을까 한다.

이중환의『택리지』에 보이는 흑산도 관련 대목에서도 '영암 - 흑산 도 - 홍의도(홍도) - 가가도(가거도) - 영파'로 이어지는 한·중해로의 일반적인 상황을 기술한 것으로, 이를 통해 흑산도의 위상을 점검하는 자료로서는 한계가 없지 않다고 본다. 그것은 이 부분이 나주를 설명하 는 가운데 해로의 일부로서 기재되고 있기 때문이다.

03 최치원설화와 철마신앙을 통해 흑산도를 언급하면서, 구림마 을의 상대포가 장보고 선단의 포구로 활용되었을 가능성을 제기하고 있는 데는 동의한다. 그러나 이 자체 과연 '장보고시대'를 표방하는 흑산도의 그것과 어떻게 부합할 수 있는 지는 의문이다. 물론『택리지』의 기사에 주목하여 최치원(857~?) 등이 영암 구림마을 에서 상선에 편승하여 중국으로 건너갔다는 내용에는 공감하지만, 장보고 선단이 이와 같은 루트를 통해서 상업 활동을 했는지는 의문이 다. 그것은 엔닌의 사례가 이를 방증하고 있다.

또한 최치원은 장보고보다 두 세대 가량 후인 신라 하대에 활동했던 인물이며, 이와 연관된 설화, 운거산(雲居山) 설화와 당포(唐浦)라는 지명, 그리고 비금도 수도의 고운정(孤雲井) 설화와 우이도 진리(가뭄 해결 설화)의 최치원 관련 설화 등이 과연 '장보고시대'와 어떻게 연계되어 이해될 수 있는지 궁금하다.

실제 필자는 흑산도의 위상이 통일신라 후기, 즉 '장보고시대'에 정립되기 시작하였고, 고려시대까지 이어진 것으로 설정하고 있다. 제목에서 보이는 바대로「장보고시대 흑산도의 위상」과는 약간의 괴리가 찾아진다. 흑산도의 위상을 통일신라 후기, 즉 '장보고시대'부터 고려시대까지라고 한다면 여러 고고자료, 문헌자료, 그리고 설화와 신앙의 측면에서 그럴 개연성은 있지만, 「장보고시대 흑산도의 위상」이라는 제목만으로 보아서는 사실 이를 대변하는 구체적인 정황 자료는 이 논문에서 찾아보기가 쉽지 않다.

동아시아 표류사 속의 흑산도

윤 명 철 (동국대학교)

동아시아 표류사 속의 흑산도

Ⅰ. 서론

흑산도는 한국의 서남해양에 있는 몇 개의 군도로 이루어졌다. 일반적인 섬이 가진 기능 외에 한민족의 해양활동은 물론 동아시아 세계의 해양활동과 국제관계를 이해하는 데에 중요하다. 그럼에도 불구하고 그 위상과 역할에 대해서는 잘 인식되지 못했다. 거기에는 몇 가지 통념도 작용했다. 즉 해양문화와 활동의 미성숙, 원양항해의 불가능성, 육지적 관점의 역사상 등이다. 그런데 서긍(徐兢)이 쓴 『선화봉사고려도경(宣和奉使高麗圖經)』에는 흑산도의 위상과 역할을 간략하게 기록하였다. 이후 조사와 발굴, 활발한 연구를 통해서 해양활동의 증거들을 확보하고 역할을 조명했다. 본고는 이러한 성과들을 토대로 '표류(漂流)'라는 주제로 동아시아 해양 전체에서 흑산도의 위상과 역할을 규명하고 한다. Ⅱ장에서는 역사에서 표류 현상을 이해하는 방식을 설명하고, 이어 Ⅲ장에서는 표류로 인해 나타난 결과 또는 표류 현상의 중요한 원인을 살펴본다. 즉 자연환경과 역사적 환경을 분석한다. Ⅳ장에서는 흑산도와 연관된 표류 현상의 몇몇 실례들을 살펴보면서 역사상과 연결시켜 흑산도의 위상을 찾고자 한다.

Ⅱ. 표류상(漂流像)의 이해와 역할

1. 표류란 무엇인가?

'표류(漂流)'란 바다 내지 강 또 넓은 호수에서 특별한 이유로 배가 방향을 잃고 위험한 상태에서 움직이는 상황을 의미한다. 사료에서는 표류 외에 '표착(漂着)'(발해사신과 관련한 일본기록) 또는 '표몰(漂沒)', '표도(漂到)' 등의 용어로도 사용된다. 엄격하게 말하면 단어 상에는 성격 형태 등에 약간의 차이가 있으나 의미는 기본적으로 유사하다. 따라서 이 글에서도 이러한 현상일반을 '표류'라고 규정하면서 논리를 전개하고자 한다.

표류의 주체는 바다라는 터에서 활동하는 선원, 어민 등을 비롯한 '해양인(漂到)'들이고, 또한 일시적이나 특정한 목적으로 바다를 항해하는 사람들, 즉 상인(商人), 승려(僧侶), 관인(官人), 군인(軍人), 해적(海賊) 등이다. 이들은 각각 특정한 목적을 가진 채 자기가 설정한 목표지를 향해 항해를 시작했지만, 기상이변, 선체 파손, 내부 혼란, 적대집단의 습격 등 비일상적인 상황으로 인하여 정상항로를 이탈한 채 자연현상에 맡겨졌다. 또한 이들은 해양과 항해의 메커니즘 상 불가피하게 사용할 수밖에 없는 항로가 있었으며, 이 항로들을 항해하는 도중에 표류가 발생한 경우가 적지 않았다.

해양문화와 역사상을 이해하는 데 육지와 농토에 터를 잡고 정주적(定住的) 성격(stability)을 가진 농경민의 인식과 생활방식으로 해석하면 무리가 뒤따른다. 특히 표류와 관련해서는 몇 가지 전제를 이해해야 한다.

첫째, 고대는 해양활동과 해양교류에 필수적인 항해술과 조선술이 수준 높게 발달하지 못했으므로 자연환경에 직접적으로 영향을 받는다. 따라서 해류 조류 바람 지형 등은 표류를 포함한 해양활동과 문화가 만들어지는 틀과 성격에 강력한 영향을 끼친다. 둘째, 항해자들은 해양을 이용하여 문화를 교류하고 교섭할 때에는 유사한 해로를 이용하거나 공유한다. 더욱이 선사시대나 고대에는 통로가 일정하기 때문에 항해는 일정한 장소에서, 일정한 시기에, 그것도 일정한 형태로 만들어지는 경향이 강하다. 따라서 '항로'와 '표류로'는 일치하는 경우가 많았다. 셋째, 해양환경은 육지와 달리 지역이나 시기에 따라 예측하지 못했던 변화가 일어나 표류가 발생하는 경우가 많다. 하지만 항해와 마찬가지로 표류 또한 해양환경과 메커니즘 속에서 크게 벗어나지 못한다. 해류, 조류, 바람, 해상조건 등이 공통적이기 때문이다. 넷째, 해양을 통한 교류는 육지에 비해 상대적으로 규모가 작고 비조직적이다. 뿐만 아니라 불규칙적이고 연속적이지 못하다. 표류는 우발적이나 수동적으로 이루어진 경우가 적지 않기 때문이다.

다섯째, 해양문화는 불보존성(不保存性)이라는 특성을 지니고 있다. 표류는 정상적인 항해에 실패한 비일상적인 사건인데다가, 주로 민간인들의 사적인 행위에서 발생하였으므로 몇몇 예외를 제외하고는 기록을 남기지 않았다. 여섯째, 표류는 그 결과뿐만 아니라 발생하는 데도 역사적인 메커니즘과 관련이 깊다. 국제관계에서는 무작위성(無作爲性), 무목적성(無目的性) 항해가 아니라 의도적이며 목적지가 분명하다. 따라서 항로를 사용하는 과정에서 표류가 발생하는 경우가 많으므로 항로 등 해양 메커니즘의 이해가 필요하다. 또한 정치 군사적인 상황이 변화함에 따라 항로 또한 변화하면서 자연스럽게 '항로 쟁탈전'이 벌어진다. 때로는 부적절한 항구선택과 무리한 항로사용이 이루어지는데, 이러한 비일상적인 상황에서 표류가 발생할 확률이 높아진다. 이러한 표류와 연관된 해양문화의 몇 가지 특성을 이해하지 못하거나 경시할 경우에는 전근대시대의 해양역사는 물론이고, 표류의 성격과 의미를 해석하는 데 상당한 혼란을 초래한다.[1]

2. 표류의 역할

표류와 연관된 해양의 메커니즘을 이해하고, 표류가 역사상과 어떻게 연관을 맺고, 어떤 방식으로 작용해서 의미와 역할을 했는지 검토해보고자 한다.[2] 첫째, 표류는 길, 즉 항로의 발견과 계발을 촉진시킨다. 동아지중해 해역에서는 초기에는 항해술과 조선술의 미발달로 인하여 연안항해나 그에 따른 연안표류가 주를 이루었다. 한반도 남해동부와 대마도 및 규슈지역과의 교류는 약 7000년을 전후한 시기부터 있었다. 동해 북부해안에서도 선사시대부터 출항하여 동해를 가로질러 사할린 홋카이도 및 혼슈 중부지역의 여러 곳에 도착하였다. 선사시대부터 절강 이남지역을 출발하여 동중국해와 제주도 해역, 황해 남부를 거쳐 한반도로 들어오는 항로가 있었다. 이 시기의 항로는 우발적인 표류를 통하거나, 가장 초보적인 '표류성 항해'를 통해서 발견되고, 점차 항로로 고정됐을 것이다. 동일한 노선으로 표류가

---

1) 이 부분은 필자가 오래 전부터 사용해오던 논리인데, 이 글에서는 표류와 관련하여 보완 첨삭함으로서 변형시켰다. 특히 졸저『윤명철 해양논문 선집 8권』중) 1권『해양활동과 해양문화의 이해』및 2권『해양활동과 국제질서의 이해』및 졸고「漂流의 발생과 역할에 대한 탐구 - 동아시아 해역을 배경으로 - 」『동아시아 고대학』18, 동아시아 고대학회, 2008 참조.
2) 이 부분에 대해서는 필자의 저서 및 졸고에서 상세하게 논하였으므로 이 글에서는 간략하게 핵심만 서술한다. 윤명철, 2012,『해양사연구방법론』, 학연문화사 ; 2012,『해양활동과 국제항로의 이해』(윤명철 해양논문선집 제3권), 학연문화사.

반복되면 항로에 대한 정보가 축적되고 경험이 풍부해져서 목적했던 해역에 도착할 수도 있다.

둘째, 표류는 표착(漂着) 해역 및 지역에 대한 정보를 취득하는 계기가 됐다.[3] 그 때문에 국가는 국가사절들이 빈번하게 출입하는 일도 제한하였으며, 표류에 의한 접촉 또한 엄격하게 제한하고, 정보가 누설되는 것을 극도로 제한하였다.[4] 실제로 표류 때문에 개방이 억제된 지역으로 표착한 경우도 몇 번 있었다.[5] 이것이 역사에 영향을 끼치는 표류 현상이다.

1488년에 표류한 금남(錦南) 최부(崔簿)는『표해록(漂海錄)』에서 절강성 등 강남지역의 정보를 제공하였다.[6] 조선시대에 장한철(張漢喆)이 쓴『표해록』은 류큐 열도(오키나와 제도) 등을, 유대용(柳大用)이 저술한『유구풍토기(琉球風土記)』는 유구국에 대한 정보를 상세하게 전하였다. 반면에 송나라도 표류자들을 대상으로 정보를 취득했다.[7] 반대로 표류자가 우리 지역의 정보를 서양세계에 전달한 경우도 있었다. 1653년 8월 제주도에 표류해 온 하멜은 13년 만에 탈출한 후『하멜표류기』를 기술해서 조선에 대한 각종 정보를 유럽에 알렸다.[8] 우발적

---

3) 이 부분에 대한 연구는 비록 조선시대에 한정되어 있으나 민덕기, 2001, 「표류민을 통한 정보의 교류」,『조선시대 한일표류민 연구』, 한일관계사학회·국학자료원, 87~112쪽 참조.

4) 鮑志成, 1997, 「蘇東坡와 高麗」,『한중문화교류와 남방해로』, 국학자료원, 89쪽. 蘇東坡가 哲宗에게 몇 번이나 올린 奏狀에는 고려사신들에 대하여 비판적인 태도가 나타난다.

5) 발해와 일본과의 교류에서 나타난다. 윤명철, 1998, 「渤海의 海洋活動과 東아시아의 秩序再編」,『高句麗研究』 6, 학연문화사 ; 윤명철, 2002,『장보고 시대의 해양활동과 동아지중해』, 학연문화사, 223~284쪽 참조.

6) 최부 저, 서인범·주성지 옮김, 2004,『표해록』, 한길사, 1~656쪽.

7) 全善姬, 1997, 「明州古方志所見宋麗交流史事札記」(한글판 「明州 옛 '지방지'에 보이는 麗 宋 交流史 札記」,『中國의 江南社會와 韓中交涉』, 집문당.), 237쪽.

인 표류가 가진 이러한 정보취득 기능 때문에 각 나라들은 표류민들을 몹시 엄격하게 다루었다. 더구나 왜구(倭寇)가 창궐하면서 이러한 면은 더욱 심해졌다.[9]

셋째, 표류의 빈번한 발생은 자연스러운 민간인의 '이주(移住, settlement)'를 낳고 이어 '식민활동(植民活動, colony)'으로 발전하는 경향이 있다. 동아지중해 지역에서는 삼국을 전후한 시기에 한반도에서 일본열도로 진출 개척하는 과정에서 나타난다.[10] 삼한 사회의 구성원들 가운데 적지 않은 경우가 중국 해안을 출항한 후에 황해를 건너온 사람들이다.[11] 이러한 현상들은 집단이주와 정착과정을 표현한 것이다. 8~9세기에는 신라농민들이 당나라로 이주했다.[12]

넷째, 우발적인 '표류(漂流)'와 '표착(漂着)'은 '진출(進出)'과 '정복(征

---

8) 신복룡 역주, 2005, 『하멜표류기 등 합본』, 집문당, 1~75쪽. 특히 효종을 알현하는 모습 등은 조선 핵심부의 모습을 그린 것이다. 그러나 해제자의 말과 같이 네덜란드는 이를 가치 있는 자료로 활용하지 못했다.

9) 이훈, 2001, 「조선전기 조 일간 표류민 송환과 교린」, 『조선시대 한일 표류민 연구』, 한일관계사학회, 국학자료원, 27~28쪽.
조선의 역대 왕들은 조선인이 중국이나 일본, 유구 등 외국에 표착한 경우, 표착지에 송환을 의뢰할 정도로 표류민의 송환에 관심을 가졌다. 특히 16세기 중엽 이후 조선에 표착한 일본 배에는 중국인들이 함께 타고 있는 경우가 더러 있었다. 조선은 일본과 통교를 꺼리는 중국을 의식하여 조·일간에 발생한 표류·표착이라 해도 단순히 조·일 간의 문제로 다루지 못한 측면이 있었다.

10) 일본의 창세신화 및 건국신화는 항해 및 표류와 깊은 관련이 있다. 천신의 손자인 니니기노미코토(瓊瓊杵尊)가 하늘에서 하강하는 것은 바다를 건너는 상황을 상징한다. 이에 대해서는 김석형, 1988, 『고대한일관계사』, 한마당 ; 조희승, 1995, 『일본에서 조선소국의 형성과 발전』, 민족문화 ; 윤명철, 1986, 『동아지중해와 고대일본』, 청노루 참조.

11) 이러한 견해는 金哲俊, 1979, 「魏志東夷傳에 나타난 韓國古代社會의 性格」, 『대동문화연구』 13, 147~151쪽 참조.

12) 『三國史記』와 『舊唐書』에는 816년에 굶주림을 못 견뎌 170여 명이 절강지방으로 건너갔다는 기록이 있다.

服)'이라는 정치적인 목적을 달성하는 계기로 활용되기도 했다. 표류와 표착은 몇 차례의 과정을 반복하면서 1차적으로 '항로의 발견'으로 이어진다. 다시 상황의 변화에 따라서 경제적인 목적을 지닌 항해의 성격으로 전화하고, 이어 조직적인 진출을 추진하면서 정치적으로 정복과정으로 확대되기도 한다. 이러한 예는 세계 역사상에서 무수히 발견되지만, 한반도에서 일본열도로 진출하는 과정은 전형적인 예이다.[13)]

다섯째, 표류와 표착은 국제질서의 변화를 가져오는 변수역할도 하였다. 중국 남방의 오(吳)는 요동에 사신과 장군 등을 파견하여[14)] 말을 구입한 후에 백소(百艘)에 싣고 귀항했다.[15)] 그런데 도중에 폭풍을 맞아 성산(成山) 근처에서 머물렀고, 그때 위(魏)는 이를 습격하였다.[16)] 이 사건을 계기로 고구려와 오나라 간에 정치적인 동맹이 맺어졌다.[17)] 589년에는 수(隋)의 전선이 탐모라국(耽牟羅國, 제주도)에 표류하는 사건이 발생했다. 위덕왕은 수(隋) 일행을 후대한 후 사신을 파견하였고, 이로 인하여 수와 군사동맹을 제의한다.[18)] 589년에 수나라의

---

13) 일본고대국가의 형성에서 구체적인 실례는 윤명철, 1986, 『동아지중해와 고대일본』, 청노루 참조.
14) 『三國志』 卷47, 吳書 第2 吳主傳.
15) 西嶋定生, 1985, 『日本歷史の國際環境』, 東京大學校, 38쪽.
   『三國志』 魏書 公孫淵傳에 인용된 『魏略』 등에는 吳와 遼東半島 公孫淵 정권과의 사이에 風力을 이용한 배로 渤海를 종단해서 軍事同盟, 馬匹交易 등이 빈번하고 신속하게 행해졌음을 보여준다(內田吟風, 1978, 「東アジア古代海上交通史凡論」, 內田吟風博士頌壽紀念會, 同朋社, 548쪽).
16) 『三國志』 卷26, 魏書 第26 田豫傳.
17) 이 부분의 해양적인 상황과 정치적인 관계에 대해서는 윤명철, 2003, 『고구려 해양사 연구』, 사계절 ; 1995, 「高句麗前期의 海洋活動과 古代國家의 成長」, 『韓國上古史學報』 18, 한국상고사학회 참고.
18) 『三國史記』 卷27, 백제본기 무왕 8년, 9년, 12년.

주라후(周羅睺)가 이끄는 수군이 동래(東萊)를 출발하여 바다를 건너 평양성을 향했지만, 중간에 대풍을 만나 대다수의 선박이 표몰(漂沒)하였고 공격은 실패로 끝났다.[19] 만약 이때 표몰을 면했다면 수군은 압록강(鴨綠江) 하구나 대동강(大同江) 하구를 위협해서 고구려를 위험한 상태로 만들었을 가능성도 있다.

『일본서기』에 따르면 제명(齊明) 7년인 661년에 견당선(遣唐船)은 월주(越州)를 출발하여 귀국하다가 9일 동안을 표류하다 일부 왜인들이 탐라도(耽羅島, 제주도)에 닿았다. 그들은 왕자인 아파기(阿波伎) 등을 객선(客船)에 태워 왜국으로 갔고,[20] 이로 인해 탐라는 왜국과 교류관계를 맺었다. 그 후 일본은 황해와 동중국해를 사용하여 견당사(遣唐使)를 총 15차 파견했지만, 북로(北路)를 제외한 남로(南路)·남도로(南道路)를 사용한 경우에는 참담한 피해를 입었다. 특히 남로는 왕복 모두 무사한 적은 13차 견당사 때 단 1회 뿐이었다. 견당사를 파견한 것 가운데에서 모두 이상 없이 왕복에 성공한 것은 채 50%가 안되었다.[21] 표류로 인하여 일본은 국제질서에 진입하는 데에 심대한 타격을 입었다.[22]

---

19) 『三國史記』 卷20, 고구려본기 영양왕 9년 ; 『隋書』 卷2, 帝紀 第2 高祖 下 開皇 18년 ; 『隋書』 列傳 第30 周羅睺傳, (開皇) 十八年 '起遼東之役 徵爲水軍總官 自東萊泛海 趣平壤城 遭風船多飄沒 無功而還.' ; 『資治通鑑』 卷178. 隋紀2 高祖 上之下. '周羅睺 … 自東萊泛海 趣平壤城.亦遭風 船多飄沒 九月己 丑 師還 死者什八 九.'

20) 『日本書紀』 卷26, 齊明천황 7년.

21) 茂在寅男, 1981, 『古代日本の航海術』, 東京, 小學館, 191쪽 참조. "당시 120 人~150人 이상씩 승선하는 큰 배임에도 불구하고 풍랑에 전복되곤 하였다. (길이 45m, 폭 3m의 선박으로 추측)

22) 윤명철, 2011, 「8세기 東아시아의 國際秩序와 海洋力의 상관성」, 『8세기 東아시아의 역사상』, 동북아재단.

Ⅲ. 흑산도의 표류 환경 검토

필자는 '동아지중해(東亞地中海, EastAsian-mediterranean-sea)'란 모델을 설정한 후 연구를 지속해왔다. 동아지중해는 단순하게 지리와 지형, 바다의 구조라는 물리적인 틀뿐만 아니라 담고 있는 내용인 자연현상과 생산물, 주민을 비롯한 문화 또한 다양하다.[23] 따라서 정치 군사 경제 문화 등 모든 분야에서 활발한 교류를 통해서 상호연관성을 깊게 할 수밖에 없는 역사의 터이다.[24] 이 공간에서 흥망을 거듭했던 모든 종족들과 국가들은 해양의 영향을 어떠한 형태로든 받으며, 해양활동를 활발히 할 수밖에 없다. 그 과정 속에서 표류가 발생하는 일은 너무나 당연하다. 항해와 표류 현상을 자주 발생시키는

---

23) 東亞地中海의 자연환경에 대한 검토는 윤명철, 1995, 「海洋條件을 통해서 본 古代 韓日 關係史의 理解」, 『日本學』 14, 동국대학교 일본학연구소, 67~113쪽 ; 1997, 「黃海의 地中海的 성격연구」, 『韓中文化交流와 南方海路』, 국학자료원, 213~242쪽 외 기타 논문 참고.

24) 윤명철, 2005, 「동해문화권의 설정 검토」, 『동아시아 역사상과 우리문화의 형성』, 한국학중앙연구원, 민속원, 1~44쪽 ; 2006, 「東아시아의 海洋空間에 관한 再認識과 活用 - 동아지중해 모델을 중심으로 - 」, 『동아시아고대학』 14집, 동아시아고대학회, 경인문화사, 323~358쪽 등에서 동아시아 역사의 공간을 이해하는 해석모델로서 '터와 多核(field &multi-core)이론'을 전개하고 있다.
필자가 주장하는 '터이론'의 大綱은 다음과 같다. 한 동일한 공간, 유사한 공간, 관련성 깊은 공간은 하나의 역사공간으로 인식해야 한다. 비록 혈통이 다르고 언어와 문화가 달라도, 또 중심부간의 거리가 멀거나 국부적인 자연환경에 차이가 있고, 정치체제의 차이가 있어도 느슨한 하나의 '統一體' 혹은 '歷史有機體', '문명공동체'였다. 또 역사공간은 단순한 영토나 영역, 장소의 문제가 아니라 만남과 연결 방식을 총체적인 연결망, 즉 네트워크의 개념으로 접근할 필요가 있다. 역사공간의 네트워크는 전체이면서 부분인 터(場, field)와 또 부분이면서 전체이기도 한 3개의 中核과 주변의 몇몇 行星들, 그들을 싸고도는 衛星들이 있고(multi-core), 중첩적인 선(line)들로 이어졌다. 선이란 교통로를 말한다. '터 이론'의 구체적인 내용과 실질적인 예들은 위 논문들을 참고하기를 바란다.

흑산도의 해양환경을 구체적으로 검토할 필요가 있다.

1. 자연환경의 검토

흑산도를 포함한 황해 및 동중국해의 자연환경은 충적세 이후에도 부분적으로 변화가 있었다.[25] 하지만 본고의 논리를 전개하는 데는 큰 무리가 없으므로 현재 알려진 자연환경을 전제로 연구하고자 한다. 흑산도는 '대흑산도', '소흑산도(가거도)', '홍도', '다물도', '대둔도', '영산도' 등 10여 개의 유인도와 65개의 무인도로 구성된 일종의 제도이다. 흑산제도의 주도인 대흑산도는 면적이 22㎢이며, 해안선의 길이는 41.8㎞이다. 엔닌[圓仁]은 『입당구법순례행기(入唐求法巡禮行記)』에서 고이도에 머무를 때 들은 이야기를 기록하였다. 즉 "고이도의 서북쪽으로 백 리 쯤에 흑산이 있다. 섬은 동서로 길다."

그런데 흑산도가 일개의 섬이 아닌 여러 개의 섬으로 구성된 것은 해양환경과 해양문화 발달에서 매우 중요한 의미를 지닌다. 특히 정치세력이 성장할 수 있는 여건을 마련해준다. 1123년에 고려를 방문한 서긍(徐兢)이 쓴 『선화봉사고려도경(宣和奉使高麗圖經)』에는 "흑산은 … 바라볼 때 매우 높고 험하다. 그러나 가까이 가면 산세가 중복되어 있고 … 양쪽의 바다가 만이 만들어 배를 감출만하다. … 옛날에는 바닷길을 지날 때 선박을 머물게 하였다."라고 의미 깊은 기록을 남겼다.

또한 육지와의 거리라는 지리적인 환경도 중요했다. 흑산도는 목포에서 남서쪽으로 97.2㎞이고 군산도 및 제주도와 연결되며, 절강성의

---

25) 趙希濤, 1979, 「中國 東部 20000年來的海平面變化」, 『海洋學報』第一卷 ; 유소민 저, 박기수·차경애 옮김, 2005, 『기후의 반역』, 성균관대학교 출판부.

〈그림 1〉 대동여지도 흑산도 부분

해안지방과는 500여㎞ 떨어져 있다. 자연히 육지세력이나 중앙정부의 관리가 미약하고 독립적인 해양세력이 성장할 수 있었다. 엔닌의 『입당구법순례행기』에는 흑산도로 백제의 제3왕자가 도피하였고, 그 시절 300~400가구가 생활하고 있다고 전언하고 있다.

지리적 환경도 중요한 영향을 끼쳤다. 바다를 사이에 둔 육지간의 거리, 즉 항해거리가 중요하고, 그에 따른 항법도 중요했다. 황해의 전 해역은 해안 간의 간격이 넓지 않은 내해로서 근해항해의 대상지역이다. 한중 간의 최단거리는 250여㎞에 불과하다. 필자는 아래 공식처럼 시인거리(視認距離)를 계산하여 양 지역 간에서 지문항법(地文航法)을 사용해서 항해할 수 있는 범위를 설정한 적이 있었다.

이렇게 해서 구성한 근해항로 가능 범위도에 다시 흑산도를 넣어서 계산해 보았다. 흑산도에서 가장 높은 문암산은 400m이고, 소흑산도(가거도)에서 가장 높은 독실산은 639m이다. 이 수치를 넣어서 시인거리를 계산하면 흑산도는 약 42㎞이고, 소흑산도는 약 52㎞였다. 기존

차례	물표(物標)		높이(m)	거리(해리)
①	南浦	牛山	507	52.29
		九月山	945	69.38
②	海州	首陽山	995	69.38
③	群山	千房山	110	27.29
④	仁川	桂陽山	396	46.85
⑤	古群山	群島	150	30.96
⑥	浙江省		1000급	71.21
⑦	上海	云台山	625	57.45
⑧	靑島	嶗山	1153	75.44

시인거리(視認距離)[26]
$K(해리)=2.078(\sqrt{H}+\sqrt{h})$
H=목표물의 최고 높이
h=관측자의 眼高(7m)

의 근해항해 가능 범위도에 이 수치를 넣고 만든 근해항해 범위도가 <그림 2>이다. 황해 내부를 둘러싼 하나의 타원형선이 나타난다. 이 선의 안쪽인 A부분은 육지를 보면서 자기위치를 확인하고 항해를 할 수 있는 지역이다. 반면에 자기위치를 정확히 알지 못한 채 망망대해를 항해하는 지역은 B부분이 된다. 이 부분이 차지하는 범위는 그다지 많지 않은 것을 알 수가 있다.[27] 물론 이 공식은 맑은 날 시정이 좋을 때에 적용할 수 있다. 그리고 이 도표를 보면 흑산도가 '황해남부 사단항로', '동중국해 사단항로'를 이용하는 선박들에게 방향을 찾고 자기위치를 찾는데 활용되는 물표역할을 했음을 알 수 있다.[28]

최부는 『표해록』의 윤1월 4일 기사에서 사공의 입을 빌어서 흑산도

---

26) 계산방식 : Bart J. Bok·Frances W. Wright 지음, 정인태 역, 1963, 『기본항해학』, 대한교과서, 26쪽 ; 茂在寅南, 1981, 『古代日本の航海術』, 小學館, 1981, 22쪽 참조.
27) 1등의 숫자는 물표가 되는 지점.
  각 ●은 목표확인 최대지점
  A부분 안에서는 일기가 좋을 때 목표를 관측하며 항해할 수 있다.
28) 입록강 하구 서한만 일대의 섬들 요동반도 남단의 해양도 등과 장산군도, 백령도, 덕적군도 등은 항해자들에게 절대적인 가치를 지닌 섬들이다.

〈그림 2〉 흑산도를 포함한 황해 내부의 근해항해 범위도

가 마치 탄환(彈丸)같은 작은 점으로 보인다는 사실을 기록하였다.[29]
필자는 1997년 6월 중순 절강성 해안을 출항하여 한반도 해안을 목표
로 표류성 항해를 하였다. 그때 한국 해역에 들어와 가거도를 먼저
보고 이어 흑산도를 발견하면서 목표로 삼아서 해안에 상륙하였다.
또한 흑산도는 봉화대가 설치되어 밤에도 물표역할을 담당하였다.
서긍은 "중국의 사신들이 이곳에 이르게 되면 밤에는 산위의 봉대에
서 불을 밝혀 이웃 섬과 섬을 차례로 연결 왕성에 이르게 하는데
흑산도가 그 봉화대의 시작이다"라고 기록하였다.[30] 모든 항해자들

---

29) '梢工指東北 望有島若一點彈丸於漂流間 曰 彼疑乃黑山島也 過此以往 四無島嶼
水天相接于滿無涯之海 ….' 주성지는 최부 일행이 일개의 彈丸으로 본 섬은
아마 소흑산도의 독실산일 것이라고 추정하였다.

에게 흑산도는 이러한 항해상의 물표 역할, 신호처 역할, 기항처 피항지 역할을 담당할 수밖에 없는 지리적인 위치에 있었다.

1) 해류

동아시아에는 쿠로시오(黑潮)라는 해류가 필리핀 북부에서 발생하여 북동진(北東進)한다.[31] 황해(黃海), 동중국해(東中國海)의 해류는 바람의 영향, 중국대륙으로부터 하천수(河川水)의 유입량(流入量)의 변화 등에 의하여 변화가 많다.[32] 한편 중국 연안을 남하하는 해류는 발해(渤海) 및 황해북부에서 기원하며 중국대륙 연안을 따라 남하하다 남중국해 방면으로 사라지는데 동계에는 수온이 낮다.

그런데 <그림 3>에서 확인하는 것처럼 이 흐름은 7·8월에는 상해만 쯤에서 동(東)으로 방향을 틀어 한반도 남부방향으로 간다. 해류는 표류의 상황을 직접 야기하는 경우는 적지만 표류가 발생한 후에는 오히려 자가동력(自家動力)을 상실한 선박으로 하여금 특정한 방향으로 진행하도록 만들기도 한다.[33] 하지만 거대한 해류도 지역에 따라서는 조류의 영향을 받으며, 바람의 영향을 상당히 받는다.

---

30) 서긍,『고려도경』권35, 해도2 흑산조.
31) 흑조원류는 북태평양을 시계추와 같은 방향으로 環流하는 北赤道해류가 필리핀제도에 근접함으로써 北流하는 해류이다. 그러나 黑潮의 源流, 협의의 흑조, 黑潮續流로서 對馬暖流, 쓰가루(津輕)暖流, 소야(宗谷)暖流를 일괄하여 黑潮海流係라고 부른다. 대한민국 수로국, 1973,『근해항로지』, 44~47쪽.
32) '增澤讓太朗, 1984,「日本めぐる海流」,『MUSEUM KYUSU』14, 博物館等建設推進九州會議'에 東中國海 海流 등 다양한 자료가 있다.
33) 黑潮에 대하여 역사적 입장을 전제로 하면서 이론적 접근을 한 글은 '茂在寅南, 1981,『古代日本の航海術』, 東京, 小學館, 88~90쪽'이다.

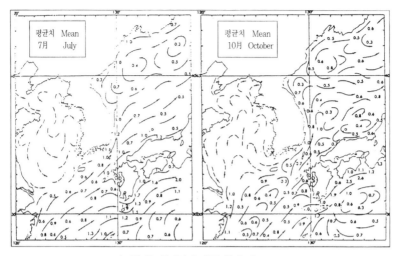

〈그림 3〉 동아시아 해양 월별 해류도[34]

2) 조류

조류(潮流)의 흐름은 내해, 육지 사이의 해협(海峽), 리아스식 해안이 발달한 곳, 즉 한반도의 남서 및 서남해안과 대한해협, 그리고 중국의 동해안(특히 浙江省의 舟山群島 해역) 같은 곳은 진행방향의 지역적 편차가 심하다.[35] 황해는 한 가운데도 조류가 강하게 작용하고 있었다. 일례로 우리 영해와 가까운 북위 33도 12분, 동경 123도 20분 지역, 청도만(靑島灣)과 가까운 북위 35도 20분, 동경 122도 35분 지역은 물길이 역류되는 등 조류가 강하게 작용하였다.[36] 이러한 조류는 항해에 큰 영향을 끼칠 뿐만 아니라 선박들이 난파하거나 방향을

---

34) 『근해항로지』, 대한민국 수로국, 1973, 1쪽.
35) 해당 지역의 水路誌 및 海圖 참고.
36) 윤명철, 1997, 「황해의 지중해적 성격연구 1」, 『고대한중교류와 남방해로』, 국학연구원, 236쪽.

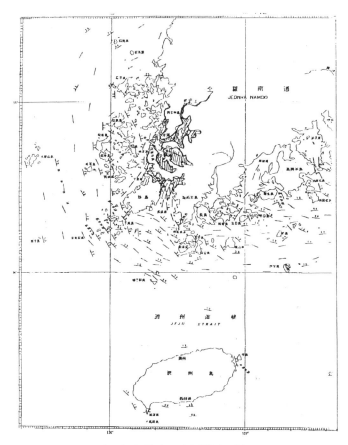

〈그림 4〉 한반도 서남해안의 조류도

상실하고 표류시키는 주요한 원인이 된다. 특히 연안에서 발생하는 표류의 대부분은 조류가 작용했기 때문이다. 신안 앞바다에 침몰되었던 소위 '신안해저 유물선'은 이러한 표류의 전형적인 예이다.

<그림 4>는 서남해양의 조류가 얼마나 복잡한 것인가를 알려준다. 이러한 복잡한 지역은 지역 조류에 익숙한 해양민이 아니면 항해가 불가능하고 표류가 발생할 확률이 높다.37)

3) 바람

항해환경을 이루는 데 가장 중요한 요소는 바람의 영향이다. 때로는 해류마저도 강한 바람의 영향을 받아 방향이 바뀌거나 역류하는 일도 생긴다. 해당 조건에 따라 차이가 있지만 풍력 8(풍속 34~40kn) 이상이 되면 표면수(表面水)의 흐름이 반대로 되는 경우도 있다.[38] 동아시아는 특정한 계절에 일정한 방향성을 가지고 부는 계절풍지대이다. 고대 항해는 이러한 바람의 영향을 최대한 이용하였다.[39] 그런데 바람의 방향이 예기치 않게 변한 경우와 선박이 견디기 힘들 정도의 강력한 바람이 부는 경우에 표몰(漂沒) 또는 표류상황이 발생한다. 특히 바람의 방향과 해류 바람의 방향이 일치하지 않고, 거스르는 경우에는 해난사고와 표류상황이 발생한다.

다음 <그림 5>는[40] 한반도 서남해양에서 표류상황이 어떻게 전개될 수 있는가를 보여준다.

이러한 자연환경으로 인하여 흑산도는 항로상의 경유지이면서 항

---

37) 圓仁의『入唐求法巡禮行記』에 나오는 재당신라인들인 暗海者란 바로 그러한 물길을 아는 항해자들을 말한다.

38) 張漢喆의『漂海錄』, 崔溥의『漂海錄』, 柳大用의『琉球風土記』는 표류기를 기초로 저술한 것이다.『成宗實錄』권105에는 7명의 조선인이 폭풍으로 오키나와 최남단까지 갔었다는 기록이 있다. 이러한 것들은 표류의 상황을 기록하고 있다.

39) 윤명철, 1995,「海洋條件을 통해서 본 古代韓日 關係史의 理解」,『日本學』14, 동국대학교 일본학연구소, 67~113쪽 ; 윤명철, 1988,「渤海의 海洋活動과 동아시아의 秩序再編」,『고구려연구』6, 학연문화사, 469~514쪽에 도표 등이 자세하게 나와 있다. 그 외에 정진술, 1991,「韓國先史時代 海上移動에 관한 研究」,『忠武公 李舜臣 研究論叢』, 해군사관학교, 45쪽 도표 ; 茂在寅南, 1981,『古代日本の航海術』, 小學館, 96~97쪽 ; 荒竹淸光, 1981,「古代 環東シナ海文化圈と對馬海流」,『東アジアの 古代文化』29, 大和書房, 91쪽 ; 吉野正敏, 1984,「季節風と航海」,『Museum Kyusu』14, 博物館等 建設推進九州會議, 14쪽 참조.

40) 이창기, 1974,「한국 서해에 있어서의 해류병시험조사(1962~1966)」,『수진연구보고』12, 38쪽.

해의 물표 역할을 할 수 있었다. 반면
에 상황에 따라서는 표류와 직접 연
관이 있을 개연성을 보여준다. 그리
고 흑산도의 이러한 항로 경유지와
표류 발생의 중요성은 역사적인 환
경에서도 입증할 수 있다. 즉 흑산도
해역을 활용할 수밖에 없는 정치 경
제 문화적인 환경들이 있고, 그것들
은 일부가 표류 현상으로 나타난다.
또한 우발적으로 발생한 표류 현상
들은 정치 경제 문화 등에 영향을
끼쳤다. 따라서 흑산도를 둘러싼 역
사적인 환경을 살펴보는 일은 중요
하다.

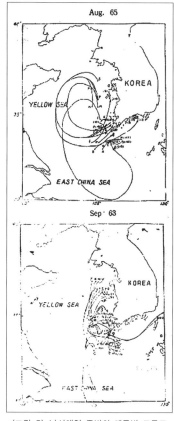

〈그림 5〉 남서해역 주변의 해류병 표류도

2. 역사적 환경의 검토

흑산도가 표류와 연관하여 중요한 위상을 차지한 원인 가운데 하나
는 항로상의 경유지 또는 목표지이기 때문이다. 따라서 자연환경
외에 역사적인 환경의 이해를 통해서 흑산도의 표류상 위상을 살펴보
고자 한다.[41]

---

41) 흑산도의 역사적 중요성을 종합적으로 언급한 연구성과는 강봉룡의 노작들
   이 있다.

흑산도에 사람이 처음 정착한 것은 통일신라시대 상라산성(반월성)을 쌓으면서부터라고 한다. 유물들을 위시하여 절터, 건물터, 산성, 제사터 등이 있다.[42] 『동국여지승람』 나주목 산천조에는 흑산도는 "수로로 9백리 되는 거리에 있는데 섬의 둘레가 35리이고 옛날 흑산현(黑山縣)이라 칭하며 그 유지(遺址)가 남아있다."라고 되어 있다. 반월성(半月城, 黑山山城)에 대한 기존의 조사기록은 『조선보물고적조사자료(朝鮮寶物古蹟調査資料)』와 『문화유적총람(文化遺蹟總覽)』에 고려 말 외적 방어용으로 쌓았다고 기록하였다.[43] 하지만 다양한 유물들을 볼 때 산성이면서 해안성의 성격을 갖추고 있으며, 통일신라시대에 처음 축조되었다고 본다는 견해도 있다.[44]

1678년에는 흑산진이 설치되어 나주목에 속하였다. 하지만 흑산도에는 이미 선사시대부터 사람이 거주하고 있었다. 1957년 국립박물관의 조사와 1968년 서울대 동아문화연구소의 조사가 있었고, 이어 많은 조사들이 있었다. 신안군 흑산면 가거도리 산4에는 신석기시대의 유적이 있다. 또한 진리 102-2에도 청동기시대의 유적들이 있다. 이는 이미 바다를 건너 한반도 서남해안과 흑산도 사이에 항해가 이루어졌음을 입증한다.[45] 신석기 및 청동기시대에도 연안항해나 근해항해를 통해서 중국 각 연안지역 간의 교류[46] 또는 한반도 북부해

---

42) 목포대학교 도서문화연구소, 2000, 『흑산도 상라산성 연구』 ; 최성락, 2000, 「흑산도 읍동마을의 문화유적」, 『신라 고려시대 국제 해양도시 흑산도의 재발견』, 목포대학교 도서문화연구소.

43) 李海濬, 1988, 「黑山島文化의 背景과 性格」, 『도서문화』 6. 반월성 및 산성에 대한 연구 참고.

44) 최성락, 앞에서 인용한 발표문 5장 참고.

45) 흑산도의 선사유적 및 역사에 관해서는 최성락, 1983, 「서남해안지역의 선사문화」, 『도서문화』 1, 목포대학교 도서문화연구소 ; 李海濬, 1988, 「黑山島文化의 背景과 性格」, 『도서문화』 6 참조.

안 및 중부이남 간의 교류가 있었음이 지적되고 있다. 서해안의 청동기
문화47) 도씨검(刀氏劍)의 문제48)는 황해직항과 관련하여 의미있는
시사를 한다. 흑산도가 항로 및 표류 현상과 연관하여 어떠한 위상에
있는가를 역사적인 배경 속에서 살펴보고자 한다.

1) 지정학적 환경

우선 지정학적 환경을 살펴볼 필요가 있다. 국가적인 이익과 정책
실현을 목표로 할 경우에는 난이도 여부와 무관하게 항해가 이루어지
는 경우가 있다. 그 과정에서 표류가 발생한다. 이러한 표류의 예가
수없이 있다. 백제는 중국 지역이 남북으로 분단된 이후에는 대남조
외교를 추진할 때 황해중부 횡단항로를 일부 사용했지만, 기본적으로
는 황해남부 사단항로를 이용할 수밖에 없었다. 특히 수도를 웅진과
사비로 옮긴 이후에는 황해남부 사단항로를 이용했을 것이다. 『북사』
백제전에는 589년에 진(陳)을 평정하는 작전을 수행하던 수(隋)나라의
전선이 탐모라국(耽毛羅國, 제주도로 추정)에 표착하였는데, 백제의
위덕왕(威德王)이 이들을 후대하여 사신과 함께 귀환시켰다는 기록이

---

46) 汶江, 1989, 『古代中國與亞非地區的海上交通』, 『中國古代海洋史』, 四川省社會科
學出版社, 5~6쪽. 內藤雋輔 역시 濱田박사의 고고학적인 해석을 수용하여
아마도 6000년 내지 7000년 전, 新石器 中期에는 山東半島와 遼東半島沿海를
오고가는 항로가 있었다고 주장을 하고 있다(內藤雋輔, 1961, 『朝鮮史硏究』,
東洋史硏究會, 378쪽).

47) 全榮來, 1987, 「錦江流域 靑銅器 文化圈 新資料」, 『馬韓·百濟文化』 10, 113쪽에서
부여 九鳳里 출토품 등을 통해 錦江의 靑銅器 文化圈은 準의 망명 이후, 中原과
의 교류를 통해서 직접 건너왔을 가능성을 시사하고 있다.

48) 權五榮, 1988, 「考古資料를 중심으로 본 百濟와 中國의 文物交流」, 『震檀學報』
66, 181~182쪽. 益山, 完州 등의 錦江, 萬頃江 유역과 咸平이라는 榮山江 유역에서
는 발견된 刀氏劍은 황해를 직항해서 江南지방과 교역했을 것이라는 주장한
다.

있다.

그 후 통일신라시대에는 국가 사절단은 남양만을 국가항구로 사용하면서 비교적 안전한 황해중부 횡단항로를 이용했다. 하지만 기타 목적의 항해에는 황해남부 사단항로 또는 동중국해 사단항로를 이용했다. 그런데『삼국사기』와『구당서』에는 816년에 흉년에 굶주림을 견디다 못한 사람들 170여 명이 절동(浙東)지방으로 건너갔다는 기록이 있다.49) 그 당시 신라의 정치적인 상황50)과 현실적인 능력을 상실한 농민임을 고려한다면 표류성 항해일 가능성이 높다. 이들은 남해 서부와 서해남부의 해안을 출항하여 황해를 사단(斜斷)으로 항해했을 것이다.

고려와 송나라 간에는 표류 현상이 많이 발생했다. 이것은 기록을 충실하게 하고, 사료가 남아있기 때문이다. 하지만 그 시대의 지정학적인 상황은 사용항로에 영향을 주었고, 이것은 표류 현상을 일으키는 중요한 요인이 되었다. 고려와 송은 교섭을 통해서 거란을 견제하고자 하는 정책을 취했기 때문이다.51) 북송은 고려의 존재를 높게 평가하였고, 남송은 불리한 국제관계 때문에 더더욱 대고려 외교를 중요하게 생각하였다.52) 이 무렵에 발생한 표류 현상에는 특이한 점이 몇 가지 있다. 그 가운데 하나는 송나라 정부에게 좋은 대우를 받고 돌아온 것이 하나이다. 지방에서 고려에서 온 표류민들은 넉넉한 대우를 받았는데, 이는 '회원어외(懷遠御外)'의 의도이다.53)

---

49) 이 항로와 관련된 재당신라인들의 활동과 거점, 그리고 고려시대 양 지역 간의 활발한 교섭 등에 대한 기록과 연구 성과들이 있다.

50) 이 부분에 대해서는 '權悳永, 1997,『古代 韓中外交史』, 일조각'에 해양과 연관하여 연구되어 있다.

51)『宋史』卷487, 高麗傳.

52) 소동파 등은 다양한 이유를 들어서 송의 대고려 정책을 매우 비판하였다.

고려 또한 경제적 문화적인 이해관계를 고려하여 송나라와의 우호 관계를 소중하게 여겼다. 하지만 국제관계라는 입장에서는 남북등거 리(南北等距離) 외교를 추진하면서 역학관계를 조정하는 역할을 해야 만 했다. 여기에는 고려의 해양활동능력과 해양환경이 큰 역할을 담당하였다. 북송은 점차 고려와 교섭하는 항로를 산동반도의 등주에 서 남단인 밀주(密州)의 판교진(板橋鎭, 현재 산동의 膠縣)으로 변경하였 다. 이곳은 출발 항구였고, 상업 무역항이었으므로 시박사가 설치되었 다. 이어 서긍의 예에서 보이듯 북송 말기에 가면 절강성의 영파(寧波) 를 국가항구로 삼고, 동중국해 사단항로를 사용하였다. 고려 또한 송나라와 교류하려면 황해남부 사단항로와 동중국해 사단항로를 이 용할 수밖에 없었다.54) 항해환경이 나빠졌고, 표류의 가능성은 더욱 높아졌다. 남송 초기의 40년 동안 (1127~1165)을 포함해 고려와 송나 라간의 공적 교류 기간은 160년 정도로 전체의 절반에 해당한다.55) 하지만 약 160여 년 동안에 고려는 송나라에 57번을, 송은 고려에 30번의 사신을 보냈다. 불리한 조건 속에서 표류 현상이 빈번해진 것은 당연하다. 이들이 사용한 항로상에서 흑산도의 위상은 절대적이 었다.

지정학적으로 흑산도와 연관하여 또 하나 관심을 가져야 할 것은 왜구의 침입이다. 고려와 조선시대에 왜구는 한반도 서남해안 전체를

---

53) 全善姬, 1997,「明州 옛 '地方誌'에 보이는 麗 宋 交流史 札記」,『中國의 江南社會 와 韓中交涉』, 집문당, 237쪽.
54) 徐兢,『宣和奉使高麗圖經』卷34, '海道'에서 영파를 출발하여 고려 禮成港까지 의 해로에 대해서 자세히 언급하고 있다. 招寶山을 거쳐 沈家門에 도착한 다음 普陀島로 가서 바람을 기다린다. 심가문은 절강성에서 제일 큰 섬인 주산도에 붙어 있다.
55) 이정희, 1997,「고려 전기 對遼交易」,『지역과 사회』4, 부경역사연구소, 10쪽.

휩쓸었고 흑산도도 그 대상이었다.[56] 그런데 1419년 5월 5일 충청도 비인현 도두곶 약탈사건은 주목할 만하다. 왜구들은 식량을 구할 목적으로 절강성 지역으로 가던 중 양식이 떨어져 조선 해안에 나타났다고 주장하면서 이곳을 공격하였다. 물론 이 말을 전적으로 믿을 바는 없지만, 왜구가 중국 해안 지방을 약탈할 때 흑산도가 연관성이 있을 가능성을 추정할 수 있다.[57] 그 외 조선에서도 표류 현상들은 정치적인 문제와 연관하여 발생한 경우가 많았다.[58] 일본은 견당사를 파견했을 때 신라와 적대적인 관계로 인하여 초기 이후에는 남로(南路)와 남도로(南道路)를 사용할 수밖에 없었다. 그런데 표류(漂流), 표착(漂着) 등을 통하면서 실패를 거듭했다.[59] 남로와 남도로는 실패비율이 매우 높았는데, 그 가운데 북로와 남로의 일부는 흑산도 해역과 연관이 있을 가능성이 있다.

2) 지경학적 환경

흑산도는 지경학적인 관점에서도 해양활동 및 표류와 연관이 있다. 첫 번째는 자체의 어업자원이다. 『한국수산지』는 이렇게 기술하였다. 즉 "섬은 물산이 넉넉하지 못하여 항해업의 발달을 가져왔고, 섬사람

---

56) 임진왜란의 전초전이라 할 '달량진사변(을묘왜변)' 직전의 다음과 같은 기사들은 당시의 흑산도에 많은 왜구들이 출몰하고 있었음을 말해주고 있다(『명종실록』 8년 7월 병인조, 9년 2월 계유조, 10년 11월 신사조, 16년 2월 계유조 등 ; 李海濬, 1988, 「黑山島文化의 背景과 性格」, 『도서문화』 6, 19쪽에서 재인용).

57) 『세종실록』 권4, 원년 5월 辛亥조.

58) 고석규, 2008, 「조선시기 표류경험의 기록과 활용」, 『도서문화』 31, 목포대학교 도서문화연구소 참고.

59) 茂在寅男, 1981, 『古代日本の航海術』, 小學館, 191쪽 참조. "당시 120人~150人 이상씩 승선하는 큰 배임에도 불구하고 풍랑에 전복되곤 하였다."(길이 45m, 폭 3m의 선박으로 추측)

중에는 상선으로 1년 내내 대륙과 기타 각 섬 사이를 왕래하며 상업을
하는 사람이 비교적 많다. … 왕래하는 장소는 내륙으로 나주-영암-
해남·법성포·줄포 등이고. 각 섬으로는 삼태도, 대흑산군도, 나주군
도 등이다."[60] 기록에 나타난 상선들은 곡식을 비롯한 기타 생필품과
함께 이곳에서 생산되는 어업자원을 운반했을 것이다. 또한 최부가
쓴 『표해록』에는 이곳에 큰 고래가 서식했음을 알려주고 있다.[61]
또 정약전(丁若銓)이 집필한 『자산어보(玆山魚譜)』에도 무인류(無鱗類)
경어조(鯨魚條)에서 흑산도에 고래가 서식하고 있다고 하였다.[62] 1957
년에 흑산도 지역의 사회조사에서도 고래를 주대상으로 하는 포경파
시(捕鯨波市)가 성시를 이루고 있었음을 알려주고 있다.[63] 또한 이
해역은 홍어의 산지였다. 홍어는 문순득의 표류기에서 보이듯 표류
현상과 직접 연관된 것이다.[64] 기타 어류들과 어패류 등도 교역품일
것이다.[65]

흑산도의 항로 및 표류 현상과 연관된 또 하나의 지경학적인 요소는
무역이다. 『삼국사기』를 비롯하여 『책부원구(冊府元龜)』,『당회요(唐

---

60) 신안문화원, 2004, 『신안수산지』, 59쪽.
61) 윤1월 6일. "顧見洪濤間有物 不知其大也 其見於水上者 如長屋廊 噴沫射天 波翻浪
駭 梢工戒舟人 搖手令勿語 舟過甚遠 然後梢工呼曰 彼乃鯨也 …."
62) 丁若銓, 『玆山魚譜』, 無鱗類 鯨魚條.
63) 김재원 편, 1957, 『韓國西海島嶼』, 국립박물관, 120쪽.
64) 최덕원, 1980, 「문순득의 표해록 유구 및 여송 표류기」, 『목포해양전문대학
논문집』 14, 목포해양전문대학 ; 최성환, 2010, 「19세기 초 문순득의 표류경
험과 그 영향」, 『지방사와 지방문화』 13(1), 2010, 253~305쪽 ; 최성환, 2012,
『문순득 표류연구 - 조선후기 문순득의 표류경험과 세계인식』, 민속원. 문순
득은 우이도(소흑산도) 사람인데, 일행 6명이 흑산도의 남쪽으로 수백 리
떨어진 태사도에 홍어를 사러갔다가 표류하였다.
65) 이 부분에 대해서는 정성일, 2002, 「표류기록을 통해서 본 조선후기 어민과
상인의 해상활동」, 『국사관논총』 99 참고.

會要)』등에 보이는 자료를 보면 신라는 당나라와 무역이 활발했었는데, 각종 '남해박래품'들도 수입했다.[66] 신라인들이 일본에 수출한 물품들 가운데에는 동남아시아·인도·아라비아산의 각종 향료, 동남아시아·페르시아산 약재 등이 포함되어 있다. 이븐 쿠르다지바(Ibn Khurdadhibah, 820~912)의 『제도로(諸道路) 및 제왕국지(諸王國志)』에도 신라에서 가져오는 물품을 기록하였다.[67] 이들이 사용한 무역로는 중국의 절강성 및 그 이남지방과 연결된 것이므로 황해사단항로 및 동중국해 사단항로를 사용했을 것이므로 직접·간접으로 흑산도와 연관이 있었을 것이다. 이러한 신라의 무역체제 속에 등장한 것이 장보고로 대표되는 '범(汎)신라인'들의 무역활동과 시스템이다. 이들 또한 활동거점은 청해진이었으므로 흑산도와 연관있을 가능성이 있다.

고려와 송나라 상인 간의 무역은 비록 양국 정부의 상업정책과 깊은 관련이 있긴 하지만, 국가주도의 관무역이 아니라 사무역의 형태였다.[68] 그런데 100명에서 300명을 태운 사신선들은 곧 공무역선이었으므로 공무역이 활성화되었음을 알 수 있다. 1078년에는 송나라가 100종이 넘는 품목과 6천 건에 달하는 물건을 보냈고, 고려 역시 그에 상당하는 물건을 보냈다.[69] 그런데 송나라는 광주 이외에 천주, 복주, 명주, 항주 등지에도 외국상인들의 집단 거주지가 형성되었다.[70] 송나라 정부는 국내 상인들에게도 적극적으로 해외무역을 권장하여, 복건·광동·절강 등 동남 연안의 적지 않은 상인들이 동남아시아

---

66) 『삼국사기』 권33, 雜志2의 色服 車騎 器用 屋舍조.
67) Ibn Khurdadhibah, 845, 『諸道路 및 諸王國志』(Leiden, Brill, 1968) ; 李龍範, 1969, 「處容說話의 一考」, 『진단학보』 32.
68) 이정희, 1997, 「고려 전기 對遼交易」, 『지역과 사회』 4, 부경역사연구소, 11쪽.
69) 黃寬重, 1991, 「宋·麗貿易與文物交流」, 『진단학보』 71·72, 3절.
70) 양승윤·최영수·이희수, 2003, 『바다의 실크로드』, 청아출판사, 2003, 52쪽.

지역으로 진출했다.[71] 때문에 고려에는 동남아시아 상인들이 왔고, 심지어는 아라비아 상인들도 많이 와서 1024년에는 100여 명이 한 번에 왔고,[72] 1025년과 1040년에도 대거 왔다. 이들은 향료, 물감, 조미료 등 남방물품들을 가져왔다.[73] 이들이 주로 사용한 항로 또한 황해남부 사단항로와 동중국해 사단항로였다. 표류 현상에는 그 밖에 승려들의 교류 등 문화적인 요인도 작용했을 것이다.

Ⅳ. 표류 현상과 항로의 연관성

위에서 열거한 자연환경과 역사적인 환경으로 인하여 표류 현상이 발생했고, 이러한 것들은 점차 항로의 발견과 개발로 이어졌다. 한편 흑산도는 자연적, 역사적인 환경들 때문에 항해의 거점 지역으로서 몇몇 항로들이 통과하였고, 그러한 과정에서 표류 현상들이 발생했다. 이 절에서는 흑산도와 연관된 표류의 사례를 살펴보면서 흑산도의 위상을 살펴보고자 한다.

흑산도와 연관있는 항로는 황해남부 사단항로와 동중국해 사단항로이다. 전라도 등의 여러 해안에서 출발하여 서남향으로 사단항해한 다음, 강소성·절강성 등의 해안으로 도착하는 항로가 있다. 한반도 남부지역(제주도 해남 영암 나주 군산 등)을 출발하여 초가을부터 초봄까지 북동계열의 바람을 이용하면 양자강 하구나 항주만 지역에

---

71) 양승윤·최영수·이희수, 2003,『바다의 실크로드』, 청아출판사, 2003, 57쪽.
72) 『高麗史』 세가 권5, 顯宗 15년.
73) 김정위, 1977,「중세 중동문헌에 비친 한국상」,『한국사연구』, 34쪽. 9~11세기 신라와 고려에 대한 기록들을 소개하고 있다.

도착할 수 있다.『삼국사기』권46, 열전6에는 "… 원화 12년에 본국의 왕자 김장렴이 풍랑을 만나 표류하다가 명주에 상륙하였을 때, 절동의 어떤 관리가 서울까지 보내주었고, …"라는 기록이 있다.

『고려사』에는 1076년에서 1174년까지 약 100년 동안에 송나라에 표류하였다가 돌아온 고려인들의 이야기가 12차례나 기록되어 있다.[74] 그들은 약 140여 명이다. 예종(睿宗) 때에는 진도에서 제주로 가다 표류하여 송의 명주(明州)로 표착하기도 하였다.[75] 송나라에서 풍랑으로 표류되어 간 우리나라 사람들인 장화(張和) 등 5명을 돌려 보내왔다.[76] 송나라 상인 도강(都綱), 김인미(金仁美) 등 2명이 제주에서 풍랑에 표류하여 갔던 양용재(梁用才) 등 28명과 함께 왔다.[77]

숙종 년간에 송나라에서 우리의 표류민인 자신(子信) 등 3명을 돌려 보낸 일이 있는데[78], 이는 아마도 이 항로와 연관된 것이다. 선종(宣宗) 5년(1088) 가을 7월에는 탐라인 용협(用叶) 등 10명이 풍랑으로 명주(明州)에 표착했다가 귀환되었다.[79] 이들은 가을에 북서풍 계열의 바람을 맞고 표류했을 것이다. 예종 8년(1113)에는 진도현의 주민 한백(漢白) 등 8명이 탁라도(乇羅島)를 향해가다 풍랑을 만나 표류하다 명주(영파)에 닿았다.[80] 실제로 이들 가운데 현재의 영파(寧波)인 명주에서 송환 된 것이 7회에 90여 명이나 된다.

---

74) 張東翼, 2001,『宋代麗史資料集錄』, 서울대학교 출판부. 고려와 송 간의 교류를 이해하는 데 많은 도움을 주었다.
75) 姚禮群, 1997,「宋代明州對高麗漂流民的救援措施」,『宋麗關係史研究』(楊渭生 著), 杭州大學出版社, 474~483쪽에는 표류상황이 도표로 작성됐다.
76)『고려사』제19권, 명종 4년 8월.
77)『고려사』제22권, 고종 16년 2월.
78)『고려사』제11권, 숙종 2년 6월 갑오일.
79)『고려사』제10권, 선종 5년.
80)『고려사』제13권, 예종 8년.

조선시대에도 이러한 일은 있었지만, 당시의 국제정세와 조선의 정책으로 표류 현상은 상대적으로 적었다.[81] 탐라인 김광현 일행이 추자도로 고기잡이 나갔다가 큰 바람을 만나 표류한 지 아흐레 되는 날 보타도(普陀島)에 닿았다.[82] 보타도는 절강성 영파 앞바다인 주산군도(舟山群島)이다. 조선시대에 최부(崔溥)는 윤 정월 초에 43인과 함께 제주도를 출발하였다가 흑산도 근처에서 폭풍을 만나 8일 만에 절강성 영파부 경내에 표착한 이후에 계속 표류하다 결국 29일 째에 상륙하였다. 이어 요동을 거쳐 조선으로 귀환하였다.[83]

그런데 서남해양에서 출항하였다가 표류한 해역과 표착한 지역은 대체로 동중국해의 연안지역이다. 바로 해양환경 때문이었다. 『택리지』에는 이러한 기록이 있다. '… 신라에서 당나라로 조공 갈 때 모두 이 고을(영암) 바닷가에서 배로 떠났다. 바닷길을 하루 가면 흑산도에 이르고 흑산도에서 또 하루 가면 홍의도(홍도)에 이른다. 다시 하루를 가면 가거도(소흑산도)에 이르며 간방(艮方) 바람을 만나면 3일이면 태주(台州) 영파부(寧波府) 정해현(定海縣)에 도착하게 되는데, 실제로 순풍을 만나기만 하면 하루만에도 도착할 수 있다. 남송이 고려와 통행할 때 정해현 바닷가에서 배를 출발시켜 7일 만에 고려 경계에 이르고 뭍에 올랐다는 것이 바로 이 지역이다(관두포).[84] 또한 전남 다도해의 사람들이 바다에서 북동풍을 만나 표류하면 남쪽으로

81) 목포대학교 도서문화연구소가 1998년에 펴낸 『備邊司謄錄』(신안군 관계자료집)에는 서남해안에서 발생한 표류사례가 많이 소개되어있다.
82) 윤일수, 1994, 「표류담의 전통과 작품화」, 『해양문학을 찾아서』, 조규익·최영호 엮음, 집문당, 198쪽.
83) 김경옥, 2008, 「조선시대 18~19세기 서남해 도서지역 漂到民들의 추이」, 『조선시대사학보』 44, 조선시대사학회.
84) 『擇里志』, 八道總論 全羅道篇.

밀리다가 흑조의 저항을 받아 주산군도 해역에 표류한다.[85] 이 표류로들은 황해남부 사단항로나 동중국해 사단항로와 거의 일치했다.[86]

그런데 전라도 해안에서 곧장 바다로 나가 약간 사선으로 항해하면 청도만이나 산동반도 남단의 여러 지역에도 도착할 수 있다.[87] 만약 봄과 여름에 동풍 내지 남동풍을 이용하면 서남해안에서 산동까지 항해가 가능하다. 주로 밀주의 판교진(板膠鎭, 당시에는 膠西)으로 들어 갔는데 교주만(膠州灣)에 근접해 있어서 대외무역 교통의 주요한 항구가 되었다. 필자가 시도했던 1996년 항해는 흑산도에서 동풍 내지 남동풍을 맞으면 산동지역을 비롯한 중국동안의 어느 지역이든지 접안이 가능함을 보여주었다.[88] 반대로 양자강 하구 절강성 등에서 항해하거나 표류하면 한반도 서해안에 도착할 수 있다.

동중국해 사단항로는 반대로 절강 이남지역을 출항하여 동중국해와 제주도 해역, 황해 남부를 거쳐 한반도 서남해안으로 들어오는 항로이다. 항해거리가 멀고 중간에 지형지물이 없어 고난도의 천문항법을 해야 하는 원양항해구역이 넓다. 하지만 늦봄에 남풍계열의 바람(남서풍이면 더욱 좋다)을 타고 해류의 흐름을 이용하여 항주만 혹은 양자강 하구에서 한반도 남부까지는 항해가 자연스럽게 이루어진다. 『삼국사기』 백제본기에 따르면 위덕왕(威德王) 36년(589)에는 진나라를 평정한 후에 수나라 전선(戰船) 한 척이 제주도에 해당하는

---

85) 김정호, 1996, 「신라시대 한중항로」, 『장보고와 청해진』, 혜안, 155쪽.

86) 윤명철, 1998, 「東亞地中海號의 探査와 韓中海洋交涉的 意味」, 中國浙江大學校 韓國研究所. 중국에서 金健人, 2001, 『中韓海上交流往史探源』, 學苑出版社, 1~217쪽으로 편집되어 출판되었다.

87) 일반적인 지도와 달리 해도를 보면 전라남도 지역은 청도만의 한가운데와 거의 횡선으로 이어져 있다.

88) 尹明喆, 1997, 「황해의 지중해적 성격연구(1)」, 『한중문화교류와 남방해로』, 조영록 편, 국학자료원, 237쪽.

동아지중해호는 6월 15일 중국 주가첨도
를 출발해 17일째인 7월 1일 800㎞를 항해
한 끝에 흑산도에 상륙했다.
그 후 흑산도에서 뗏목을 보수한 후 항해
를 계속해 7월 8일 인천 해경부두에 도착
했다.

〈그림 6〉 동아지중해호의 항해경로도

탐모라국(眈牟羅國)에 표류하여 왔다.[89] 그 배가 돌아가려고 나라의
경계(國界)를 경유하였다. 통일신라시대에는 상인들을 비롯한 승려
농민들에 의해서 빈번하게 사용됐다.

송나라가 개봉(開封)에서 항주(杭州)로 천도했기 때문에 항로는 항주
만, 영파(寧波) 등과 연관됐다. 1123년 고려에 사신으로 파견된 서긍은
고려로 가는 여정을 『선화봉사고려도경』 권34, 해도(海道)에 기록하였
다. 그 일행이 사용한 항로는 이러하다. 즉, 배는 5월 26일 최종 항구인
매잠(梅岑)을 출항하였다. 이어 5월 28일에는 해려초(海驢焦)·반양초(半
洋焦), 5월 29일에는 백수양(白水洋)·황수양(黃水洋)·흑수양(黑水洋)을

---

89) 탐모라국이 제주도가 아니라는 견해도 있다.

지나 6월 2일에는 협계산(夾界山)을 바라보고, 이어 6월 3일에는 백산(白山)·흑산(黑山)·월서(月嶼)·난산도(蘭山島)·백의도(白衣島)·궤점(跪苫)·춘추점(春秋苫)을 지나면서 서해안을 연안항해하면서 6월 12일 벽란정에 도착하였다.[90] 필자는 이 항로가 선사시대부터 이용했을 가능성을 이미 여러 번 언급했고, 이것을 입증하기 위해 1997년 6월 하순에 뗏목 '동아지중해호'를 타고 이 항로를 답사하였다. 그 결과 서긍의 기록과 항로가 일치하였으며, 흑산도까지 17일이 걸렸다.

앞의 <그림 6>은 GPS를 이용하여 뗏목의 항적을 추적한 결과이다. 실제로 『송사』에 따르면 순풍일 경우에 흑산도까지 건너는데 5일이 걸린다고 하였다. 하지만 송인이 고려에 표착하여 머물다가 송환된 경우도 적지 않았다. 상인인 신환(愼奐) 등 36명이 고려에 온 경우도 있다. 1975년에 신안에서 발견된 해저 유물선은 영파에서 동중국해를 건너 한반도 남해안으로 왔다가 일본열도로 들어가는 항해 중이었던 것이다.

Ⅴ. 결론

황해와 동중국해에서는 해양문화가 발달했고, 그 결과 한국의 서남 해양과 중국의 절강 등 강남지방 간에는 해양교류가 있었다. 당연히 항로가 개설되었으나 때로는 각종 자연 현상으로 인하여 표류와 표착 등의 상황이 발생하였다. 그리고 이러한 표류 등은 역사의 발전에는 물론이고 한국과 중국 지역 간의 교류에 일정한 영향을 끼쳤다. 심지어

---

90)『고려도경』 권39, 해도6.

는 국가의 정책에 강력한 영향을 끼치기도 하였다.

흑산도는 한반도 서남해양 가까운 곳에 위치한 제도이다. 따라서 한반도 서해안의 항로상에서 중요한 역할을 한 것은 분명하다. 또한 흑산도가 지닌 해양환경은 황해남부 사단항로, 동중국해 사단항로로 명명된 항로가 통과하거나 경유하는 거점이 될 수밖에 없었다. 그리고 해류 바람 조류 등의 자연조건으로 인하여 배들이 표류하거나 표착할 경우에 직·간접으로 연관이 있을 수밖에 없었다. 뿐만 아니라 정치 경제 등의 요인들로 인하여 흑산도는 항로상의 중요한 거점이 되었으며, 이는 필연적으로 흑산도를 표류와 깊은 연관이 있는 해역과 지역으로 만들었다. 비록 사료들에 기록이 많지는 않지만 양 지역 간의 해양교류에서 발생한 표류 현상들은 직·간접으로 흑산도와 연관이 있었을 것이다. 흑산도와 연관된 표류 현상들은 망망대해나 특별한 해역에서 천재지변을 만나 일어난 우발적인 표류 현상이 아니다. 기본 항로상 또는 항로의 가능성이 높은 곳에서 비의도적으로 발생한 표류와 표착이다. 따라서 흑산도의 표류상은 일반적인 섬이나 해양에서의 표류와는 의미가 다르다. 흑산도는 항로 개설, 표류 등을 통해서 황해의 각 지역을 연결해주는 역할을 담당했고, 그 과정에서 표류 현상들이 나타났다.

참고문헌

Bart J. Bok·Frances W. Wright 지음, 정인태 역, 1963, 『기본항해학』, 대한교과서.

고석규, 2008, 「조선시기 표류경험의 기록과 활용」, 『도서문화』 31.

權悳永, 1997, 『古代 韓中外交史』, 일조각.

權五榮, 1988, 「考古資料를 중심으로 본 百濟와 中國의 文物交流」, 『震檀學報』 66.

金健人, 2001, 『中韓海上交流往史探源』, 學苑出版社.

金哲俊, 1979, 「魏志東夷傳에 나타난 韓國古代社會의 性格」, 『대동문화연구』 13.

吉野正敏, 1984, 「季節風と航海」, 『Museum Kyusu』 14, 博物館等 建設推進九州會議.

김경옥, 2008, 「조선시대 18-19세기 서남해 도서지역 漂到民들의 추이」, 『조선시대사학보』 44, 조선시대사학회.

김석형, 1988, 『고대한일관계사』, 한마당.

김재원 편, 1957, 『韓國西海島嶼』, 국립박물관.

김정위, 1977, 「중세 중동문헌에 비친 한국상」, 『한국사연구』.

김정호, 1996, 「신라시대 한중항로」, 『장보고와 청해진』, 혜안.

內田吟風, 1978, 「東アジア古代海上交通史凡論」, 『內田吟風博士頌壽記念東洋史論集』, 同朋社.

대한민국 수로국, 1973, 『근해항로지』.

목포대학교 도서문화연구소, 1998, 『備邊司謄錄』.

목포대학교 도서문화연구소, 2000, 『흑산도 상라산성 연구』.

茂在寅男, 1981, 『古代日本の航海術』, 小學館.

汶江, 1989, 『古代中國與亞非地區的海上交通』, 『中國古代海洋史』, 四川省社會科學出版社.

민덕기, 2001, 「표류민을 통한 정보의 교류」, 『조선시대 한일표류민 연구』, 한일관계사학회·국학자료원.

西嶋定生, 1985, 『日本歷史の國際環境』, 東京大學校.

신복룡 역주, 2005, 『하멜표류기 등 합본』, 집문당.

신안문화원, 2004, 『신안수산지』.

양승윤·최영수·이희수, 2003, 『바다의 실크로드』, 청아출판사.

姚禮群, 1997, 「宋代明州對高麗漂流民的救援措施」, 『宋麗關係史研究』(楊渭生 著), 杭州大學出版社.

유소민 저, 박기수·차경애 옮김, 2005, 『기후의 반역』, 성균관대학교 출판부.

윤명철, 1986, 『동아지중해와 고대일본』, 청노루.

윤명철, 1988, 「渤海의 海洋活動과 동아시아의 秩序再編」, 『고구려연구』 6, 학연 문화사.

윤명철, 1995, 「高句麗前期의 海洋活動과 古代國家의 成長」, 『韓國上古史學報』 18, 한국상고사학회.

윤명철, 1995, 「海洋條件을 통해서 본 古代 韓日 關係史의 理解」, 『日本學』 14, 동국대학교 일본학연구소.

윤명철, 1997, 「황해의 지중해적 성격연구 1」, 『고대한중교류와 남방해로』, 국학연구원.

윤명철, 1997, 「黃海의 地中海的 성격연구」, 『韓中文化交流와 南方海路』, 국학자 료원.

윤명철, 1998, 「東亞地中海號의 探査와 韓中海洋交涉的 意味」, 中國浙江大學校 韓國研究所.

윤명철, 1998, 「渤海의 海洋活動과 東아시아의 秩序再編」, 『高句麗研究』 6, 학연 문화사

윤명철, 2002, 『장보고 시대의 해양활동과 동아지중해』, 학연문화사.

윤명철, 2003, 『고구려 해양사 연구』, 사계절.

윤명철, 2005, 「동해문화권의 설정 검토」, 『동아시아 역사상과 우리문화의 형성』, 한국학중앙연구원, 민속원.

윤명철, 2006, 「東아시아의 海洋空間에 관한 再認識과 活用 - 동아지중해 모델을 중심으로 - 」, 『동아시아고대학』 14집, 동아시아고대학회, 경인문화사.

윤명철, 2008, 「漂流의 발생과 역할에 대한 탐구 - 동아시아 해역을 배경으로 - 」, 『동아시아 고대학』 18, 동아시아고대학회.

윤명철, 2011, 「8세기 東아시아의 國際秩序와 海洋力의 상관성」, 『8세기 東아시 아의 역사상』, 동북아재단.

윤명철, 2012, 『해양사연구방법론』, 학연문화사

윤명철, 2012, 『해양활동과 국제질서의 이해』, 학연문화사.

윤일수, 1994, 「표류담의 전통과 작품화」, 『해양문학을 찾아서』(조규익·최영호

엮음), 집문당.

李龍範, 1969, 「處容說話의 一考」, 『진단학보』 32.

이정희, 1997, 「고려 전기 對遼交易」, 『지역과 사회』 4, 부경역사연구소.

이창기, 1974, 「한국 서해에 있어서의 해류병시험조사(1962~1966)」, 『수진연구 보고』 12.

李海濬, 1988, 「黑山島文化의 背景과 性格」, 『도서문화』 6.

이훈, 2001, 「조선전기 조 일간 표류민 송환과 교린」, 『조선시대 한일 표류민연구』, 한일관계사학회, 국학자료원.

張東翼, 2001, 『宋代麗史資料集錄』, 서울대학교출판부.

全善姬, 1997, 「明州 옛 ‘地方誌’에 보이는 麗 宋 交流史 札記」, 『中國의 江南社會와 韓中交涉』, 집문당.

全善姬, 1997, 「明州古方志所見宋麗交流史事札記」, 집문당.(한글판 「明州 옛 ‘지방 지’에 보이는 麗 宋 交流史 札記」, 『中國의 江南社會와 韓中交涉』, 집문당.)

全榮來, 1987, 「錦江流域 靑銅器 文化圈 新資料」, 『馬韓·百濟文化』 10.

정성일, 2002, 「표류기록을 통해서 본 조선후기 어민과 상인의 해상활동」, 『국사 관논총』 99.

丁若銓, 『玆山魚譜』 無鱗類 鯨魚條.

정진술, 1991, 「韓國先史時代 海上移動에 관한 研究」, 『忠武公 李舜臣 研究論叢』, 해군사관학교.

趙希濤, 1979, 「中國 東部 20000年來的海平面變化」, 『海洋學報』.

조희승, 1995, 『일본에서 조선소국의 형성과 발전』, 민족문화.

增澤讓太朗, 1984, 「日本めぐる海流」, 『MUSEUM KYUSU』 14, 博物館等建設推進 九州會議.

최덕원, 1980, 「문순득의 표해록 유구 및 여송 표류기」, 『목포해양전문대학 논문집』 14, 목포해양전문대학.

최부 저, 서인범·주성지 옮김, 2004, 『표해록』, 한길사.

최성락, 1983, 「서남해안지역의 선사문화」, 『도서문화』 1, 목포대학교 도서문화 연구소

최성락, 2000, 「흑산도 읍동마을의 문화유적」, 『신라 고려시대 국제 해양도시 흑산도의 재발견』, 목포대학교 도서문화연구소.

최성환, 2010, 「19세기 초 문순득의 표류경험과 그 영향」, 『지방사와 지방문화』 13(1).

최성환, 2012,『문순득 표류연구 – 조선후기 문순득의 표류경험과 세계인식』, 민속원.

鮑志成, 1997,「蘇東坡와 高麗」,『한중문화교류와 남방해로』, 국학자료원.

黃寬重, 1991,「宋·麗貿易與文物交流」,『진단학보』 71·72.

荒竹淸光, 1981,「古代 環東シナ海文化圈と對馬海流」,『東アジアの 古代文化』 29, 大和書房.

송 은 일 (전남대학교)

이 글은 우선 전통시대 해양에서 일어났던 각종 선박의 표류 현상을 이해하는 방식을 설명하는 것에부터 시작하여 흑산도의 자연환경과 표류와의 연관성 그리고 역사적 환경에서 흑산도가 항로 및 표류 현상과 연관하여 어떠한 위상을 차지하고 있었던 것인가를 다루었으며, 이어 흑산도와 연관된 표류 현상의 몇 가지 사례를 살펴보면서 동아시아 표류사 속에서 흑산도의 위상을 찾아보고자 하였다. 요컨대 동아시아 해양의 표류사 속에서 흑산도의 위상과 역할을 규명하고자 한 것이 이 글의 논지라고 할 수 있을 것이다.

이상에서 보면 이 글은 전통시대 흑산도라는 지역에서 일어났던 표류 현상에 비추어 한국은 물론이고 동아시아의 해양 표류사를 이해하고자 하였다는 데 큰 의의가 있다고 생각된다. 이 글을 읽으면서 특별한 문제점을 발견하지는 못했다. 다만 몇 가지 의문 나는 사항이 있는데 그 내용은 다음과 같다.

01   이 글에서는 흑산도와 연관된 표류 현상들은 기본 항로상 또는 항로의 가능성이 높은 곳에서 비의도적으로 발생한 표류와 표착이었다고 전제하면서, 그러므로 흑산도의 표류상은 일반적인

섬이나 해양에서의 표류와는 의미가 다르다는 특별성을 부여하였다. 그런데 한반도의 남해안과 서남해안 등은 흑산도와 같이 항로상에 놓여 있는 연안이나 섬들이 많다고 생각한다. 따라서 이러한 지역 역시 흑산도의 그것과 마찬가지 의미를 지닌다고 생각되는데 필자의 생각은 어떠한지 궁금하다.

02 현재나 전통시대나 해양에서의 표류 원인은 다양하다고 생각된다. 전통시대 해양에서의 선박 표류 원인들 중 이 글에서 드러나지 않은 부분이 있다면 부연 설명해주었으면 한다.

03 이 글에서는 표류와 관련하여 표류상이나 표류 현상이라는 단어를 쓰고 있다. 그 이유에 대해서 설명해주었으면 한다.

04 흑산도와 표류의 연관성이 항해술의 발달 여부에 따라서도 밀접한 관계가 있는 것인지 필자의 생각을 듣고 싶다.

古代黑山群岛与中国舟山群岛的关系

王 文 洪 (中国 浙江省 舟山市委党校)

公元 738年(唐开元二十六年)，唐政府在古甬东地(今舟山)设立翁山县，1073年(北宋熙宁六年)，宋神宗在旧翁山县地重置县治，名昌国(今舟山)，"意其东控日本，北接登莱，南连瓯闽，西通吴会，实海中之巨障，足以昌壮国势焉。"[1] 唐宋以来，中国对外贸易的重心逐渐转移到东南沿海，明州作为设有市舶司的全国三大对外贸易港口之一，在全国占有很重要的地位。当时的明州辖境，包括现在的宁波·舟山等地区，甬江出海口就是今天的镇海，外有舟山群岛的金塘岛为屏障，朱家尖岛·普陀山·岱山等岛屿，都是由明州至韩半岛航海必经之地。本文以宋代为中心，探讨古代黑山群岛与中国舟山群岛之间的经济·文化交流，它们共同促进了"东亚地中海"的繁荣，对"东亚海上丝绸之路"的形成和发展作出了重要贡献。

---

1) (元)冯福京修，(元)郭荐纂，中华书局编辑部编：『大德昌国州图志·沿革』 卷一，中华书局1990年版。

Ⅰ. 古代舟山群岛至黑山群岛的航路

1. 古代中国至韩半岛的南方航路

自古以来中国至韩半岛主要有三条航线：一是山东傍海进入韩半岛航线，即老铁山水道航线；二是山东直入韩半岛航线，即黄海横断航线；三是江浙进入韩半岛航线，东支那海斜断航线(见图1)。[2]

宋代中国与韩半岛的海上交往，从航海角度看，可分为二个阶段：第一阶段北方航路继承唐·五代以来航线，北至楚州(今江苏淮阴)·登州(今山东蓬莱县)，在登州连接渤海航线。 第二阶段南方航路始于公元1074年(北宋神宗熙宁七年)，当时高丽政府派遣使者到宋朝，提出：为了远避契丹，请求放弃原北方在登州靠岸路线，要求改在浙江明州登陆。

"自元丰以后，朝廷遣使，皆由明州·定海放洋绝海而北"[3]。从此以后，不仅高丽来使必由明州登陆，宋遣往高丽的使节也都从明州出发。明州成为中韩贸易的核心港口， 也是官方往来的唯一口岸。 具体线路为：从明州的定海(今镇海)出发，经舟山群岛，越过东海·黄海(黑水洋)·沿韩半岛南端西海岸北上，到达礼成江。『宋史·高丽传』比较详细地记载了这条路线："自明州定海遇便风， 三日入洋， 又五日抵墨山(即黑山)，入其境(指高丽国境)。自墨山过岛屿，洁曲礁石间，舟行甚驶，七日至礼成江。[4] 韩国木浦大学教授姜凤龙在其新作『古代韩中航路和黑山

---

2) [韩国]姜凤龙：『张保皋的海上交易活动与黑山岛的繁荣』，载曲金良主编：『海洋文化研究』 第2辑，海洋出版社2000年版，第103－104页。

3) (宋)徐兢撰：『宣和奉使高丽图经』卷第三，『封境』。

4) 陈振着：『宋史(第37部)』，上海人民出版社2003年版，第16页。

5) 谭其骧主编：『中国历史地图集』(元·明时期)，中国地图出版社1982年版，第47－48页。

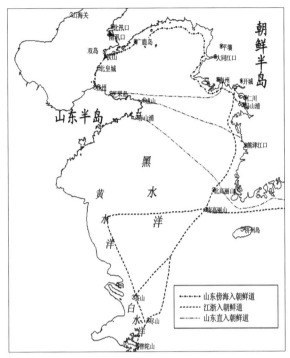

〈图 1〉唐代至清代的三种入朝鲜航线[5)]

岛』一文中，进一步指出黑山岛是古代韩中航路的枢纽：从韩国木浦市的灵岩出发，一天后到达黑山岛，第三天到达红衣岛，第四天到达可佳岛(又称可居岛，即现在的小黑山岛)，如果顺风的话，第五天就可到达宁波。[6)] 这条航海线路被称为"黑山海道"。航海时间的长短，主要还得看风向而定；如遇顺风，则"历险如夷"；如遇"黑风"，则"舟触礁辄败"。所以来回航行，必须掌握好季风的特点。一般从明州至高丽多在七·八·九月，乘西南季风；回航多在十·十一月，乘东北风。

---

6) [韩国]姜凤龙：『고대 한·중항로와 흑산도(古代韩中航路和黑山岛)』，尚未发表。

不过, 这条南方航路作为浙东民间与韩半岛的交往通道, 其实早已存在, 只不过1074年以前官方交往多走北路, 而1074年以后, 北路被废弃而已。1996年7月23日·1997年6月15日·2003年3月23日以韩国东国大学教授尹明哲牵头组织的中韩竹筏跨海漂流探险, 充分地证实了这条古老航路的客观存在。勇士们从舟山群岛的朱家尖南沙出发, 历经惊涛骇浪, 漂过东海, 穿渡黄海·黑水洋, 重蹈古人走过的海路。这对于进一步研究中韩海上交流之实况, 促进两国友谊, 具有重大的历史意义和现实意义。[7]

2. 舟山境内的三条航线

南方航路在舟山境内的, 又可分为历时并存的三条航线(见图1):

> A. 中向海路 : 明州 → 沈家门 → 普陀山 → 岱山 → 嵊泗 → 白水洋 → 黄水洋 → 黑水洋 → 黑山群岛。
>
> 1123年(北宋宣和五年)徐兢出使高丽, 随舶航海, 往返两条海路, 亲历其程, 在其所著的『宣和奉使高丽图经』一书中, 以六卷的篇幅, 详细记载了舟山群岛至黑山群岛航线的 "海道" 全程。[8]
>
> B. 北上海路 : 明州 → 金塘 → 岑港 → 岱山 → 嵊泗 → 茶山 → 黑山群岛。

---

7) [韩国]尹明哲 : 『中韩竹筏跨海漂流探险记』, 载普陀文史资料第二辑 『缘起沈清』, 中国文史出版社2005年版。

8) 王文楚 : 『两宋和高丽海上航路初探』(1981), 载龚缨晏主编 : 『20世纪中国 "海上丝绸之路"研究集萃』, 浙江大学出版社2011年版, 第251－257页。

"陶澍海道图"图注："大沙东有沙头山，如舟行太东，见此山则在北必见高丽诸山。"大沙"，即今苏北东台县东部海中诸沙；沙头山，按照方位来看，应即指济州岛西南的沙礁；高丽诸山，即包括了南·北高丽山的今黑山群岛。这是明初太仓至朝鲜贡道。[9]

C．南下海路：明州 → 六横 → 朱家尖 → 普陀山 → 黑山群岛。

由普陀出发，"或贪北见高丽山(即黑山)，用辰巽十一更取五岛，单寅收入港，或见水甚马(即水慎马)，巽巳五更取五岛，单寅收入港。[10]

历史上，从韩国全罗南道的黑山群岛到中国浙江省的舟山群岛十分方便。1488年(明朝孝宗弘治元年)闰正月16日，韩国弘文馆副校理(五品官员)·全罗道人(即今务安郡)崔溥(1454～1504年)等42人，因事奉差出外，在海上乘船，不幸遭暴风袭击，从韩国济州岛经黑山群岛向南漂流，8天后，漂流到了中国舟山群岛海面。崔溥在中国停留4个半月，回国后用汉文叙写这一南北经历，约5万余字，书名『漂海录』，成为中韩海交史上的重要文献。而在1818年(清代仁宗嘉庆二十三年)4月8日，对汉文化颇有研究的韩国孝廉(即举人)崔斗灿(1779～1821年)等50人，从韩国济州岛乘船前往朝鲜半岛，两天后遭遇风浪，经过黑山群岛，海上漂流16天后，在浙东海域船沉，最后48人获舟山渔民救助，抵达普陀山。崔斗灿在中国停留了5个月，回到韩国后，编成『乘槎录』(汉文)一书，以日记体形式详细记载了海上遇风惊险的状况及与中国士人的交往情

---

9) 陈尚胜：『明朝初期与朝鲜海上交通考』，『海交史研究』1997年第1期，第43页。

10) 『指南正法·普陀至长岐针』，载陈佳荣·朱鉴秋编着：『渡海方程辑注』，中西书局2013年版，第25页。

形，特别是5月1日至15日在定海城的情况。『乘槎泉』成了史学界研究历史上中韩两国交流的重要史料，在同时期中国域外文献中具有重要地位。

中国明清时期韩国的两次 "漂流民"事件告诉我们：舟山群岛与黑山群岛有着相近相知又相关的海上航线， 正如崔斗灿在日记中的感慨："中国乃上国, 上国乃吾国"。元代『大德昌国州图志·境土』篇对舟山地域之记述为："东五潮至西庄石马山与高丽国分界， 南五潮至龙屿与象山分界, 西一潮至蛟门山与定海县分界, 北五潮至大七山与平江路分界。[11] 这里的 "潮"是指 "一天一夜"。可见在古人心目中, 舟山群岛与黑山群岛乃是一衣带水的邻邦。

Ⅱ. 宋代舟山群岛与黑山群岛的交流

1. 明州与高丽的海上贸易

北宋年间中韩海上交通和交流十分频繁。 当时中韩官方贸易发达, 明州是当时贸易的主要港口。 明州输入高丽的商品种类有：丝绸·瓷器·茶叶·书籍·药材等, 高丽输入明州的商品主要是产于朝鲜半岛的土特产, 如人参·松子·新罗漆等。据南宋『乾道四明图经』记载, 与明州有贸易往来的商人遍及大江南北及海外, "明之为州, 实越之东部, 观舆地图则僻在一隅, 虽非都会, 乃海道辐辏之地。故南则闽广, 东则倭人, 北则高丽, 商舶往来, 物货丰衍, 东出定海, 有蛟门虎蹲天设之险, 亦东

---

11) (元)冯福京修, (元)郭荐纂, 中华书局编辑部编：『大德昌国州图志·境土』 卷一, 中华书局1990年版。

<表 1> 宋代明州与高丽有记载的贸易往来[12]

公元	王朝纪年	当事人	事件
1031	天圣九年	陈维等64人	明州市舶司签证去高丽。
1035	景佑二年	明州商帮陈亮等147人	赴高丽海运经商。
1049	皇佑元年	徐赞海运商团71人	去高丽贸易。
1074	熙宁七年	"高丽金良鉴来言, 欲远契丹·乞改途迳明州诣阙"	朝廷规定, 凡 "非明州市舶司而发日本·高丽者, 以违制论"。
1103	崇宁二年	明州教练使弘宗闵·许从等与纲首杨照等38人	赴高丽经商。
1124	宣和六年	明州商人杜道济·祝延祚	留居其地
1128	建炎二年	纲首蔡世章商团	去高丽贸易, 带送高宗继位的诏书。
1132	绍兴二年	高丽使团至明州	贡金100两·银1000两·绫罗200匹·人参500斤。
1138	绍兴八年	吴迪商团63人	去高丽经商, 并持明州牒报徽宗皇帝及宁德后郑氏崩于金消息。
1139	绍兴九年	都纲丘迪商团105人；都纲廖第商团64人；林大有·黄莘商团71人；都纲陈诚商团87人。	几批商船赴高丽贸易, 共计327人。
1162	绍兴三十二年	纲首候林商团43人	去高丽经商, 携带明州牒："宋朝与金举兵相战, 至今春大捷, 获金帝完颜亮, 图形叙罪, 布告中外。
1164	隆兴二年	高丽朝贡再次来明州。	
1258	宝佑六年	高丽商船至定海石弄山,	明州刺使吴潜派水师接待。

南要会也。[13] 当时, 明州海面呈现出 "风帆海舶, 夷商越贾, 利原懋化, 纷至沓来" 的繁忙景象, 而舟山群岛正是明州对外交流的交通要冲, 来往明州的船只大多要经过或停靠舟山, 舟山成为宋代对外交流的活跃地区, 其中交流最频繁的是高丽。

1035年(北宋景佑二年), 有明州商人陈亮和台州商人陈维绩等147人

---

12) 根据有关资料整理。

13) (宋)张津等撰：『乾道四明图经』 卷1, 清咸丰四年刊本。

前往高丽；1103年(崇宁二年)，有明州教练使张宗闵·许从等38人前往高丽；1124年(宣和六年)，又有明州商人杜道济·祝延祚前往，并留居其地。根据『高丽史』记载，宋代商人航抵高丽的，约有129次，其人数每次少则几十人，多则百余人，累计高达5000余人(见表一)。[14] 宋代商人在高丽受到较高礼遇，有的还登朝入府，成为高丽王朝的座上宾。

普陀山是明州对外贸易的重要中转站，特别是"高丽道头"更是中韩两国交往的重要标志。 宋人赵彦卫在『云麓漫钞』中曾有记载："补陀落伽山(今普陀山)，自明州定海县招宝山泛海东南行，两潮至昌国县，自昌国县泛海到沈家门，过鹿狮山，亦两潮至山下，正南一山曰玩月岩，循山而东曰善财洞 … 自西登舟，有路曰高丽道头。循东经普门岭，上有塔子峰，旁曰梅岑。自此又东夏南入寺。[15] 宋代普陀山有"高丽道头"，终年抛泊着许多高丽商船。南宋『乾道四明图经』云："高丽·日本·新罗·勃海诸国，皆由此取道，守候风信，谓之放洋。[16] 由此可见，"高丽道头"成为出入宋朝的各国使船·贡艘·商舶的埠头，普陀山在宋代，已经成为连接舟山群岛与黑山群岛的中转站。

2. 普陀山与高丽的佛教文化交流

随着明州与高丽海上贸易的繁荣与发展，双方交流拓展到全方位领域， 比如科技方面的建筑·中医·历法·雕版·印刷·制瓷·纺织·造船·航海·农业技术与良种等，文化方面的书籍·音乐·诗歌·学术等，宗教方面

---

14) [韩国]郑麟趾等撰：『高丽史』，卷6·12·15。

15) (宋)赵彦卫撰：『云麓漫钞』，古典文学出版社1957年版，第26页。

16) (宋)张津撰：『乾道四明图经』卷7，『昌国县·祠庙』，『宋元浙江方志集成』第7册，杭州出版社2009年版。

的典籍·宗派学说等等。普陀山自开山以来，佛教文化一直是中韩交往的一个重要窗口。1079年(北宋元丰二年)，高丽国王生病，向中国"乞灵药"，朝廷派遣王舜封带着医生·药品前往诊治，舜封等驾"凌虚安济致远"和"灵飞顺济"两神舟赴高丽。回来后经过普陀山，遇到海风浪涛，望着普陀山向观音菩萨祈祷后，云散日霁，平安达岸。船队回京后把此灵异之事上奏，宋神宗感其灵验，即于1080年赐"宝陀观音寺"额。由于皇帝诏命，从此，"以寺名山"，逐渐将梅岑山称为"宝陀山"或"补陀洛迦山"。 另一则感应故事证实相同事迹。 1102年(北宋崇宁元年)，宋徽宗欲对高丽国"褒宠镇抚之，以继神考之志"，命户部侍郎刘逵·给事中吴栻出使高丽。回程行至普陀山附近，月色昏暗，乌云密布，完全无法判断航行方向，这种情形长达四天四夜，船夫非常害怕，因此遥向普陀山跪下祝祷。不久，神光遍布海面，放眼四望，明亮如昼，宁波出海口附近的招宝山历历可见。根据普陀山志，船夫无论何时遇上暴风雨或海盗，只要面向此岛归依，立即化险为夷。这两次北宋年间出使高丽的灵异传说，是普陀山向国际性观音道场迈进之契机。

　根据『宣和奉使高丽图经』记载，1123年(宣和五年)，高丽国来贡，奏请"愿得能书者至国中"，宋徽宗就派出大臣徐兢率领吏卒水手700余人，乘两神舟出使高丽国，于五月二十五日，泊沈家门，上岸祭岳渎(山水)之神。二十六日泊莲花洋，众人以小舟登梅岑(普陀山)。时山上"有萧梁所建宝陀院，殿有灵感观音"，遂遵旧制焚香祈祷。是夜，"僧徒焚诵歌呗甚严，而三节官吏·兵卒，莫不虔恪作礼。至中宵，星斗焕然，风幡摇动，人皆欢跃"。[17] 这一段文字生动地记述800多年前大批使者·官兵在宝陀寺通宵达旦焚诵顶礼·候风候潮·祈求航海平安之事实。

---

17) (宋)徐兢撰：『宣和奉使高丽图经』卷34，『梅岑』。

另据北宋末张邦基『墨庄漫录』记载："予在四明时，舶局日同官司户王操粹昭郡檄往昌国县宝陀山观音洞祷雨，归，为予言：宝陀山去昌国两潮，⋯ 三韩(朝鲜)·外国诸山，在杳冥间，海舶至此，必有祈祷。(宝陀)寺有钟磬·铜物，皆鸡林(新罗)商贾所施者，多刻彼国之年号，亦有外国人留题，颇有文采。[18] 此处所说"宝陀山"实指普陀山，张邦基本人并未到此。但这段记载至少说明，由于普陀山位于中韩的交通要道上，使臣·商贾来此祈祷者大增，使普陀山成为闻名中外的观音道场。此外，在高丽沿海以及海船所经的岛屿上也建有一些观音寺，以供海客祭祀·朝拜。

III. 黑山群岛在舟山群岛与韩半岛交往中的地位

1. 黑山群岛是中国和韩国的分界线

查考『续资治通鉴长编』 卷三三九，记载：公元1083年(北宋元丰六年)，高丽使者 "自明州还，遇便风，四日兼程抵黑山，已望其国境，但自黑山入岛屿，安行便风，七日至京口，陆行两驿至开州(即开城府)。长期以来，中韩的分界线以韩国全罗南道西南的黑山群岛为标志，在小黑山岛韩国政府树立有 "大韩民国最西南端"石碑。宋代专记高丽事的『鸡林志』载："高丽僧住寺修行者或犯戒律， 配白·黑二山。『鸡林遗事』载："岁八月念经囚 ⋯ 至期多赦者，或配送青屿·黑山。在古代，小黑山岛是中国渔民和海盗的休憩地·流亡海外人士以及前赴韩国文人墨客商贾的必经水路·补给站，大黑山岛则是韩国僧侣·罪犯发配·流放之地。

---

18) (宋)张邦基撰：『墨庄漫录』 卷2，中华书局1986年版。

元世祖忽必烈曾派人考察这条海路，『元史』卷六『世祖纪三』：1268年(至元五年)七月，"高丽国王王禃遣其臣崔东秀来言，备兵一万，造船千只。诏遣都统领脱朵儿往阅之，就相视黑山·日本道路，仍命耽罗别造船百艘以伺调用。又，『元史』卷一六七『王国昌传』："至元五年，人有上书言高丽境内黑山海道至宋境为近，帝命国昌往视之。泛海千余里，风涛汹涌，从者恐，劝还。国昌神色自若，徐曰：奉天子威命，未毕事而遽反，可乎？遂至黑山乃还。[19] 王国昌回京后，受到元世祖的接见与慰劳。

2. 黑山群岛是舟山群岛至韩半岛的第一站

公元1123年徐兢出使高丽后，在其所著的『宣和奉使高丽图经』一书中，记述了往返海道42日，行程约800海里，全程详尽，首尾俱备。

六月一日，船队经过夹界山(今小黑山岛)，船队由此进入高丽国境。"正东望一山如屏，即夹界山也。高丽以此为界限，初望隐然。酉后遇近，前有二峰，谓之双髻山，后有小焦数十，如奔马状，雪浪喷激，遇山溅瀑尤高。丙夜风急，落帆彻篷，以缓其势。[20] 小黑山岛是黑山群岛中第二大的岛屿，有"可以听到中国的鸡鸣"之美誉，在韩国民间有此一说，可以佐证该岛离中国很近，岛上的渔港从古代到今天一直不断有中国渔船进出(见图2)。

六月三日，船队过五屿·排岛·白山·黑山·月屿·阑山岛·白衣岛·跪苫·

19)『元史』卷167，『王国昌传』(点校本)，中华书局1976年版，第3926页。

20) (宋)徐兢撰：『宣和奉使高丽图经』卷35，『夹界山』。

21) 小黑山岛·大黑山岛一南一北，当即分别为南高丽山和北高丽山。上图出自『耶鲁藏清代航海图』第101页。

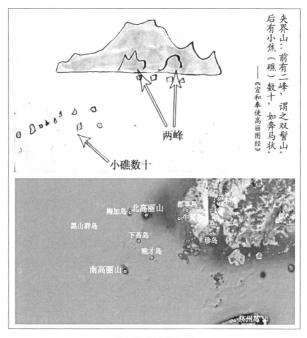

〈图 2〉黑山群岛[21]

　春草苫。这些岛屿地名的来历大多是象形名词，五屿是指五座相近的
海上小山，排岛是指三座相近的海上小山排列着，白山是指海上小山
在阳光照射下呈现出白色的颜色，济州岛西北有黑山岛(今大黑山岛)，
因为附近海域呈深蓝色，所以有了黑山岛之称。黑山岛是中韩之间海
路航行的枢纽，船舶往来中途停宿之地。每当有中国使节所乘船队驶
入，黑山山巅在夜晚就会点起明火与烽燧，为船队指引方向，朝北各山
次第相应，一直至王城为止。"每中国人使舟至，遇夜，于山巅明火于烽
燧诸山次第相应，以迄王城，是此山始也。申后舟过。(见图2)[22]

----

22) (宋)徐兢撰：『宣和奉使高丽图经』卷35，『黑山』。

3. 黑山群岛是舟山群岛与韩半岛贸易的中转站

在中国唐朝中期，被称为"海上王"的新罗清海镇守张保皋，利用韩半岛南端的有利地形，大力发展与中国·日本的海上贸易，船队以黑山群岛为中转，往来于韩半岛南部与中国明州·登州之间，并通过陆路直接把商品运抵唐朝首都长安，其势力甚至一度垄断了三国间的海上贸易，成为从事唐朝与新罗国贸易的最大商团首领。张保皋试图把唐朝生产的陶瓷器作为国际贸易商品加以流通，并且试图把陶瓷器生产技术移植到清海镇周边的南海西部地区。在频繁的东亚国际贸易中，黑山群岛作为古代海上交易的重要据点而日益繁荣起来。[23]

舟山群岛的普陀山，曾是他当年着力经营的重要据点。普陀山是唐代明州出入中国·新罗·日本及南亚各国船舶必经之地，在石牛港(今普陀山机场)和普陀山之间，有一海礁，这就是被中·韩两国学者视为"东亚海上丝绸之路"遗留下来的实物见证－－"新罗礁"，礁呈长形，东西走向，长约100米，海拔9.4米，涨潮时其西边三分之一礁石会被涌起的海水淹没，古时帆船每经于此，必定小心行船，不敢疏忽大意，否则将有船毁人亡的可能。一般认为"新罗礁"的名称由来，很可能形成于张保皋航海活动最频繁的时期。[24] 在这块礁石上刻有三个大红字－－"新罗礁"。由于上"新罗礁"不方便，在与"新罗礁"相对的普陀山南天门景区，韩国人还竖立了一块"新罗礁纪念碑"。

---

23) [韩国]姜凤龙：『张保皋的海上交易活动与黑山岛的繁荣』，载曲金良主编：『海洋文化研究』第2辑，海洋出版社2000年版，第106－113页。

24) [韩国]朴现圭：『中国佛教圣地普陀山与新罗礁』，『浙江大学学报(人文社会科学版)』第33卷第1期。

4. 黑山群岛是舟山群岛观音信仰东传的驿站

据『新唐书』及韩国『三国遗事』等史籍记载, 张保皋, 于829年(唐太和三年)返归新罗, "谒其王曰∶'遍中国以新罗人为奴婢, 愿得镇清海(今韩国东南莞岛), 使贼不得掠人西去'. 清海, 海路之要也, 王与保皋万人守之, 自太和后, 海上无鬻新罗人者".25) 所谓 "遍中国以新罗人为奴婢", 说明那时新罗国贩买人口特别是贩买少女非常猖獗, 这些少女从新罗各地被买到韩半岛西南沿海地区, 在黑山岛等待船只运往中国。千年以来, 黑山岛附近长期出没着往返于中国与韩半岛的船舶。

据说韩国古典名著『沈清传』中的孝女沈清, 就是被买去祭海的。沈清为使盲人父亲双目复明, 以300石白米将自己卖了去祭海, 沈清的孝心感动了上苍, 被龙王救去, 做了中国皇后, 她为了报答父母养育之恩, 在中国塑造570尊观音圣像运往故国。这虽然是传说, 但据悉沈清故事在韩国家喻户晓, 而且有实际人物为依据。近年来, 韩国谷城郡专家根据谷城『玉果县圣德山观音寺事迹碑记』考证出沈清原名元洪庄, 系被来自中国会稽沿海巨商沈国公买到沈家门, 才改名沈清。沈家门在今普陀山对面, 现建有 "沈清公园"。沈清塑造观音圣像运往韩国一事, 隐涵着古代舟山群岛观音信仰东传韩半岛的史实, 也折射出中韩两国悠久的传统友谊和深厚的观音文化交流渊源。

---

25) (宋)欧阳修撰∶『新唐书』卷二二○,『东夷传』, 上海古籍出版社1986年版。

Ⅳ. 结语

在史前时代, 中韩之间便有了海上交往, 河姆渡人采用最原始的水上工具－－竹筏, 最原始的交通方式－－漂流, 从舟山群岛渡过沧海到达黑山群岛, 把中国浙江的支石墓·稻作文化和干栏式建筑等, 东传到韩国的全罗南道等地。唐宋以来, 来往于中国江南与韩半岛的船舶, 大多经过古代中韩海上交通要道－－舟山群岛与黑山群岛, 比如1323年左右(元朝), 沉没在韩国全罗南道新安外方海域的新安沉船, 它的航行路线为宋代官方开辟的航线, 黑山群岛在 "东亚海上丝绸之路" 中有着与舟山群岛同样重要的地位。上世纪90年代和本世纪初, 三次中韩竹筏跨海漂流的线路与历史上舟山到韩半岛的 "东亚海上丝绸之路" 一致, 即中国江南·舟山群岛·黑山群岛·韩半岛, 也就是目前舟山国际邮轮到韩国旅游的线路。21世纪以来, 在普陀山佛教文化研究所研究员王连胜和韩国群山大学教授金德洙的共同努力下, 舟山群岛陆续发现了新罗礁·高丽道头等历史遗迹, 见证了唐宋时期中国与韩国·日本等东亚国家之间活跃的海上交流。2015年8月, 由舟山朱家尖旅游公司投资建造的江南帆筏, 是对过去三次中韩漂流竹筏的复原, 它将重走东亚地中海圈的古代海上交通及航线, 成为舟山群岛与黑山群岛海洋文化交流的见证。相信随着中国 "一带一路" 国家战略的实施, 舟山群岛与黑山群岛将成为 "21世纪海上丝绸之路" 的重要节点, 再现古代中韩交流的盛况。

参考文献

[韩国]

金德洙. 中国江浙地域的新罗人遗迹调查研究[C].金健人主编.韩国研究：第11
　　　辑.2010：62-76.

曹永禄. 再论普陀山潮音洞不肯去观音殿的开基说[C].金健人主编.韩国研究：
　　　第8辑. 沈阳：辽宁民族出版社，2007：16-28.

尹明哲. 韩国的海上交流与通道[J].高丽亚那，2006(2).

朴现圭. 中国佛教圣地普陀山与新罗礁[J].浙江大学学报：人文社会科学版，
　　　2003(1).

姜凤龙(也称江峰龙). 张保皋的海上交易活动与黑山岛的繁荣[C].曲金良主编.海
　　　洋文化研究.北京：海洋出版社，2000：103-113.

[中国]

王力军. 宋代明州与高丽[M].北京：科学出版社，2011.

包伟民. 舟山群岛：中外文化交流的聚焦点："岛屿与异文化的接触"研究案例
　　　试论[J].浙江学刊，2010(6).

林士民. 沈建国.万里丝路－－宁波与海上丝绸之路[M].宁波：宁波出版社，
　　　2002.

金健人. 中韩海上交往史探源[C].北京：学苑出版社，2001.

王连胜. 普陀洛迦山志[M].上海：上海古籍出版社，1999.

고대 흑산군도와 중국 주산군도의 관계

왕 웬 홍 (중국 절강성 주산시위당교)
번역_ **여 병 창** (청운대학교)

고대 흑산군도와 중국 주산군도의 관계

　서기 738년(唐 開元 26年) 당(唐) 정부가 옛 용동(甬東) 지역(현재의 주산)에 옹산현(翁山縣)을 설립한 후, 1073년(北宋 熙寧 6年) 송 신종(神宗)이 옹산현을 현치(縣治)[1]로 삼고 창국(昌國, 현재의 주산)이라 칭하였다. "이는 동으로 일본을 제어하고, 북으로 등래(登萊), 남으로 구민(甌閩)과 잇고, 서로 오회(吳會)로 통하여 해상의 거대한 보호막으로써 국력을 강성하게 하고자 함이었다." 당송(唐宋) 이래로 중국 대외무역의 중심이 점차 동남 연해로 이동함에 따라 명주(明州)는 시박사(市舶司)[2]가 설치된 전국 3대 무역항 중 하나로 매우 중요한 지위를 차지하게 되었다. 당시 명주의 관할구역은 지금의 영파(寧波), 주산(舟山) 등을 포함하고 있으며 용강(甬江)[3] 앞바다는 오늘날의 진해(鎭海)이다. 밖으로는 주산군도의 금당도(金塘島)가 둘러싸고 있으며, 주가첨도(朱家尖島), 보타산(普陀山), 대산(岱山) 등 섬들이 모두 명주에서 한반도로 이르는 항해에서 반드시 거쳐 가야 하는 길목이었다. 본고는 송대를

---

1) 옛 縣 정부 소재지(역자 주).
2) 宋·元·明 시대에 광저우(廣州)시·취안저우(泉州)시 등에 설치되어 지금의 세관과 비슷한 역할을 한 관아(역자 주).
3) 옛 '大浹江', 寧波의 별칭이 '甬'이므로 '甬江'이라 부른다(역자 주).

중심으로 고대 흑산군도(黑山群島)와 중국 주산군도(舟山群島) 간의 경제, 문화 교류와 이들 지역이 공동으로 촉진시킨 '동아시아 지중해'의 번영, 그리고 '동아시아 해상실크로드'의 형성 및 발전에 기여한 중요한 공헌 등에 대해 살펴보고자 한다.

Ⅰ. 고대 주산군도에서 흑산군도까지의 항로

1. 고대 중국에서 한반도까지의 남방항로

전통적으로 중국에서 한반도까지는 주로 세 가지 항로가 있었다. 첫째는 산동 근해에서 한반도로 진입하는 항로, 노철산(老鐵山) 항로. 둘째는 산동에서 직접 한반도로 들어오는 항로, 황해 횡단 항로. 셋째는 강절(江蘇省과 浙江省)에서 한반도로 진입하는 항로, 동지나해 사선 횡단 항로이다(<그림 1> 참조).[4]

송대 중국과 한반도의 해상교류는 항해 각도에 따라 두 단계로 나눌 수 있다. 1단계인 북방항로는 당오대 이래의 항로를 계승한 것으로, 북으로 초주(楚州, 현재의 江蘇 淮陰), 등주(登州, 현재의 山東 蓬萊縣)에 이르러 등주에서 발해로 연결되는 항로이고, 2단계인 남방항로는 서기 1074년(北宋 神宗 熙寧 7年)부터 시작된 것으로 당시 고려 정부가 송조에 사신을 파견할 때 거란을 피하기 위하여 원래 북방 등주에서 접안하던 노선을 포기하고 절강 명주에서 상륙하는 노선으로 변경할 것을 요청하면서 생겨난 항로이다.

---

4) [韓]姜鳳龍, 2000, 「張保皐的海上交易活動與黑山島的繁榮」, 曲金良 主編 : 『海洋文化研究』 第2輯, 海洋出版社, 103~104쪽.

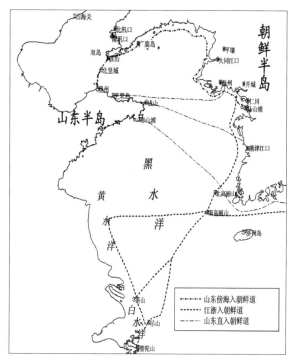

〈그림 1〉 당대에서 청대까지 조선으로 진입하는 세 가지 항로[5]

 "원풍(元豐)[6] 이후 조정에서 사신을 파견할 때는 항상 명주 정해(定海, 현재의 鎭海)에서 출항하여 먼 바다를 지나 북으로 향했다."[7] 이후 고려와 송 간 사절의 왕래가 모두 명주를 통해 이루어짐으로써 명주가 한중 무역의 핵심 항구이자 관방(官方) 왕래의 유일한 통로가 되었다. 그 구체적인 노선은 명주의 정해에서 출발하여 주산군도를 지나 동해, 황해(黑水洋)를 건넌 후 한반도 남단 서해안을 따라 북상한 다음 예성강

---

 5) 譚其驤 主編, 1982, 『中國歷史地圖集』(元·明時期), 中國地圖出版社, 47~48쪽.
 6) 1078~1085年까지의 기간으로, 宋 神宗 趙頊의 연호(역자 주).
 7) [宋]徐兢撰, 『宣和奉使高麗圖經』 卷第三, 『封境』.

(禮成江)에 도착하는 것이었다. 『송사』 「고려전」에 이 노선이 비교적 상세히 기록되어 있는데 그 내용은 다음과 같다. "명주 정해에서 바람을 타고 3일간 바다를 항해한 후 다시 5일 후 묵산(墨山, 즉 黑山)에 도착, 고려 국경으로 들어갔다. 묵산에서 크고 작은 여러 섬들과 수많은 암초들 사이를 지난 후 배의 속도를 더욱 높여 7일 만에 예성강에 도달하였다."[8] 한국 목포대학교 강봉룡 교수의 『고대 한중항로와 흑산도』에서는 더 나아가 흑산도는 고대 한중항로의 중심이었음을 밝히고 있다. 한국 목포시 영암에서 출발하여 하루면 흑산도에 닿았고, 3일째에는 홍의도(紅衣島), 4일째는 가가도(可佳島 또는 可居島, 즉 현재의 小黑山島)에 이르렀으며 만약 순풍이 불면 5일째에 영파에 도착할 수 있었다.[9] 이 항해 루트를 '흑산해도(黑山海道)'라고 부른다. 항해시간은 주로 풍향에 따라 결정되는데, 만약 순풍을 만나면 평지를 달리듯 편안했고 폭풍을 만나면 암초에 부딪혀 난파되는 경우가 많아 항해 시에는 반드시 계절풍의 특징을 잘 파악해야 했다. 일반적으로 명주에서 고려까지는 대개 7~9월에 남서풍을 이용했으며, 회항할 때는 10~11월에 북동풍을 이용하였다.

하지만 사실 이 남방항로는 절동(浙東) 민간과 한반도의 교류 통로로 일찍부터 존재했던 것으로 북방항로는 1074년 이전 관방 교류에만 자주 이용되다가 1074년 이후 폐기되었다. 1996년 7월 23일, 1997년 6월 15일, 2003년 3월 23일 한국 동국대학교 윤명철 교수가 주도하여 조직한 한중 대나무뗏목 표류 탐험은 이 옛 항로의 존재 가능성을 객관적으로 증명해냈다. 탐험대는 주산군도 주가첨(朱家尖) 남사(南沙)를 출발하여 거친 파도를 헤치고 동해로 흘러가 황해와 흑수양을

---

8) 陳振, 2003, 『宋史(第37部)』, 上海人民出版社, 16쪽.
9) [韓]姜鳳龍, 『古代韓中航路和黑山島』, 미발표.

통과하여 옛사람들이 오갔던 해로를 다시 따라갔다. 이는 한중 해상교류의 실제 상황에 대한 연구와 양국 간 우호 증진에 매우 중요한 역사적, 현실적 의미를 지닌다.[10]

2. 주산 경내의 세 가지 항로

남방항로는 주산(舟山) 경내에 있는 것으로 다시 역사적으로 병존했던 3가지 항로로 나눌 수 있다(<그림 1> 참조).

A. 중향해로 : 명주 → 심가문(沈家門) → 보타산(普陀山) → 대산(岱山) → 승사(嵊泗) → 백수양(白水洋) → 황수양(黃水洋) → 흑수양(黑水洋) → 흑산군도(黑山群島).

1123년(北宋 宣和 5年) 서긍이 외교사절로 고려를 방문하면서 왕복 두 가지 해로를 친히 항해하고 그의 저서 『선화봉사고려도경』에 6권의 분량으로 주산군도에서 흑산군도에 이르는 '해도'의 전 노선을 상세히 기록하였다.[11]

B. 북상해로 : 명주 → 금당(金塘) → 잠항(岑港) → 대산(岱山) → 승사(嵊泗) → 다산(茶山) → 흑산군도(黑山群島).

「도주해도도(陶澍海道圖)」의 주석에 따르면 "대사(大沙) 동쪽에 사두산(沙頭山)이 있어, 배가 태동(太東) 쪽으로 나아가다가 이 산이 보이면 곧바로 북쪽으로 고려의 여러 산들을 볼 수 있다." 대사는 지금의

---

10) [韓]尹明喆, 2005,「中韓竹筏跨海漂流探險記」, 普陀文史資料第二輯『緣起沈淸』, 中國文史出版社.

11) 王文楚,「兩宋和高麗海上航路初探」(1981), 龔纓晏 主編, 2011,『20世紀中國 "海上絲綢之路"研究集萃』, 浙江大學出版社, 251~257쪽.

강소 북부지역 동태현(東台縣) 동쪽 바다의 해변을 뜻하며, 사두산은
방위로 보아 제주도 서남쪽의 사초(沙礁)를 가리킨다. 고려의 여러
산들(高麗諸山)이란 남북 고려산을 포함한 흑산군도를 말한다. 이는
명대 초기 태창(太倉)에서 조선까지 공물(貢物)을 운송하는 노선이었
다.[12]

C. 남하해로 : 명주 → 육횡(六橫) → 주가첨(朱家尖) → 보타산(普陀山)
→ 흑산군도.

보타에서 출발하여 "북쪽으로 향하다가 혹 고려산(즉 黑山)을 지난
후 진손(辰巽)[13] 방향으로 11경(更)[14]을 가면 고토(五島)[15]에 도착하
고, 단인(單寅)[16] 방향으로 향하면 항구에 다다른다. 혹 수심마(水甚
馬, 즉 水愼馬)를 지난 후 손사(巽巳)[17] 방향으로 향하면 고토(五島)에
도착하고, 단인(單寅) 방향으로 향하면 항구에 다다른다."[18]

역사적으로 한국 전라남도 흑산군도에서 중국 절강성 주산군도까지
는 매우 쉽게 갈 수 있었다. 1488년(明 孝宗 弘治 元年) 윤정월 16일,

---

12) 陳尙勝, 「明朝初期與朝鮮海上交通考」, 『海交史硏究』, 1997年 第1期, 43쪽.

13) 고대 天干, 地支, 八卦를 종합한 24방위에 의하면 辰은 동남쪽에서 동쪽으로
    약간 치우친 방향을, 巽은 동남쪽을 가리킨다(역자 주).

14) 원래 시간을 세는 단위로 현재의 약 2시간을 가리키나, 고대 항해 용어로
    사용될 때는 거리를 나타낸다. 조류, 풍향 등의 조건에 따라 그 거리가 일정하
    지 않으나 1更은 배가 평균적으로 약 2.4시간을 가는 거리를 나타내며, 하루
    밤낮을 가는 거리를 10경으로 계산한다. 周志明, 「中國古代 "行船更數"考」,
    『古代文明』, 2009年 第2期 참조(역자 주).

15) 일본 나가사키(長崎)현 고토열도(五島列島)를 일컫는다(역자 주).

16) 寅은 동북쪽에서 동쪽으로 약간 치우친 방향을 가리킨다(역자 주).

17) 고대 天干, 地支, 八卦를 종합한 24방위에 의하면 巽은 동남쪽을, 巳는 동남쪽에
    서 남쪽으로 약간 치우친 방향을 가리킨다(역자 주).

18) 「指南正法·普陀至長岐針」, 陳佳榮·朱鑒秋 編著, 2013, 『渡海方程輯注』, 中西書
    局, 25쪽.

한국 홍문관 부교리(5품 관리) 전라도 사람(지금의 무안군) 최부(崔溥, 1454~1504) 등 42명이 바다로 나갔다가 폭풍을 만나 한국 제주도에서 흑산군도를 거쳐 남쪽으로 표류하여 8일 후 중국 주산군도 해상에 도달하였다. 최부는 중국에서 약 4개월 반을 머문 후 귀국하여 남에서 북으로 이동한 자신의 경험을 한문 약 5만여 자로 기록하였는데 이것이 바로 한중 해상교류사의 중요한 문헌인『표해록(漂海錄)』이다. 또한 1818년(淸 仁宗 嘉慶 23年) 4월 8일 한문화(漢文化)에 조예가 깊었던 한국 효렴(孝廉, 擧人) 최두찬(崔斗燦, 1779~1821) 등 50명이 한국 제주도에서 육지로 나가다가 이틀 후 풍랑을 만나 흑산군도를 경유하여 해상에서 16일을 표류한 끝에 절동 해역에서 배가 침몰되었는데, 이 중 48명이 주산 어민에게 구조되어 보타산에 도착하였다. 최두찬은 중국에서 약 5개월을 머물고 귀국한 후 일기체 형식의『승사록(乘槎錄)』을 펴냈는데, 이 책에는 해상에서 풍랑을 만났던 위급한 상황, 중국 지식인들과의 교류 상황, 특히 5월 1일부터 15일까지 정해성에서의 상황을 상세히 기록하고 있어 한중 양국의 교류 역사를 연구하는 데 중요한 사료가 되고 있다.

　이상과 같은 명·청시기 두 차례의 한국인 표류 사건을 통해 주산군도와 흑산군도 사이에 서로 가깝고 익숙하며 관계가 매우 깊은 해상항로가 존재했음을 알 수 있다. 이에 관련하여 최두찬은 그의 일기에서 다음과 같이 적고 있다. "中國乃上國, 上國乃吾國.(중국이 곧 상국이요, 상국이 곧 우리나라다)" 한편 원대『대덕창국주도지·경토(大德昌國州圖志·境土)』에서는 주산 지역에 대해 다음과 같이 기술하고 있다. "동으로 5조(潮)면 서장(西莊) 석마산(石馬山)과 고려국 분계(分界)에 이르고, 남으로 5조면 용서(龍嶼)와 상산(象山)의 분계에 이르며, 서로 1조면 교문산(蛟門山)과 정해현의 분계에 이른다. 또 북으로 5조면 대칠산(大

七山)과 평강로(平江路)의 분계에 이를 수 있다."[19] 여기서 '조(潮)'는 '하루 낮밤'을 가리킨다. 이를 통해 볼 때 옛사람들에게 주산군도와 흑산군도는 서로 아주 가까운 이웃으로 인식되고 있었음을 알 수 있다.

II. 송대 주산군도와 흑산군도의 교류

1. 명주와 고려의 해상무역

북송 연간에는 한중 해상 교류가 매우 빈번하게 이루어졌다. 당시에는 한중 관방무역이 발달하였는데, 명주는 당시의 주요 무역항이었다. 명주에서 고려로 수입되는 상품은 비단, 도자기, 차, 서적, 약재 등이었고, 고려에서 명주로 수출되는 상품은 주로 한반도에서 생산되는 토산품인 인삼, 잣, 신라 칠(漆) 등이었다. 남송『건도사명도경(乾道四明圖經)』의 기록에 의하면 명주와 무역 왕래를 하는 상인이 대강(大江, 長江) 남북 및 해외에까지 널리 퍼져 있었는데 "명주는 월(越, 浙江省 동부 일대)의 동부 지역으로 여지도(輿地圖)를 보면 한쪽으로 치우쳐 있어 큰 도시는 아니나 해로의 중심지였다.[20] 따라서 남쪽으로 민광(閩廣, 福建省과 廣東, 廣西省 일대), 동쪽으로 왜(倭, 일본), 북쪽으로 고려까지 상선이 왕래하여 물화가 풍성하였으며 동쪽 정해로 나가면 교문, 호준(虎蹲) 같은 천험의 지리적 조건을 갖추고 있는 동남방의 요충지였

---

19) [元]馮福京 修, [元]郭薦 纂, 中華書局編輯部 編, 1990,『大德昌國州圖志·境土』卷一, 中華書局.

20) [宋]張津 等 撰,『乾道四明圖經』卷1, 淸咸豐四年刊本.

다." 당시 명주 해상은 "각종 선박과 각국의 상인들이 이윤을 남기기 위해 끊임없이 몰려"드는 분주한 모습이었으며 주산군도는 바로 이 명주 대외교류의 교통 요충지로 명주를 왕래하는 대부분의 선박들이 경유하거나 정박함으로써 송대에 대외교류가 가장 활발한 지역이 되었다. 그 중에서도 교류가 가장 빈번한 것은 고려였다.

1035년(北宋 景佑 2年) 명주 상인 진량(陳亮)과 태주(台州) 상인 진유적(陳維績) 등 147명이 고려에 갔고, 1103년(崇寧 2年)에는 명주 교련사 장종민(張宗閔), 허종(許從) 등 38명이 고려에 갔으며, 또 1124년(宣和 6年)에는 명주 상인 두도제(杜道濟), 축연조(祝延祚)가 고려에 가서 정착하였다.『고려사』의 기록에 따르면 송대 상인의 고려 방문은 약 129회로 그 인원은 매회 적게는 수십 명, 많게는 백여 명에 달하여 총 인원이 약 5,000명 이상이었다.(<표 1> 참조)[21] 송대 상인은 고려에서 비교적 높은 예우을 받았는데, 일부는 입조하여 고려 왕실의 귀빈으로 대접받기도 하였다.

보타산은 명주 대외무역의 주요 중계항(中轉站)이었으며, 특히 '고려도두(高麗道頭)'[22]는 한중 양국 교류의 중요한 표지였다. 송나라 사람 조언위(趙彦衛)의『운록만초(雲麓漫鈔)』에는 다음과 같은 기록이 있다. "보타락가산(지금의 普陀山), 명주 정해현의 초보산(招寶山)에서 동남쪽 바다로 나가 2조면 창국현(昌國縣)에 다다르고 창국현에서 심가문에 도착한 후 녹사산(鹿獅山)을 지나 2조면 산 아래 도착하는데 정남 방향의 산을 완월암(玩月巖)이라고 부른다. 산을 에돌아 동쪽은 선재동(善財洞)이라고 부르는데 여기서 서쪽으로 배를 타고 나가면

---

21) [韓]鄭麟趾 等 撰,『高麗史』卷6, 12, 15.

22) 道頭는 부두를 지칭하는 이방인들의 방언. 普陀縣, 1986,「方言及生僻字音義集注」,『普陀縣地名志』, 普陀縣地名辦公室, 383쪽 참조(역자 주).

<표 1> 송대 명주와 고려의 무역왕래 기록[23]

公元	王朝紀年	當事人	事件
1031	天聖 2年	陳維 등 64人	明州 市舶司가 고려로 가는 허가증 발급
1035	景佑 2年	明州 商幫 陳亮 등 147人	海運 經商 차 高麗 방문
1049	皇佑 元年	徐贊 海運商團 71人	무역 차 高麗 방문
1074	熙寧 7年	"高麗 金良鑒이 멀리 거란으로 돌아가고자 하였으나, 明州로 방향을 바꿔 입궐하기를 청함"	조정의 규정에 의해 "明州 市舶司를 통하지 않고 日本, 高麗로 출발하는 자는 법을 위반한 것으로 논죄함"
1103	崇寧 2年	明州 敎練使 弘宗閔, 許從 등과 綱首 楊照 등 38人	經商 차 高麗 방문
1124	宣和 6年	明州 상인 杜道濟, 祝延祚	고려에 정착
1128	建炎 2年	綱首 蔡世章 商團	무역 차 高麗에 가면서 高宗 즉위 조서 전함
1132	紹興 2年	高麗使團이 明州에 도착함	金 100兩, 銀 1,000兩, 綾羅 200匹, 人參 500斤을 바침
1138	紹興 8年	吳迪 商團 63人	經商 차 高麗에 가면서 徽宗皇帝와 寧德后 鄭氏가 金에서 죽었음을 알리는 明州牒을 전함
1139	紹興 9年	都綱 丘迪 商團 105人 ; 都綱 廖第 商團 64人 ; 林大有, 黃辜 商團 71人 ; 都綱 陳誠 商團 87人	무역 상선이 수차례 高麗 방문(총 327명)
1162	紹興 32年	綱首 候林 商團 43人	經商 차 高麗 방문하면서 明州牒을 전함 : "宋朝와 金이 擧兵하여 서로 싸워 올 봄에 대승을 거두고 金의 황제 完顔亮을 잡았으니 그 모습을 그려 서술하고 나라 안팎에 布告함"
1164	隆興 2年	高麗 商貢이 다시 明州이 옴	
1258	寶佑 6年	高麗 商船이 定海 石弄山에 도착함	明州 刺使 吳潛이 水師를 보내 接待함

고려도두가 있다. 동쪽으로 돌아 보문령을 지나면 위로 탑자봉(塔子峰)이 있는데 그 옆을 매잠(梅岑)이라고 부른다. 여기에서 다시 동쪽으로

---

23) 관련 자료에 근거하여 정리.

남입사(南入寺)로 되돌아간다."[24] 송대 보타산에 있었던 '고려도두'에
는 일년 내내 많은 고려 상선이 정박해 있었다. 남송『건도사명도경(乾
道四明圖經)』에는 다음과 같은 기록이 있다. "고려, 일본, 신라, 발해
등 나라들이 이곳에 와 바람 때를 기다렸는데 이를 '방양(放洋)'이라고
했다."[25] 이로부터 알 수 있듯이 '고려도두'는 송조를 드나드는 각국
사선(使船, 사신을 태운 배), 공소(貢艘, 공물을 실은 배), 상박(商舶,
여객 및 화물선)의 부두였으며 보타산은 송대에 이미 주산군도와
흑산군도를 연결하는 중계항이 되었다.

2. 보타산과 고려의 불교문화 교류

명주와 고려의 해상무역이 번영, 발전함에 따라 쌍방의 교류가
건축, 중의(中醫), 역법, 조판(雕版), 인쇄, 제자(制瓷), 방직(紡織), 조선(造
船), 항해, 농업기술, 양종(良種) 등 과학기술방면 ; 서적, 음악, 시가,
학술 등 문화방면 ; 전적, 종파, 학설 등 종교방면에 걸쳐 전방위로
확대되었다. 한편 보타산은 개산 이래 줄곧 한중 불교문화 교류의
중요한 창구였다.

1079년(北宋 元豐 2年) 고려 국왕이 병이 들어 중국에 '영약(靈藥)'을
요청하자 조정에서 의생, 약품과 함께 왕순봉(王舜封)을 보내 치료하게
하였다. 왕순봉 등이 '능허안제치원(淩虛安濟致遠)'과 '영비순제(靈飛順
濟)'라는 두 척의 신주(神舟)[26]를 타고 고려에 갔다가 귀국하는 길에

---

24) [宋]趙彦衛 撰, 1957,『雲麓漫鈔』, 古典文學出版社, 26쪽.
25) [宋]張津 撰,『乾道四明圖經』卷7,『昌國縣·祠廟』, 2009,『宋元浙江方志集成』
   第7冊, 杭州出版社.
26) 北宋이 高麗에 파견하는 사신을 태워 보내기 위해 만들었다는 30丈 길이의
   큰 배(역자 주).

보타산을 지나는 도중 거센 풍랑을 만나게 되었다. 이에 보타산의 관음보살을 향해 기도하자 구름이 걷히고 날이 맑게 개어 무사히 해안에 닿을 수 있었다. 일행이 변경(汴京, 北宋의 수도)에 도착하여 이 기이한 일을 상주하자 송 신종이 그 영험에 감동하여 1080년 '보타 관음사(寶陀觀音寺)'라는 편액을 하사하였다. 이로부터 매잠산(梅岑山) 은 황제의 조서를 따라 점차 '보타산(寶陀山)' 혹은 '보타락가산(補陀洛 迦山)'이라 불리게 되었다.

동일한 사적을 실증하는 또 하나의 이야기가 있다. 1102년(北宋 崇寧 元年) 송 휘종(徽宗)이 고려를 "포총(褒寵, 칭찬하여 총애함), 진무(鎭 撫, 민심을 가라앉힘)함으로써 신고(神考, 宋 神宗 趙頊)의 뜻을 계승"하 고자 호부시랑 유규(劉逵), 급사중 오식(吳栻)을 고려에 파견하였다. 이들이 귀국하는 길에 보타산 부근에 이르렀을 때 달빛이 흐려지고 먹구름이 몰려와 나흘 밤낮을 방향조차 가늠하지 못하게 되었다. 이에 뱃사람들이 크게 두려워하며 멀리 보타산을 향해 기도를 올리자 순식간에 신령스러운 빛이 해면에 널리 퍼지면서 사방이 대낮처럼 밝아져 영파 앞바다의 초보산(招寶山)을 뚜렷이 볼 수 있었다. 『보타산 지(普陀山志)』에 따르면 뱃사람들은 폭풍우나 해적을 만났을 때 언제라 도 이 섬을 향해 빌기만 하면 즉시 위험에서 벗어나 평온을 되찾을 수 있었다. 북송 연간 두 차례에 걸쳐 고려로 파견되었던 사절단의 기이한 이야기는 보타산이 국제적인 관음도량(觀音道場)으로 알려지 는 계기가 되었다.

『선화봉사고려도경』의 기록에 의하면, 1123년(宣和 5年), 고려에 서 조공을 위해 방문하여 "글에 능한 자를 보내줄 것"을 주청하자 송 휘종이 대신 서긍으로 하여금 하급관리와, 선원 700여 명을 파견하 였다. 이들은 두 척의 신주(神舟)를 타고 고려로 가는 길에 5월 25일

심가문에 정박하고 뭍에 올라 '악독지신(嶽瀆之神, 큰 산과 큰 강)'에게 제사지냈다. 26일에는 연화양(蓮花洋)27)에 정박한 후 작은 배에 옮겨 타고 매잠(普陀山)에 올랐다. 당시 산위에는 "소량(蕭梁)28) 때 세워진 보타원이 있었고 이곳에는 신령스러운 관음이 있었다." 이에 옛 관습에 따라 분향하고 기도를 올렸다. 이날 밤 "승려들이 향을 피우고 엄숙히 찬불을 드리는 가운데 삼절(三節)의 관리와 병졸들도 모두 경건하게 예를 갖추었다. 한밤중이 되어 갑자기 별빛이 밝게 빛나고 깃발이 펄럭이며 바람이 일어나자 사람들이 모두 뛸 듯이 기뻐하였다."29) 이 글은 800여 년 전 대규모 사신, 관병 무리가 보타사에서 밤새 예불을 올리며 바람과 조류를 기다리고 항해의 평안을 기원했던 사실을 생생하게 묘사하고 있다.

또한 북송 말 장방기(張邦基)의 『묵장만록(墨莊漫錄)』에는 다음과 같은 기록이 있다. "내가 사명(四明)30) 시박국에 있을 때, 관원(官司戶) 왕조(王操), 수소(粹昭)에게 창국현 보타산(寶陀山) 관음동에 가서 비를 내려주기를 빌도록 명하였다. 그들이 돌아와 나에게 말하기를 '보타산은 창국에서 2조 떨어져 있고 삼한(朝鮮)과 외국의 여러 산이 까마득히 멀리 보이는데 바다를 항해하는 큰 배들이 이곳에 이르러 필히 기도를 드렸습니다. 보타사에는 종경(鐘磬), 동물(銅物, 청동제품)이 있으니 모두 계림(新羅) 상인들이 시주한 것으로 그 나라의 연호가 새겨져 있는 것이 많았습니다. 또한 외국인이 남긴 글도 있었는데 문재(文才)가 매우 뛰어났습니다.'라고 하였다."31) 여기서 말하는 '寶陀山'은 보타산

---

27) 蓮洋이라고도 부르며 舟山 本島와 普陀山 사이에 있다. 북쪽으로는 黃大洋과 접해 있고 남쪽은 普沈水道이다(역자 주).

28) 南北朝時期 南朝의 3번째 왕조 南梁(502~557)을 가리킨다(역자 주).

29) [宋]徐兢 撰, 『宣和奉使高麗圖經』 卷34, 『梅岑』.

30) 浙江省 寧波 서남쪽에 있는 산(역자 주).

(普陀山)을 가리키는데 장방기 본인은 이곳에 가본 적이 없다. 그러나 이 기록을 통해 우리는 적어도 보타산이 한중 사이의 교통요로에 위치하고 있었기 때문에 이곳에 와서 기도하는 사신이나 상인들이 크게 늘어남으로써 보타산이 대내외에 널리 알려진 관음도량이 될 수 있었음을 알 수 있다. 이 밖에 고려의 연해와 해선들이 지나는 섬에도 해객(海客)들의 기도와 참배를 위한 관음사들이 세워져 있었다.

Ⅲ. 주산군도와 한반도 교류 중 흑산군도의 역할

1. 중국과 한국의 분계선

『속자치통감장편(續資治通鑑長編)』 권229의 기록을 살펴보면 1083년(北宋 元豊 6年) 고려 사신이 "명주에서 귀환하는 길에 순풍을 만나 하루에 이틀 길을 가 나흘 만에 흑산에 당도하여 국경을 바라보게 되었다. 흑산에 접어 든 후 다시 순풍을 타고 7일 만에 경구(京口)에 이르렀고 육로로 두 역을 가 개주(開州, 開城府)에 도착하였다." 오랜 기간 한국 전라남도 서남쪽의 흑산군도는 한중 양국 분계선의 표지였는데, 이후 한국 정부는 이곳 소흑산도에 '대한민국최서남단(大韓民國最西南端)'이라는 비석을 세웠다. 송대에 고려에 관한 일을 전문적으로 기록한 『계림지(雞林志)』에는 다음과 같은 내용이 소개되어 있다. "고려 승주사(僧住寺) 수행자 중 혹 계율을 어긴 자는 백, 흑 두 산에 유배되었다." 또 『계림유사』에는 다음과 같은 내용이 있다. "그해

---

31) [宋]張邦基 撰, 『墨莊漫錄』 卷2, 中華書局, 1986年.

8월 독경하다 갇혔다가 … 대부분은 만기가 되어 사면되었으나 혹자는 청서(靑嶼), 흑산에 유배되어 보내졌다." 이를 통해 볼 때 고대 소흑산도는 중국 어민과 해적의 휴식처이자 해외로 망명하는 인사나 한국으로 가는 문인묵객, 상인이 필히 경유하는 길목 또는 보급처였으나 대흑산도는 승려나 범죄자의 유배지였다.

원 세조 쿠빌라이가 일찍이 사람을 보내 이 해로를 조사하도록 하였는데 『원사』권6, 「세조기삼(世祖紀三)」에 다음과 같은 기록이 있다. 1268년(至元 5年) 7월 "고려 국왕 왕식(王植)이 신하 최동수(崔東秀)를 보내 1만 명의 병사를 준비하고, 1천 척의 배를 건조하였음을 알렸다. 이에 도통령 탈타아(脫朵兒)를 보내 이를 사열하고, 나아가 흑산도와 일본으로 가는 수로를 시찰하도록 하였으며, 탐라(耽羅)에 명하여 별도로 배 1백 척을 만들도록 하였다." 또『원사』권167, 「왕국창전(王國昌傳)」의 기록을 보면 "지원 5년 고려 경내의 흑산해도에서 송의 경계까지 거리가 가깝다는 상소가 있어 황제가 왕국창에게 명하여 시찰하게 하였다. 바다의 거리가 천여 리(里)나 되고 풍랑이 거세어 함께 간 자들이 모두 두려워하며 돌아가기를 권했으나 왕국창이 태연한 기색으로 말하기를 '천자의 명을 받들었는데 일을 마치기 전에 돌아가서야 되겠는가?'라고 하고 흑산도에 도착한 후 돌아갔다."[32] 왕국창은 귀경 후 원 세조의 접견과 위로를 받았다.

2. 주산군도에서 한반도에 이르는 첫 관문

1123년 서긍이 외교사절로 고려를 방문한 이후 저술한『선화봉사고

32) 『元史』卷167, 『王國昌傳』(點校本), 中華書局, 1976, 3926쪽.

려도경』이라는 문헌에는 왕복 42일, 약 800해리의 전 노선이 처음부터
끝까지 상세히 기록되어 있다.

　6월 1일 선단이 협계산(夾界山, 오늘날의 小黑山島)을 지나, 이로부터
고려 국경에 진입하였다. "정동으로 병풍같은 산이 하나 보이는데
곧 협계산(夾界山)이다. 고려는 이를 경계로 하고 있는데 처음에는
어렴풋하게 보인다. 가까이 접근해 보면 앞쪽에 두 봉우리가 있는데
쌍계산(雙髻山)이라 부른다. 뒤쪽으로는 수십 개의 암초가 있는데 말이
달리는 모습처럼 물결이 눈꽃처럼 흩날리다가 산을 만나 물살이 더욱
거세어진다. 한밤중에는 바람이 사나워 돛을 내리고 그 기세를 피해야
한다."[33] 소흑산도는 흑산군도 중 두 번째로 큰 섬으로 "중국의 닭
울음소리까지 들을 수 있다"고 할 정도이다. 한국 민간의 이 같은
표현으로 보아 이 섬이 중국과 얼마나 가까운지를 알 수 있는데,
이 섬의 항구에는 예로부터 중국의 어선들이 끊임없이 드나들고 있다
(<그림 2> 참조).

　6월 3일 선단이 오서(五嶼), 배도(排島), 백산, 흑산, 월서(月嶼), 난산도
(闌山島), 백의도(白衣島), 궤점(跪苫), 춘초점(春草苫) 등을 통과하였다.
이들 섬의 이름은 대부분 그 형상을 묘사한 것이다. 오서는 바다
위 5개의 작은 섬을 가리키고, 배도는 바다 위에 3개의 작은 산이
나란히 서 있음을 가리키며 백산은 해상의 작은 섬에 태양이 비춰
흰색으로 보이는 것을 가리킨다. 제주도 서북쪽에 흑산도(지금의 大黑
山島)가 있는데 부근 해역이 짙은 남색인 까닭에 흑산도라는 명칭이
생겼다. 흑산도는 한중 양국 간 해로의 중심지로 선박이 왕래하는
도중 정박하여 묵어가는 곳이기도 하다. 중국 사절단을 태운 선단이

---

　33) [宋]徐兢 撰, 『宣和奉使高麗圖經』 卷35, 『夾界山』.

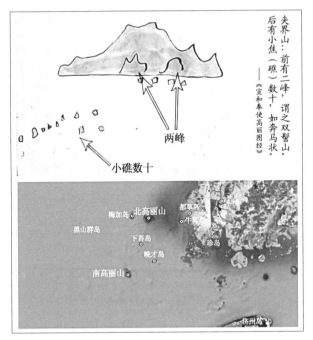

〈그림 2〉黑山群島 [34]

들어올 때마다 흑산도의 산 정상을 시작으로 북쪽으로 왕성까지 차례로 횃불과 봉화를 밝혀 선단의 방향을 인도하였다. "每中國人使舟至, 遇夜, 於山巔明火於烽燧諸山次第相應, 以迄王城, 是此山始也. 申後舟過."(<그림 2> 참조)[35]

---

34) 小黑山島, 大黑山島가 각각 남북으로 위치해 있어 바로 이를 南高麗山, 北高麗山으로 나누어 불렀다. 출전 : 『耶魯藏淸代航海圖』, 101쪽.
35) [宋]徐兢 撰, 『宣和奉使高麗圖經』 卷35, 『黑山』.

3. 주산군도와 한반도 무역의 중계항(中轉站)

당대 중기 '해상왕(海上王)'이라 불렸던 신라 청해진수(淸海鎭守) 장보고(張保皐)는 한반도 남단의 유리한 지형을 이용하여 중국, 일본과의 해상무역을 크게 발전시켰는데, 그 선단은 흑산군도를 중심으로 한반도 남부와 중국 명주, 등주 사이, 그리고 육로를 통하여 당의 수도 장안(長安)까지 상품을 운송하였다. 이를 기반으로 그는 한중일 삼국의 해상무역을 독점함으로써 당과 신라 간 무역에 종사하는 최대 상단의 수령이 되었다. 한편 장보고는 당에서 생산되는 도자기를 국제무역상품으로 유통하고 나아가 도자기 생산 기술을 청해진(淸海鎭) 주변의 서해 남부 지역에 전파하고자 하였다. 이와 같은 빈번한 동아시아 국제무역의 과정에서 흑산군도는 고대 해상교역의 중요한 거점으로 나날이 번성하였다.36)

주산군도의 보타산은 일찍이 장보고가 매우 중시했던 무역 거점이었다. 보타산은 당대 명주에서 중국, 신라, 일본 및 남아시아 각국을 출입하는 선박이 필히 경유했던 곳으로 석우항(石牛港, 오늘날의 普陀山 공항)과 보타산 사이에 암초가 하나 있는데 이것이 바로 이른바 '신라초(新羅礁)'로 한중 양국 학자들이 이 해상통로를 '동아시아 해상 실크로드'라고 보는 증거이다. 이 암초는 동서로 긴 모양(長形)을 하고 있는데 그 길이는 약 100m, 해발은 9.4m로 만조 시 서쪽 삼분의 일이 바닷물에 잠겨서 옛날 범선들이 이곳을 지날 때 각별히 주의해야 했다. 일반적으로 '신라초'라는 명칭은 장보고의 항해활동이 가장 왕성했던 시기에 형성됐을 가능성이 큰 것으로 보고 있다.37) 이 암초에

---

36) [韓]姜鳳龍,「張保皐的海上交易活動與黑山島的繁榮」, 曲金良 主編, 2000,『海洋文化研究』第2輯, 海洋出版社, 106~113쪽.

는 붉은 색으로 '新羅礁'라는 세 글자가 크게 새겨져 있는데 신라초에 오르기 불편한 까닭에 신라초 맞은편 보타산 남천문 풍경구에 한국인들이 따로 '신라초기념비(新羅礁紀念碑)'를 세웠다.

4. 주산군도 관음신앙 동전(東傳)의 역참

『신당서』 및 한국『삼국유사』 등 사서(史書)의 기록에 따르면 829년 (唐 太和 3年) 신라로 귀환한 장보고가 "왕을 알현하고 말하기를 '중국에서 신라인을 노비로 삼으니 청해진(지금의 한국 동남쪽 완도)을 맡겨 주시면 도적들이 사람들을 잡아 서쪽으로 가지 못하게 하겠나이다.'라고 하였다. 청해는 해로의 요충지로 왕과 장보고의 병사들이 이를 지키니 태화 연간 이후 해상에서 신라인을 팔아넘기는 자가 없었다.[38] 여기에서 이른바 "遍中國以新羅人爲奴婢(중국에서 신라인을 노비로 삼는다)"라는 표현은 당시 신라에서 사람들, 특히 소녀들을 사들이는 일이 매우 성행하였으며 이들 소녀들이 신라 각지에서 한반도 서남 연해안지역으로 팔려간 다음 흑산도 등지에서 배를 이용하여 중국으로 실려 갔다는 사실을 보여주고 있다. 즉 흑산도 부근에는 천 년이 넘는 오랜 세월 동안 중국과 한반도를 오가는 배들이 있었다는 것이다.

전하는 바에 의하면 한국 고전소설『심청전』 중의 효녀 심청은 바다에 제사지내기 위한 제물로 팔려갔다. 심청은 맹인 아버지의 눈을 뜨게 해주기 위해 공양미 300석에 스스로 팔려가는 신세가 되었

---

37) [韓]朴現圭,「中國佛教聖地普陀山與新羅礁」,『浙江大學學報(人文社會科學版)』第33卷 第1期.

38) [宋]歐陽修 撰,『新唐書』卷二二〇,『東夷傳』, 上海古籍出版社, 1986年.

으나 심청의 효심이 상제를 감동시켜 용왕이 그녀를 구해주어 중국의 황후가 되었고, 그녀는 부모의 은혜에 보답하기 위해 570개의 관음상을 만들어 고국으로 보냈다. 이는 비록 전설이지만 한국에서는 누구나 아는 이야기로 실제 인물을 소재로 하고 있다고 알려져 있다. 근래 한국 곡성군(穀城郡)에서 전문가들이 곡성(穀城)의『옥과현성덕산관음사사적비기(玉果縣聖德山觀音寺事跡碑記)』를 근거로 심청의 본명이 원홍장(元洪莊)이며 중국 회계(會稽) 연해 출신의 거상 심국공(沈國公)에 의해 심가문(沈家門)으로 팔려간 후 심청으로 개명했다는 사실을 고증해냈다. 심가문은 오늘날의 보타산 맞은편에 있으며, 이곳에는 현재 '심청공원(沈淸公園)'이 있다. 심청이 관음상을 만들어 한국으로 보낸 일은 고대에 주산군도 관음신앙이 한반도로 전해진 역사적 사실을 암시하고 있으며, 나아가 한중 양국의 유구한 전통적 우호관계와 깊은 관음문화 교류의 연원을 상징하고 있다.

Ⅳ. 결어

한중 양국 간의 해상교류는 선사시대부터 이미 이루어졌다. 하모도(河姆渡) 사람들은 가장 원시적인 수상도구인 대나무뗏목(竹筏)과 가장 원시적인 교통방식인 표류(漂流)를 이용하여 주산군도에서 창해를 건너 흑산군도에 도착하였으며 중국 절강의 지석묘와 도작(稻作, 벼농사)문화, 그리고 간란(幹欄)식 건축[39] 등을 한국의 전라남도 등지에

---

39) 幹欄 : 중국 대륙 남방 소수민족의 주택건축형식 중 하나. 高欄, 閣欄, 麻欄이라고도 부름. 2개의 층으로 나뉘어져 있는데 일반적으로 목재나 대나무로 말뚝, 마루판, 그리고 상층의 벽을 만들고 하층은 트여 있으며 담은 벽돌,

전했다. 당송 이래, 중국 강남과 한반도를 오가던 선박들은 대부분 고대 한중 해상교통 요로인 주산군도와 흑산군도를 경유했다. 예를 들어, 1323년 경(元朝) 한국 전라남도 신안(新安) 바깥쪽 해역에서 침몰한 신안 선박의 항행 노선은 송대 관방이 개척한 항로로 흑산군도는 '동아시아 해상실크로드'에서 주산군도와 같은 중요한 위치에 있었다.

1990년대와 21세기 초, 한중 양국 대나무뗏목이 세 차례에 걸쳐 바다를 건너 표류한 노선은 역사상 주산에서 한반도에 이르는 '동아시아 해상실크로드'와 일치한다. 즉 "중국 강남 → 주산군도 → 흑산군도 → 한반도" 노선은 현재 주산국제유람선의 한국 관광노선과 일치한다. 21세기에 들어와 보타산 불교문화연구소 연구원 왕련승(王連勝)과 한국 군산대학교 김덕수(金德洙) 교수의 공동 노력으로 신라초, 고려도두 등 역사유적이 잇따라 발견되면서 당송 시기 한국, 중국, 일본 등 동아시아 국가 간의 활발했던 해상교류가 증명되었다. 2015년 8월, 주산주가첨려유공사(舟山朱家尖旅遊公司)의 투자로 건조된 '강남범벌(江南帆筏, 돛을 단 뗏목)'은 과거 세 차례에 걸쳐 이루어진 한중 대나무뗏목 표류의 복원으로 동아시아 지중해권 고대 해상교통 노선을 다시 항해함으로써 주산군도와 흑산군도 해양문화 교류의 증거가될 것이다. 또한 "일대일로(一帶一路, One Belt One Road, '실크로드경제벨트와 21세기 해상실크로드'의 줄임말)"라는 중국 국가전략에 힘입어 주산군도와 흑산군도는 장차 '21세기 해상실크로드'의 중심 거점으로서 고대 한중교류의 성황(盛況)을 재현할 중요한 역할을 담당하게될 것으로 믿는다.

석재, 진흙 등으로 지면에서부터 쌓아올림. 지붕은 '人'자형으로 나무껍질, 풀 혹은 기와로 덮음. 상층에는 사람이 살고 하층에는 가축을 기르거나 농기구를 놓아 둠.(역자 주)

참고문헌

[한국]

金德洙, 2010,「中國江浙地域的新羅人遺跡調査研究」, 金健人 主編,『韓國研究』
　　　第11輯.

曹永祿, 2007,「再論普陀山潮音洞不肯去觀音殿的開基說」, 金健人 主編,『韓國研
　　　究』 第8輯, 沈陽 : 遼寧民族出版社

尹明喆, 2006(2),「한국의 해상 교류와 바닷길」, 한국국제교류재단,『Koreana』.

朴現圭, 2003(1),「中國佛敎聖地普陀山與新羅礁」,『浙江大學學報』(人文社會科學
　　　版).

姜鳳龍(也稱江峰龍), 2000,「張保皐的海上交易活動與黑山島的繁榮」, 曲金良 主
　　　編,『海洋文化研究』, 北京 : 海洋出版社.

[중국]

王力军, 2011,『宋代明州与高丽』, 北京 : 科学出版社.

包伟民, 2010(6),「舟山群岛 : 中外文化交流的聚焦点 : "岛屿与异文化的接触"研
　　　究案例试论」,『浙江学刊』.

林士民·沈建国, 2002,『万里丝路 - 宁波与海上丝绸之路』, 宁波 :『宁波出版社』.

金健人, 2001,『中韩海上交往史探源』, 北京 : 学苑出版社.

王连胜, 1999,『普陀洛迦山志』, 上海 : 上海古籍出版社.

토 론

김 덕 수(군산대학교)

먼저 중국학자 왕문홍(王文洪) 교수의 훌륭한 발표에 감사드립니다. 본 논문은 중국 송대를 중심으로 고대 흑산군도와 중국 주산군도 간의 경제, 문화 교류를 고찰하고 이 두 지역이 '동아시아 지중해'의 번영을 촉진했으며 '동아시아 해상실크로드'의 형성 및 발전에 중요한 공헌을 했다는 견해를 제시하고 있습니다.

송대, 명주(明州)는 한중 무역의 핵심 항구이자 관방 왕래의 유일한 항구였습니다. 명주에서 출발하는 남방항로는 주산(舟山) 경내에 있는 것으로, 역사적으로 세 가지 항로가 병존했었는데, 이는 당시 한중 양국의 교류가 상당히 빈번했음을 보여줍니다. 명대, 최부가 폭풍을 만나 주산군도 해상으로 표류한 사실을 기록한 『표해록(漂海錄)』은 한중 해상교류사의 중요한 문헌이며, 청대에 최두찬(崔斗燦)이 풍랑을 만나 주산 부근에 표류한 사실을 기록한 『승사록(乘槎錄)』 역시 사학계가 역사상 한중 양국 교류를 연구하는 데 중요한 사료로 이 시기 중국의 해외 문헌 중 중요한 지위를 점하고 있습니다. 북송에는 한중 간의 해상교통과 교류가 대단히 빈번했는데 명주는 당시 무역의 주요 항구였고, 보타산(普陀山)은 명주 대외무역의 중요한 중계항이었으며, 특히 '고려도두(高麗道頭)'는 한중 양국 교류의 중요한 표지였습니다.

또한 보타산은 개산(開山) 이래 줄곧 한중 불교문화 교류의 중요한 창구였습니다. 북송 시기 고려로 떠난 사절단의 두 가지 신비로운 전설은 보타산이 국제적인 관음도량으로 발전하는 계기가 되기도 했습니다.

왕문홍 교수의 발표는 주산군도와 한반도의 교류 중 흑산군도의 다음과 같은 역할을 강조하고 있습니다. 첫째는 흑산군도가 한국과 중국의 경계선이었다는 것입니다. 둘째는 흑산군도가 주산군도에서 한반도에 이르는 첫 번째 관문이었다는 것입니다. 셋째는 흑산군도가 주산군도와 한반도 무역의 중계항이었다는 것입니다. 당대, '해상왕' 장보고는 한반도 남단의 유리한 지형을 이용한 중국, 일본과의 해상무역과 흑산군도를 중심으로 한 한중무역을 크게 발전시킴으로써 한중일 삼국 간의 해상무역을 독점하였고, 나아가 신라와 당 간 최대 무역상단의 수령이 되었습니다. 이처럼 빈번했던 동아시아 국제무역을 통해 흑산군도는 고대 해상교역의 중요한 거점으로 날로 번창했습니다. 보타산은 당대 명주를 출입하는 중국, 신라, 일본 및 남아시아 각국을 출입하는 선박이 필히 거쳐 갔던 곳으로 보타산 불교문화연구소 연구원 왕련승(王連勝)과 한국 군산대학교 김덕수 교수의 공동 노력으로 발견된 '동아시아 해상실크로드'의 실물 증거인 '신라초(新羅礁)'는 바로 장보고의 항해활동이 가장 왕성했던 시기에 형성되었을 것으로 추측됩니다. 넷째는 흑산군도가 주산군도 관음신앙 전파의 역참(驛站)이었다는 것입니다. 『심청전』 중 심청이 관음상을 만들어 한국으로 보냈다는 일화에 대한 기록은 고대 주산군도 관음신앙이 한반도로 전래된 역사적 사실을 상징하고 있는 것이며 한중 양국 간 유구한 전통적 우호관계와 심후한 관음문화 교류의 연원을 보여주는 것이라 할 수 있습니다.

한·중 양국 간의 해상교류는 선사시대부터 이루어졌는데, 대나무 뗏목의 표류라는 가장 원시적인 교통방식을 통해 바다를 건너 중국 절강의 문화와 건축 등을 멀리 한국의 전라남도 등지에까지 전파했습니다. '신안(新安) 침몰선'은 당시 한중일 삼국의 무역, 문화 교류의 성행 뒤에 감춰진 거대한 위험을 말해주고 있습니다. 오늘날 비약적으로 발달한 과학기술에 힘입어 조선술, 통신기재, 해양인지, 항해과학기술 등이 상당한 수준에 이르렀음에도 해난사고가 수시로 발생하고 있습니다. 하물며 수천 수백 년 전 당시의 상인, 학자, 관원들은 이 도처에 위험이 도사리고 있는 항로를 건너는 데 얼마나 큰 용기가 필요했을까요. 바로 이러한 두려움을 모르는 정신이 한중 무역의 번영과 문화 전파의 융성을 촉진시켰을 것입니다. 현재 한중 양국의 관방과 민간은 교류가 활발하고 문화가 빠른 속도로 전파되고 있으며, 상호 융화와 교역량 또한 부단히 증가하면서 양국 관계는 역사상 최고의 호시기를 향해 가고 있습니다. 2013년 중국 국가주석 시진핑[習近平]이 '21세기 해상실크로드' 전략 구상을 제시함으로써 영파(寧波) - 주산(舟山)이 21세기 해상실크로드 건설의 첨병이자 주력군으로 부상하였습니다. 세 차례에 걸쳐 바다를 건넌 한중 대나무뗏목의 표류 노선은 주산에서 한반도까지의 고대 "동아시아 해상실크로드"와 일치합니다. 이는 또한 현재 주산국제유람선의 한국 관광노선이기도 합니다. "옛 항로, 새로운 시대, 새로운 출항이 해상실크로드의 눈부신 미래를 창조합니다!" "일대일로(一帶一路, One Belt One Road)"의 국가전략에 따라 주산군도와 흑산군도는 장차 '21세기 해상실크로드'의 중심 거점으로서 고대 한·중 교류의 번성을 재현할 중요한 역할을 담당하게 될 것이라고 믿습니다.

　다음은 왕문홍 교수께 질의하고자 하는 몇 가지 문제입니다.

01   북송 서긍의 『선화봉사고려도경』 중의 '해도(海道)'는 어떤
     것입니까?

02   보타산(普陀山)에 왜 '고려도두(高麗道頭)'라는 지명이 있습니
     까?

03   보타산(普陀山) 관음도량의 형성과 '흑산해도(黑山海道)'는 무슨
     관계가 있습니까?

04   당조(唐朝) 흑산군도의 주산군도과 한반도 무역 중의 지위(역
     할)는 어떤 것입니까?

倭人及び日本人が航行した全羅道海域

－3~9世紀の事例 －

濱田耕策 (日本 九州大學)

Ⅰ. はじめに

日本列島から韓國と中國に往來した人々の民族や國家は中國と韓國の歴史書では倭や倭人や倭國と、また8世紀初以後では日本人や日本や日本國と記録される。この変化は日本が701年に大宝律令を制定して、對內外的に國号を日本と制定したことを反映する。

この倭人と日本人は韓國と中國に盛んに往來して政治外交と文化、経済交流を継續し、國家の体制と文化を形成してきた。倭人と日本人が韓中に通交する時、倭人と日本人を引き付けた求心点は主に政治と経済と文化の中心地の都や主要な地方都市であった。

新羅の都は600年余も金城(慶州)にあったから、倭人・日本人は新羅に通交するには對馬島の北部を出航して今日の甘浦や蔚山に上陸して慶州盆地に進んだのである[1]。

それでは、目を西に轉じて、この長い歴史のなかで、倭人と日本人は韓半島西南部の全羅道の海域をどのように航行したのかについて考察する

ことにしたい。

　この課題は容易ではない。日本・韓國・中國の古代國家が農民の生産活動を統治の主たる對象としていたから、農業地域の古代史料は豊富に殘っても海域の生産や交通に關する史料は乏しい。

　高麗時代以降、全羅道と慶尙道南部の生産物を貢納品として王都に收納する漕運が活發となり、またこの漕運船を倭寇が襲うと、中央政府では全羅道海域の海上治安を對策することが喫緊の課題となって、全羅道海域の航行と治安對策に關する史料は増加する。

　本報告は高麗時代以前に倭人・日本人が全羅道海域を航行した歴史を通觀して、この海域が倭國・日本と古代韓國の歴史のなかでどのように綜合的に理解ができるか、と言う課題を展望するものである。

Ⅱ．3世紀頃の倭人の航行

　中國の歴史書に記録された倭人では、『漢書』卷28下・地理志に「樂浪海中有倭人、分爲百餘國、以歲時來獻見云」の記事がある。前漢の武帝は紀元前108年に古朝鮮を討って、その都であった今日の平壤に樂浪郡を設置した。この樂浪郡から遙か遠い海の彼方に倭人がいると言うこの情報は、古朝鮮の時代以來に倭人が古朝鮮に往來していたか、倭人が古朝鮮の後の樂浪郡に往來していたか、或いは倭人よりも速く、かつ密接に古朝鮮と樂浪郡に交流していた3韓の民から知らされた倭人情報であろう。

　この倭人が樂浪郡を経由して後漢の光武帝に貢獻したのは57年のことであった。(『後漢書』卷115・倭伝「建武中元二年。倭奴國奉貢朝賀・使人自稱大夫。倭國之極南界也。光武賜以印綬」)

この後、3世紀初には公孫氏政權が樂浪郡の南半部を分割して帶方郡を設置した。倭國はこの樂浪と帶方の2郡が313年と翌年にそれぞれ高句麗によって滅ぼされるまで、2郡や魏の都の洛陽に使節を派遣した。

その経路は十分には明らかではない。しかし、倭人は「樂浪海中の人」と認識されていたことから、倭人の土地から韓半島を縦斷する陸路で2郡や魏の都に至ったのではなく、以下に見られるように、韓半島の南海を航行して西海を北に進んで2郡へ、そして再び西に航行して山東半島に上陸するや魏の都の洛陽に至ったと考えられる。

3世紀初の倭國の政治と社會を記録した『三國志』魏書・30卷・鮮卑烏丸東夷伝・倭人條(『魏志』倭人伝)には魏の使者が帶方郡から倭の伊都國に至った航路を次のように記録している[2]。

この韓半島の西海を南下する魏の使者の航路は、反轉すれば倭人が北上して帶方郡に至った航路でもある。

【對馬まで】「從郡至倭、循海岸水行、歷韓國、乍南乍東、到其北岸狗邪韓國、七千餘里。始度一海、千餘里至對馬國。其大官曰卑狗、副曰卑奴母離。所居絶島、方可四百餘里、土地山險、多深林、道路如禽鹿徑。有千餘戶、無良田、食海物自活、乖船南北市糴」

【現代語譯】「帶方郡より倭に至るには、海岸を遙かに見つつ航行する。韓の國を経て、南へ進み、また東に進んで、倭の北岸の狗邪韓國に到る。ここまで7千余里である。初めて海を渡ること千余里で對馬國に至る。その大官は卑狗、副官は卑奴母離という。ここは險しい島であり、四方は400余里であ る。土地は山が險しく、深い林が多い。道路は鳥や鹿の小道のよ

2) 藤堂明保外 譯註, 2010, 『倭國伝 - 中國正史に描かれた日本 - 』(講談社學術文庫).

うに細い。千余戸あり、良田は無く、海産物を食べて自活し、船に乗って南
北に品物を賣買している」

【壹岐まで】「又南渡一海千餘里、名曰瀚海、至一大國、官亦曰卑狗、副曰
卑奴母離。方可三百里、多竹木叢林、有三千許家、差有田地、耕田猶不足
食、亦南北市糴」

【現代語譯】「また、南に海を渡ること千余里、この海を名づけて瀚海とい
う、一大國に至る。その官はまた卑狗、副官は卑奴母離という。四方は
300里ほどであり、竹と木が深く茂っている。3千ほどの家があり、田地は
ややあるが、耕作しても食べるにはやはり不足する。また南北に品物を賣
買している」

【松浦まで】「又渡一海、千餘里至末盧國、有四千餘戸、濱山海居、草木茂
盛、行不見前人。好捕魚鰒、水無深淺、皆沈沒取之」

【現代語譯】「また海を渡り、千余里で末盧國に至る。4千余戸あり、山を
背にした海辺に生きている。草木が繁茂して前を行く人が見えない。魚
と鰒(アワビ)を良く捕る。海の深さを氣にもせずに、皆が水に深く潜って
漁をする」

【伊都國まで】「東南陸行五百里、到伊都國、官曰爾支、副曰泄謨觚、柄渠
觚。有千餘戸、世有王、皆統屬女王國、郡使往來常所駐」

【現代語譯】「東南に陸路を行くこと500里、伊都國に到る。官を爾支、副
官を泄謨觚、柄渠觚という。千余戸あり、王位が繼承されており、王は皆、
女王國に統屬している。帶方郡の使者は往來すれば、常にここに留まるこ
ととなる」

ここに帶方郡(黃海道)から伊都國(福岡市西區と糸島市一帶)に至る航路が記録されている。まず、黃海道の帶方郡から韓半島の海岸を東に遠望しつつ南に航行する。それは「韓國」即ち『魏志』韓伝に記録された馬韓の國々の西海上を南に進み、また東に進んで、倭の北岸の狗邪韓國に至る航路である。

　この航路は現代の地図では、臨津江と漢江の河口付近から韓國の西海岸に沿って木浦や珍島まで南下し、東に進んで金海に至り、ここから朝鮮海峡を渡海して對馬島に至り、また對馬海峡を渡海して壹岐島へ、さらに渡海して長崎縣北部の松浦に到着、そこから九州北岸を航行して福岡市西部の糸島平野に到着する航路である。

　『魏志』倭人伝は「帶方郡から倭の北岸の狗邪韓國に到る」航路については「循海岸水行、歷韓國、乍南乍東」と記録する。ただ、ここでは今日の韓國の西海の航路、即ち、京畿道から忠清道、全羅道へ南下する航路については詳細に記録していない。おそらく、韓の諸國は帶方郡に陸路で通交していたから、西海の中部をはじめとして南部に續く海上の地理情報は帶方郡に多くは蓄積していなかったのであろうか。

　ところで、この3世紀初に伊都國に至った航路と重なるように、14人の若者が仁川港から博多港までの1、189㎞の海路を長さ16.5m、幅2.2mの木舟に乗船して、264時間をかけて航行した現代の事例がある。1975年6月20日に仁川港を出航し、8月5日に博多港に到着した「野性号」の航海である[3]。

　さて、この帶方郡の使者が伊都國に至る航路を逆に航行すれば、倭人が伊都國から帶方郡に至る航路となる。倭人が2郡に通交したこの伊都 →

---

3) 角川書店, 1975,『野性時代』, 第2巻　第11号.

松浦 → 壹岐 → 對馬 → 金海 → 全羅道海域 → 黃海道の航路は3世紀以後にも盛んに倭人が航行していた。この航路は「日韓を結ぶ西方のメイン航路」となる。そこで、次に9世紀までのこの航路の航行事例を提示しよう。

Ⅲ. 4·5·6世紀頃の倭人の航行

ここでは4〜6世紀頃に倭人が全羅道の海域を北方に航行した事例を提示する。

1. 4世紀の事例

4世紀に倭人が全羅道海域を北上した事例は廣開土王碑文に見られる。

「(永樂)十四年甲辰而倭不軌侵入帶方界□□□□□石城□連船□□□王躬率□□從平穰□□□鋒相遇王幢要截盪刺倭寇潰敗斬殺無數」

倭人は4世紀末に百済軍とともに百済の宿敵である新羅を攻撃した。新羅は高句麗に救援を求めると、高句麗の廣開土王は永樂10年(400)には5万の歩騎軍を陸路に南下させて新羅の都を包囲する倭兵を任那加羅(慶南·咸安)まで撃退した。ところが、永樂14年(404年)には、倭は「不軌」にも帶方界(黃海道)にまで侵入してきた。

この時、倭人の船は百済の軍船とともに百済の西海を海岸に沿って北上したのである。倭人の航路は碑文には明記されていないが、百済の協力がなければ北上できないことから、全羅道海域を航行して百済の都の漢

城を流れる漢江河口付近から帶方界(黃海道沿岸)に侵入したのである。

2. 5世紀の事例

　倭人が全羅道の海域を航行した5世紀の事例ではよく知られた「倭の5
王」が中國の南朝である宋に派遣した朝貢船の航行がある。

　「倭の5王」とは『宋書』卷97・倭國伝に記録されているが、南朝の宋に朝
貢使を派遣した「讚、珍、濟、興、武」と言う倭國の5人の王のことである。讚
は421年と425年に遣使し、弟の珍も遣使して、濟は443年と451年に遣使
し、462年には濟の世子の興が遣使し、478年には興の弟の武が遣使したの
である[4]。

　5王は遣使する毎に除正を求請した。その除正とは「使持節」のほかに「都
督」する範圍を本國の「倭」のほかに「新羅、任那、加羅、秦韓、慕韓」を加え
た6國やさらに「百濟」を加えた7國の「諸軍事」と「安東大將軍」の將軍號を
授與された「倭國王」と冊封されることであった。

　そのなかで武王が除正を求請した上表文の一部は以下である。

【史料】「順帝昇明二年、遣使上表曰、封國偏遠、作藩于外、自昔祖禰、躬
擐甲冑、跋涉山川、不遑寧處。東征毛人五十國、西服衆夷六十六國、渡平
海北九十五國、王道融泰、廓土遐畿、累葉朝宗、不愆于歲。臣雖下愚、忝
胤先緒、驅率所統、歸崇天極、道逕百濟、裝治船舫、而句驪無道、圖欲見
吞、掠抄邊隷、虔劉不已、每致稽滯、以失良風。雖曰進路、或通或不」
【現代語譯】「順帝の昇明2年(478年)、使を使わして上表して申し上げま

---

4) 坂元義種, 1981, 『倭の五王 - 空白の五世紀 - 』, 教育社.

す。封國の倭國は宋王朝からは遠く、藩を外に作っています。昔より祖先は自ら甲冑を身に着け、山川を跋渉して遑(いとま)がありませんでした。東には毛人の55國を征服し、西には衆夷の66國を征服し、また海を渡っては95國を平定しました。王としての政治は安らかであり、國土を廣くして、王城の權威を遠くに及ぼしています。 代を繼いで朝貢を續けて欠かすこともありません。臣は愚(おろか)と言っても、忝(かたじけな)くも先祖を受け繼いで政治を行い、宋の朝廷に歸依することを願い、百濟を経て朝貢する船を整えています。ところが、高句麗は無道にも周辺を併合しようと辺境の民を略奪して殺すことを止めません。そこで朝貢することが滞り、良風を失い、朝貢できたり、朝貢できなかったりしています」

　5世紀後半期の武王のこの上表文には、倭王が南朝の宋に百濟を経て朝貢していた経緯が述べられている。高句麗の長壽王が南下策を強化したことで、百濟は475年には都を熊津に遷都せざるを得なかった。高句麗勢力の南下とこれによる百濟の混亂によって、倭王が宋に朝貢する航路が閉鎖される現狀を宋朝の順帝に訴えているのである。倭の武王は宋朝と共同して高句麗を撃つべく、高い冊封号を求請したのであった。
　5世紀にも、倭國王の使節が南朝に通交しており、さらに通交するには政治的には高句麗の南下を排除し、航路においては、百濟の仲介を得て全羅道海域の安全が確保されることが不可欠であったことが理解できる。
　一方、475年以前に百濟の都が漢城に置かれた時代では、百濟はこの海域を航行して倭國に向かっている。その1例は、『日本書紀』卷16の武烈天皇4年(502)條に「百濟新撰」の記事を引用して、百濟の武寧王の卽位記事のなかに、武寧王は父の琨支王子の夫妻が大和に向かう海上にある筑紫島で誕生したと記録している。これを武寧王陵出土の墓誌に記録された

王の没年と享年から判断すると、武寧王の父母が大和に向かった年は461年となる。

【史料】「武烈天皇4年(壬午502)是歳。百済末多王無道。暴虐百姓。國人遂除而立嶋王。是爲武寧王。＜百済新撰云。末多王無道暴虐百姓。國人共除。武寧王立。諱斯麻王。是混攴王子之子。則末多王異母兄也。混攴向倭時。至筑紫嶋、生斯麻王。自嶋還送。不至於京、産於嶋。故因名焉。今各羅海中有主嶋。王所産嶋。故百濟人号爲主嶋。今案嶋王。是蓋鹵王之子也。末多王、是混攴王之子也。此曰異母兄、未詳也＞」

今日、九州の佐賀縣唐津市の海上に加唐島がある。この島が武寧王の誕生地と推定されているが、この島は松浦から博多に航行する航路上にある。武寧王の父母が乗船した船は漢江河口付近から全羅道海域を経て、金海、對馬、壹岐、松浦そして博多を結ぶ3世紀以來の「日韓を結ぶ西方のメイン航路」を航行したと判斷される。

3．6世紀の事例

百済は高句麗に押されて475年に漢城から熊津に遷都し、538年には熊津から泗沘(扶餘)に再び遷都した。新都の泗沘は熊津から錦江を下った平野に位置する。後背地の農耕地帯を背景として、百済は盛期を迎えることとなった。しかし、北の高句麗と東の新羅との抗争は激しさを増し、倭國との交渉はより活發となっていた。

百済の王子や高官をはじめ、僧侶や技術者や儒學の博士が倭國に盛んに往來した。また、倭人も百済に往來した。百済と倭國の使者が相互に全

羅道海域を航行したのである。

辺山半島の竹幕洞祭祀遺蹟はこの海域の航海の安全を祈願する祭祀遺跡として注目される[5]。

ただ、百濟が2度の遷都とともに國家中興の事業基盤を南部に求めて加耶の地を侵食しつつ全羅道南部を漸次に獲得すると、百濟と倭國を結ぶコースに変化が現れた。「日韓を結ぶ西方のメイン航路」の難所である全羅道の西海域を避けて、熊津と泗沘から陸路を南下して蟾津江の河口に到り、この河口から出航して「日韓を結ぶ西方のメイン航路」のなかの東半分に相當する朝鮮海峡と對馬海峡を渡海する航路を進むことも始まったのである。

『日本書紀』卷17の継体天皇9年(515)2月條には、物部連が百濟の文貴將軍等を500人の水軍とともに百濟に送ったとある。一行は「沙都嶋」(巨濟島か?)を経て帶沙江(蟾津江)に進んだが、同年4月に伴跛の軍に襲われたから、文慕羅嶋に退いている。文慕羅嶋とは蟾津江の河口に近い南海島かと推定される[6]。翌年5月に、物部連らは蟾津江の中流の地と推定される己汶の地で百濟からやって來た木刕不麻甲背に慰勞され、やがて熊津に進んでいる。

【史料】「継体天皇九年(515)春二月甲戌朔丁丑。百済使者文貴將軍等請罷。仍勅、副物部連＜闕名＞遣罷歸之。＜百済本記云。物部至々連＞是月。到于沙都嶋。傳聞。伴跛人懷恨銜毒。恃強縱虐。故物部連率舟師五百。

---

5) 禹在柄, 2011,「竹幕洞祭祀遺蹟と沖ノ島祭祀遺蹟」,『宗像・沖ノ島と關連遺跡群』(宗像・沖ノ島と關連遺跡群世界遺産推進會議).

6) 末松保和, 1949,『任那興亡史』, 大八洲出版.(吉川弘文館, 1996,『古代の日本と朝鮮』, 末松保和朝鮮史著作集4, 91頁) ; 金鉉球, 1985,『大和政權の對外關係研究』, 吉川弘文館, 59頁 ; 山尾幸久, 1989,『古代の日朝關係』, 塙書房.

直詣帶沙江。文貴將軍自新羅去。夏四月。物部連於帶沙江停住六日。伴跛興師往伐。逼脫衣裳、劫掠所賽。盡燒帷幕。物部連等怖畏逃遁。僅存身命、泊汶慕羅。<汶慕羅、嶋名也>」

「継体天皇十年(516)夏五月。百濟遣前部木刕不麻甲背。迎勞物部連等於己汶。而引導入國。群臣各出衣裳斧鐵帛布。助加國物、積置朝廷。慰問慇懃。賞祿優節」

ここでは物部連等の一行は全羅道西の海域を航行せず、蟾津江の河口に上陸して陸路で百濟の都の熊津に進んだのである。

蟾津江の河口付近には『三國史記』地理志に南海郡は「海中之島」と注記されるが、この郡に所屬する蘭浦縣(本は內浦縣)や河東郡に屬する河邑縣(本は浦村縣)と言う船着場に由來する縣がある。

このなかで、河東郡は「本は韓多沙郡」であり、その屬縣の嶽陽縣は「本は小多沙縣」であったと言う。 即ち、河東郡は多沙(帶沙)の地であり、帶沙江の河口とその海浜地域は6世紀には百濟と倭國の間を航行する船の發着場であったことが理解できる。

『日本書紀』卷17の継体天皇23年(529)條には、百濟の聖明王が全羅道の多島海を航行する時には、波浪に遭遇して貨物が海水に濡れることを恐れて、倭國に向けて出航する港を「多沙の津」にと定めたことが記錄されている。

【史料】「継体天皇二三年(529)春三月。百濟王謂下哆唎國國守穗積押山臣曰。夫朝貢使者恒避嶋曲<謂海中嶋曲崎岸也。俗云美佐祁>每苦風波。因茲、濕所賽、全壞无色。請以加羅多沙津、爲臣朝貢津路。是以。押山臣爲請聞奏。

是月。遺物部伊勢連父根吉士老等。以津賜百濟王。於是。加羅王謂
勅使云。此津從置官家以來。爲臣朝貢津渉。安得輒改賜隣國。違元所
封限地。勅使父根等、因斯難以面賜。却還大嶋。別遣錄史、果賜扶余。
由是、加羅結儻新羅、生怨日本」

　即ち、この529年より倭國と百濟を結ぶ使節の船は蟾津江の河口付近
の多沙津を船着場として航行することとなった。百濟の都の熊津と多沙
津の間は陸行したことになる。
　また、『日本書紀』卷19の欽明天皇17年(556)條には百濟の王子の惠は倭
の兵の1千人に護られて南海島の港と推定される「彌弖(Mite)の津」に歸國
し、倭兵は航路の要所を警備したことが記録されている。

　【史料】「欽明天皇十七年(556)春正月。百濟王子惠請罷。仍賜兵仗良馬
甚多。亦頗賞祿。衆所欽歎。於是、遣阿倍臣佐伯連播磨直率筑紫國舟師、
衛送達國。別遣筑紫火君(百濟本記云、筑紫君兒、火中君弟)率勇士一千、
衛送彌弖(彌弖津名)。因令守津路要害之地焉」

　ただ、この蟾津江河口付近の船着場は加耶がこれまで管轄していたこ
とから、加耶は不滿を抱き、百濟と倭國から離れて新羅に接近したことか
ら、百濟と倭國と加耶との矛盾が顯在化している。
　ここで付言して置きたいことは、倭人が全羅道海域を航行することを
避けて蟾津江の河口付近を船着場としたのは、この海域の強風と波浪を
避けて安全を圖ったからである。
　また、欽明天皇17年(556)より3年前の『日本書紀』卷19の欽明天皇14年
(553)6月條には「六月。遣內臣＜闕名＞使於百濟。仍賜良馬二疋。同船二

隻。弓五十張。箭五十具」とあり、百濟に派遣する内臣に船2隻を與えたこ
とがある。

　この2隻の「同船」とは「もろきふね」(morokifune)と呼ばれる船であった。
「もろきふね」は、これより以前の皇極天皇元年(642)8月(『日本書紀』卷24)
に百濟に歸國する使者に「大舶と同船」の3艘を與えた「同船」と同じ構造
の船である。

　　【史料】「皇極天皇元年(642)八月己丑。百濟使參官等罷歸。仍賜大舶與
　　同船三艘。＜同船、母慮紀舟＞是日。夜半、雷鳴於西南角、而風雨。參官
　　等所乘船舶、觸岸而破」

　この「同船」即ち「母慮紀舟(もろきふね)」とは「多くの木を接合して
造った舟」[7]である。
　ここには「大舶」(おおつむ：ootumu)と「同船」(もろきふね)とあって、船
の形態と規模に差異があることが理解できる。
　「大舶」のことは『日本書紀』卷22の推古天皇10年(602)春2月條にも「來
目皇子爲擊新羅將軍。授諸神部及國造伴造等、幷軍衆二萬五千人」の記
事に續いて夏4月條に「將軍來目皇子到于筑紫。乃進屯嶋郡。而聚船舶運
軍糧」とあって、新羅を攻擊する來目皇子が25、000の兵士とともに筑紫に
行軍して軍糧を運ぶ「船舶」を準備している。
　この「船舶」は「つむ：tumu」と訓讀されるが「つむ」とは「大船の意」であ
る[8]。
　新羅攻擊の準備は將軍の來目皇子が死去したことなどにより中止と

---

7) 岩波古典文學大系,『日本書紀』下, 242쪽.
8) 岩波古典文學大系,『日本書紀』下, 178쪽.

なったが、7世紀初には倭國では百濟外交と新羅攻撃計畫を梃子として、船には「母慮紀舟(もろきふね)」と呼ばれる「同船」と「舶(つむ)」と「大舶(おおつむ)」が建造されていたことが理解される。

Ⅳ. 7世紀頃の倭人の航行

7世紀では倭人は全羅道海域をどのように航行したのであろうか。下記の5事例を檢証しよう。

〔事例①：遣隋使〕　遣隋使とは隋の周辺諸國が隋の皇帝に朝見すべく、都の洛陽に派遣した使者のことである。倭國の遣隋使の回數は『隋書』と『日本書紀』の記録が必ずしも一致しないことから、600年から614年までの間に3回、4回、5回あるいは6回とも說かれる[9]。

ここでは回數の問題を離れて、倭國の遣隋使と隋から倭國に派遣された使節の航路について考察しよう。

『隋書』卷81・倭國伝には大業3年(607)の倭國の遣隋使と、翌608年に隋の裵淸が歸國する倭國の使節を送った外交が記録されている。

> 【史料】「(大業4年)上遣文林郎裵淸使於倭國。度百濟行至竹島。南望聃羅國。經都斯痲國。迴在大海中。又東至一支國。又至竹斯國。又東至秦王國。其人同於華夏。以爲夷州。疑不能明也。又經十餘國。達於海岸。自竹斯國以東皆附庸於倭」

---

9) 坂元義種, 1980,「遣隋使の基礎的研究」,『日本古代の國家と宗敎』(井上薰敎授退官記念會編), 吉川弘文館.

208　신안 흑산도 고대문화 조명

この裴清が倭國に歸國する遣隋使とともに倭國に向かった航路は以下である。百濟を過ぎて「竹島」に「行き至り」、「南に聃羅國(濟州島)を望み」、「都斯痲國(對馬島)」を經由するまで遙かに大海を航行し、「東に一支國(壹岐島)」に至り、次に「竹斯國(筑紫・北部九州)」に至っている。

ここで「度百濟行至竹島」の一節を解釋したい。裴清はおそらくは山東半島の港を出航したであろう。即ち、「度百濟」である。百濟に到着してその後は「竹島」に「行至」したとある。「都斯痲國」を經て東に航行して「一支國」と「竹斯國」に至り、また東に「秦王國」に至ったのであるが、この航行については「至」とだけ表記している。

裴清が百濟おそらくは都の泗沘(扶餘)に入城して、「竹島」に至った行程を「行至」と記録していた。この「行至」とはその後の航行を「至」と表記したことと對照すれば、「陸路を歩行して」百濟の南端の「竹島」に「至った」ことを表現するものと推測される。

それでは「竹島」とはどこか。先に檢討したが、それは蟾津江の河口付近から倭國に航行する船着場のある島のことであり、その島とは海南島かと思われる。

このことは同書卷81の百濟伝の記録からも推測される。

【史料】「平陳之蔵(589年)。有一戰船漂至海東耽牟羅國。其船得還。經于百濟。昌資送之甚厚。幷遣使奉表賀平陳。高祖善之。下詔曰百濟王既聞平陳。遠令奉表。往復至難。若逢風浪。便致傷損。百濟王心跡淳至。朕已委知。相去雖遠。事同言面。何必數遣使來相體悉。自今以後。不須年別入貢。朕亦不遣使往。王宜知之」

隋の軍船が南朝の陳と戰って漂流し、耽牟羅國(濟州島)に漂着したが、

軍船は百済王昌(威徳王)の厚い保護を受けて隋に歸還できた。そこで、隋の高祖(文帝)は軍船を保護した百済の厚意に感謝する詔を下して、百済が隋に朝貢するには「風浪」の困難があることから、百済と隋は毎年の朝貢使とこれを送る送使の往來を免除している。

この事例があって8年後、裴清が倭國の遣隋使を送って百済の都に到着した後に「竹島に行至」したことは、裴清が百済の南海域を航行することの困難を理解していたに違いなく、この海域を避けて陸路で「竹島」に至ったとの推測が納得されるのである。

裴清が陸路で「行至」した百済の南端にあって、耽羅國(濟州島)を望む「竹島」とはやはり蟾津江河口に近い南海島かと推定される。

ところで、『隋書』卷81・百済伝には「國西南人島居者十五所。皆有城邑」と記錄しており、百済の西南に人の住む島が15カ所あって、島には城邑があることを記錄している。

即ち、この全羅道海域の多島海の描寫は隋の軍船の漂流や裴清がもたらした情報に基づく記事であろう。

〔事例②：遣唐使の3例〕日本の遣唐使は16回にわたって派遣された。その初回は630年8月に派遣された犬上三田耜(いぬかみのみたすき)である。この使節の往路の航路は不明であるが、632年8月に唐の高表仁に送られて對馬を経て歸國した。この時に新羅の使者も一行を送って來たことに注目したい。新羅の送使はその後にも日本の留唐學問僧等を送って來ている。

この時、唐使の高表仁は新羅の送使に倭國への航行を案内させたものと思われるが、では、この新羅の送使はどこから高表仁の一行に加わったのであろうか。

高表仁は山東半島を出航したであろうが、得物島や漢江河口付近の新羅の港(華城の唐城)に着くやそこから新羅人の送使を同行させたのであろうか。そうであれば、高表仁や倭國の遣唐使と新羅送使の一行は漢江河口付近の新羅の港から全羅道海域を経て對馬に至り、筑紫から大和に至ったこととなる。

　一方、633年正月に高表仁は唐に歸國するが、倭國では高表仁を對馬まで送っている。その後はこの新羅送使が高表仁を唐に送ったことになる。そこで、一行は全羅道の海域を避けて、對馬から北上して新羅の東海岸の栗津縣(後の東津縣)の港に着岸して上陸し、陸路で金城に入り、さらに漢江河口付近の港に進み、ここから再び山東半島に航行したかとも推測される。そうであれば、高表仁は倭國に向かうにも漢江河口付近の港で上陸し、そこから金城まで陸行して、栗津の海から航行して對馬を経て倭國に至ったとも推測される。

　倭國と中國の間を航行するに全羅道海域が航海の難所であることは隋ばかりでなく唐初にも中國人に認識されていたのではなかろうか。

　さて、第2回の遣唐使は653年5月に2艘の船に各々120人が乗って出航した。その1艘は7月に薩摩(九州・鹿兒島縣)と竹島(未詳)の間で遭難して120人のなかで5人のみが神島(未詳)に漂着している。この竹島は先述の百濟南端の「竹島」ではない。

　この遣唐使は壹岐と對馬を経て全羅道海域を航行していない。それはなぜか。出航時にはこの航路を採用したものの漂流したのか。当初から筑紫 → 松浦 → 五島列島を経て西に航行して唐の江南に至る航路を採用したのかは不明である。120人が乗る船は当時では大型船であろう。遭難の原因は船の規模や構造と大海の波浪のなかを航行する操船術とが合致していなかったのかも知れない。

654年2月には第3回の遣唐使である高向玄理らがやはり2艘の船で唐に向かった。2艘の船は前年に遭難した遣唐使船の航路を避けて、「新羅道」を航行して山東半島の莱州に到着した後に長安に至っている。

　「新羅道」とは筑紫 → 壹岐島 → 對馬島 → 全羅道海域 → 漢江河口付近 → 山東半島に至る航路である。先述した「日韓を結ぶ西方のメイン航路」を山東半島にまで延長した航路である。

　この年の7月には前年に派遣した2艘の遣唐使のなかの大使の1人である吉士長丹らが百済と新羅の送使に送られて筑紫に歸國している。吉士長丹らは往路では遭難せずに無事に渡海して、高宗皇帝に謁見している。

　第1回の遣唐使が新羅の送使に送られて倭國に歸國した事例を想起すれば、この第2回の遣唐使の吉士長丹が百済と新羅兩國の送使とともに歸國したことに注目される。山東半島から出航して漢江河口付近の新羅の港、おそらくは唐城を経て、ここで新羅の送使が、また百済の錦江河口付近の津に至って百済の送使が加わり、かの「新羅道」の航路を南方に航行して、全羅道海域を「乍南乍東(南へ進み、また東に進む)」航路を航行して歸國したのであろう。

　ところで、その後の658年7月には、倭國では僧智通と智達を「新羅船」に乗せて唐に送り、玄奘法師に學ばせている。これは倭國が前年に僧智達らを新羅に派遣して新羅の遣唐使に同行させて唐に送ることを新羅に要請したが果たせなかった外交の實行である。

　このことはこの時までに、倭國の第1回の遣唐使が新羅の送使に送られて歸國した事例(632年8月)や百済と新羅の送使に送られて歸國した事例(654年7月)があったのであり、そのことから、倭國では倭國と唐との間の中継の役割を新羅に依頼出來うる外交を切り開いたのである。

　僧智通と智達らは筑紫 → 壹岐島 → 對馬島を経て、慶尙道の甘浦(栗津

縣・後の東津縣)に着岸して、新羅の都に入り、やがて陸路に西海岸の唐城(華城)に進んで唐の山東半島に向けて出航したのであろう。ここに全羅道海域を航行せずに倭國と唐を結ぶルートが開かれたことになったが、このルートは倭國と新羅の關係が良好であってこそ活用されることになる。

　ただ、僧智通と智達が新羅に入國した658年7月以降、新羅が百濟を攻める援軍を唐に要請する使節を派遣する翌年4月まで、新羅が遣唐使を派遣した記録は中韓の史料に見出せないから、僧智通と智達は658年4月の新羅の遣唐使に同行したのであろうか。

〔事例③：伊吉連博德の報告〕　659年7月には第4回の遣唐使が派遣された。伊吉連博德はこの航行について「2艘の遣唐使船は8月11日に筑紫大津浦(博多)を出航し、9月13日に「百濟の南の畔の島」に到着、14日の寅の時刻(午前4時頃)に大海に出航したが、翌日には逆風に遭って南海の爾加委(未詳)に漂着して、島人に殺害された。逃げた人は浙江省の海岸に到着した」(『日本書紀』齊明天皇5年7月條)と報告した。

　この遣唐使は前述の新羅道を航行し、「百濟の南の畔の島」、即ち全羅道海域に到着したが、そこから南海、おそらく琉球列島に漂流したのである。

　倭國から唐に航行するには「新羅道」の前半に位置する海南島か、珍島かと推測される「百濟の南の畔の島」まで航行できても、そこから先の全羅道海域を航行するには順風を得なければ南海に漂流する危險が待っていた。

　また、唐の登州から倭國に歸國する船が出航後に航路に苦難する例がある。白雉4年(653)の遣唐使に隨って入唐した道照は玄奘三藏に師事して、齊明7年(661)に登州から出航したが、船が7日7夜の間漂流すると、道照は玄奘から頂いた鐺子(3足のなべ)を海中に投げ入れるや船は即座に進

行して歸國できたという(『續日本紀』文武天皇4年3月)。この道照の乗る
船が漂流したのはおそらくは全羅道海域であろう。

〔事例④：白村江の海戰〕倭國の船舶が全羅道海域を大いに航行したのは
662年5月のことである。170艘の船に亡國百濟の王子扶餘豊璋を乗せて
百濟の故地に送り、百濟復興運動に參戰した時である。 翌663年3月には
27、000人の兵が新羅を攻撃したが、これは前年に170艘の船が運んだ兵か
と思われる。

　そうであれば、この船団は「新羅道」(筑紫 → 壹岐島 → 對馬島 → 全羅
南海域)を航行して錦江の河口に至ったのである。倭國はこの白村江の海
戰で唐軍に敗北したが、果たして170艘の船のなかの何艘が白村江の海戰
場に到着していたのであろうか。

　『三國史記』新羅本紀・文武王下では倭船は1、000艘と記録する。『旧唐
書』卷84・劉仁軌伝には倭の軍船400艘がこの海戰で燒かれたと記録する。
170艘の記録とは數が大きく異なる。倭國船は白村江の河口に至る前に
全羅道の海域の難所で遭難と漂流した船もあったであろう。

　倭國はこの戰いで敗北するや、664年には對馬島と壹岐島と筑紫に烽火
と防人の兵士を配置した。唐の軍船が「新羅道」の航路を航行して來襲す
ることを恐れたからであった。

　671年11月には熊津都督府の郭務悰に率いられた百濟の遺民を含む2、
000人を乗せた47艘の船が「比知島」に停泊しており、この船數と人の規模
は倭國の防人を驚かすだろうとの憂慮が對馬から大宰府に届いている。

　47艘の船には各々に約43人が乗っていたことになるが、この船団が停
泊する「比知島」は全羅道の海域の島か、この海域から對馬島に至る中間
の島であろう。巨濟島の西南の比珍島にも推定される。[10]

〔事例⑤：遣耽羅使と遣高麗使〕 百済に付屬していた耽羅は661年5月23日
に始めて倭國に使者を派遣した。その経緯は伊吉連博德の報告が伝える。

　即ち、先述の第4回の遣唐使は661年4月8日に江南の舟山列島の樫岸山
の港から出航して9日間漂流して耽羅島に着岸したが、耽羅王子とともに
5月23日に筑紫の朝倉宮に至っている。この時以來、耽羅は9回の使節を
倭國に派遣してきた[11]。

　倭國が派遣した遣耽羅使が679年9月に歸國しており、684年10月3日に
も耽羅に使節を派遣した。この使節は翌年8月20日に歸國したが、この2
回の遣耽羅使の航路は記録がない。

　ただ、675年8月には耽羅王子の久麻伎が筑紫に至っており、初の耽羅
使も博多に至って朝倉宮に至ったことから、耽羅と倭國の間の航路は博
多から出航し、壹岐 → 對馬 → 全羅道の南海域 → 耽羅のコースか、或い
は博多から西に航行して松浦 → 五島列島 → 耽羅のコースかであろう。

　また、高句麗滅亡後に高句麗遺民の安勝は670年に全羅道の金馬渚に
亡命政權の報德國を建てたが(『日本書紀』では「高麗」と表記)、683年には
新羅の都の金城に移住していた。

　この間に報德國(高麗)は倭國にしばしば遣使した。倭國では681年7月
に新羅と高麗(報德國)に同時に使節を派遣し、使節は同年9月に同時に歸
國している。倭國は684年5月にも金城の報德國政權に使節を派遣し、こ
の使節は翌年9月に歸國した。[12]

　この報德國(高麗)使と遣報德國(高麗)使の倭國への往來は報德國(高麗)

---

10) 岩波古典文學大系,『日本書紀』下, 379쪽.

11) 森公章, 1986,「古代耽羅の歴史と日本 - 七世紀後半を中心として - 」,『朝鮮學
　報』第118輯(後 1998,『古代日本の對外認識と通交』, 吉川弘文館 所收).

12) 鈴木靖民, 1968,「百済救援の役後の百済および高句麗の使いについて」,『日本歴史』
　241.

が新羅の庇護下にあり、また金城にも置かれていたことから、倭國の遣報德國(高麗)使は對馬から甘浦の港に入港したものと推測される。即ち、681年7月に派遣した遣高麗(報德國)使は、その政權が全羅道の金馬渚にあっても、全羅道海域を航行してはいなかったと推測される。

Ⅴ. 8世紀頃の日本人の航行

百濟が滅亡すると倭國船が全羅道海域を航行することは少なくなった。倭國船の目的地である百濟の都の泗沘(扶餘)が政治外交の求心力を失ったからである。それに反して求心力を強めた新羅の都の金城に向けて倭國船は航行し、その外港の甘浦に向かうこととなった。

倭國と新羅の通交は6、7世紀にも盛んであった。新羅は7世紀の100年間に倭國に52回、8世紀では21回の使節を日本に派遣した[13]。『續日本紀』には677年5月には新羅人の朴刺破ら7人が五島列島の血鹿島に漂着しており、678年には使者の金消勿らは「海中で暴風」に遭遇して消息不明になったことが記録されている。

新羅の使者は金城の都を出發して東海岸の栗浦縣(757年に東津縣と改名、現・甘浦)或いは河曲縣(蔚山)から出航して、對馬 → 壹岐 → 博多津に進むが、對馬 → 壹岐の間で海上の惡風や波浪に遭って遭難することも無くはなかったのである[14]。

---

13) 濱田耕策, 2002,「新羅人の渡日動向 – 7世紀の事例 – 」,「中代・下代の内政と對日本外交 – 外交形式と交易をめぐって – 」,『新羅國史の研究 – 東アジアの視点から – 』, 吉川弘文館.
14) 濱田耕策, 2012,「新羅の東・西津と交易体制」,『史淵』第149輯.

また、8世紀では日本から新羅には12回の遣新羅使が派遣された。736年の遣新羅使の航路は『万葉集』巻15に記録されている。使節は大宰府の筑紫館から博多津に進み、ここから出航して筑前國志摩郡韓亭(からとまり) → 引津亭(ひきつのとまり) → 肥前國松浦郡狛島 → 壹岐島 → 對馬島淺茅浦 → 竹敷浦(たかしきのうら)へと航行した。その後の航路は記録されていないが、東津縣(甘浦)或いは河曲縣(蔚山)に入港したに違いない。博多から對馬島まではかの3世紀に帶方郡の使者が航行した「日韓を結ぶ西方のメイン航路」の對馬・朝鮮海峽を航行する航路である。

　では、8世紀に日本人は全羅道海域をいかに航行したのであろうか。

　まず、新羅は唐との通交が順調に進むことが國家運営では主要な政策のひとつであった。王都が國家の政治と経済と文化に占める比重の大きさを考慮すると、新羅では王都を半島の東南部から中西部に移すことが課題となるはずであった。しかし、新羅は遷都を行わず、王都が東南部に偏在し續けたのは、社會的・政治的に強固な骨品制の身分制度が存續したからであろうし、また、これまで構築した軍事防衛体制からも東南部の金城は王都として安定していたからである。

　國家の中央が東南部に存在し續けたことは、國家が西部と西南部に廣がる海域を統治することが求められことになる。聖德王は唐と渤海の紛爭に際して、732年に寧海軍使の冊封を受けて唐に援軍を送り、735年には浿江以南の土地を獲て海と陸から渤海を牽制することとなった。

　新羅の親唐策は末期まで継續し、新羅の遣唐使の派遣回數は累計200回近くにもなる[15]。新羅の遣唐使船は往復では400回近くも西海の海域

---

15) 權悳永, 1997, 『古代韓中外交史 - 遣唐使研究 - 』, 一潮閣(178回を確認している)；濱田耕策, 2008,「新羅の遣唐使 - 上代末期と中代の派遣回數 - 」,『史淵』第145輯.

を航行したのである。

　1回の遣唐使節団は何艘の船で渡唐したのであろうか。日本の遣唐使は20年に1回程度の派遣であった[16]。その1回の使節団は7世紀では2艘の船に120〜250人程、8世紀以降では4艘の船に600人ほどで構成されていた[17]。

　一方、新羅の遣唐使は3年間中に2回ほどの頻度で派遣されたから、その回數を考慮すると、1回の使節団は50人ほどが乗船する1艘で十分ではなかったかと推測される。後述するが、円仁が847年9月に登州から乗船して日本に向かった船は張保皐配下の新羅船1艘であったが、この船には44人が乗っていたことが参考となる。

　新羅の遣唐使は金城を出發して永川、尙州、忠州を経て華城の唐城鎮から西海の得物島を経て北西に進み、山東半島の登州の港に着岸、上陸するや新羅館に休息した後に陸路で長安に進んだのである。

　新羅の遣唐使船が西海の北部(黄海や渤海湾)海域を航行するにはこの海域の安全を確保する海洋政策が重要であった。聖德王は寧海軍使を冊封されると、渤海の軍船や海賊を警戒する職約を受けており、職約はまず浿江鎮の経営として實行された。この鎮は黄海道とこれに面する西海の北部海域とを経営することとなる。

　その一方、新羅は西海の南部海域にはどのように對策したのであろうか。百済と倭國は663年までの長い交流の歴史があった。前述したように、この間には兩國の船舶は百済の錦江河口の白村江(白口)や蟾津江河口の帯沙津と海南島の船着場から倭國の北部九州を結ぶ海路を盛んに

---

16) 東野治之, 2007, 『遣唐使』, 岩波新書.
17) 東野治之, 1999, 『遣唐使船 ‐ 東アジアのなかで ‐ 』, 朝日選書；上田雄, 2006, 『遣唐使全航海』, 草思社.

往來していた。

　しかし、日本の遣唐使は8世紀には博多津 → 松浦 → 五島列島(値賀島)に航行するや西に轉じて航行し唐の江南に到着する、所謂「南島路」や「南路」を航行した。對馬から半島南部の多島海を経て全羅道海域を航行し、山東半島に着岸することは無くなっている。

　7世紀末から8世紀の前半以後に、日本と新羅は國家意識の変化を背景として外交摩擦をしばしば發生させたから、日本の遣唐使は全羅道海域を北上して山東半島に進む「新羅道」の航路を忌避したとこれまで說かれてきた[18]。

　このことに加えて、この海域の時に險しい波浪の中で前述した伊吉連博德の報告にあるように、第4回の遣唐使船が全羅道海域で漂流して「南海の島」に漂着したことの経驗からも、この海域を航行する海上の知識と航海技術が十分に安全を確保するまでには日本側に蓄積していなかったか、と推測され、このことが日本の遣唐使が全羅道海域を避けたもう一つの理由かも知れない。

　その後、この海域の周辺で日本船が漂流した3例がある。まず、日本で反亂を起こした藤原廣嗣の海上逃亡である。藤原廣嗣は740年11月に知賀島(値賀島＝五島列島)から東風を得て四日間航行して耽羅島(濟州島)を望む海域に至ったが、東風は止まず、一晝夜を過ぎて西風を得て等保知賀島(遠値賀島＝五島列島)の白都島に押し戻され日本の官憲に逮捕されている。

　また、8世紀では日本の遣唐使は全羅道海域を航行しなかったが、遣唐使が唐の揚州や蘇州から出航して日本に歸國する海路で惡風に遭って漂

18) 森克己, 1955,『遣唐使』, 至文堂 ; 森公章, 2010,『遣唐使の光芒 - 東アジアの歴史の使者 - 』, 角川選書.

流すると濟州島に漂着することもあった。

　778年9月頃に楚州塩城縣(江蘇省塩城縣)を出航した遣唐判官海上三狩らの船は濟州島に漂着して、11月10日に歸國した例がある。また、805年には歸國する遣唐使船は對馬に到着したが、この船は濟州島の海域を航行したに違いない。また、1船は肥前松浦の庇良島(平戸島)から遠値嘉島(五島列島)に向かったが、南風に流されて孤島に漂着している。孤島とは全羅道海域の島であろうか。

　日本の遣唐使船は江蘇省や浙江省の港湾を出航して五島列島に向かう航路上で惡風に遭遇すれば濟州島を含む全羅道海域を漂流することになる。 その爲に、日本は新羅とは外交關係が疎遠化するなかで、漂流者の保護を依頼することにもなったのである[19]。

VI. 9世紀頃の日本人の航行

　9世紀では日本人が全羅道海域を航行することはますます少ない。新羅人は國內の飢饉や盗賊の跋扈から逃れて全羅道の海上に出て唐や日本に渡っている。飢饉と盗賊は穀倉地帯の全羅道に多く發生したから、日本に渡った新羅人は全羅道海域を航行して對馬や遠値嘉島(五島)に到着する事例がしばしば起こっている。

　さて、この海域の制海權を掌握したのが新羅國王の寧海大使としての職約を代行する清海鎮大使の張保皐であった。張保皐は828年4月に莞島に清海鎮を築いて(『三國史記』新羅本紀)、この海域の制海權を掌握した

---

　19) 石井正敏, 1986, 「『古語拾遺』の識語について」, 『日本歷史』 第462号.

から、全羅道海域は平安を保っていた[20]。

　大宰府では839年7月に風浪に強靭な新羅船を造船することとなった。張保皐配下の新羅船がそのモデルであろう。大宰府が管理する博多津から新羅や唐に向かうにはそれまでの日本船では航行が困難であったことが新羅船を造船する背景でもあった。

　845年12月には、新羅人が康州(現・晋州)の公文書2通を持って、漂流した日本人50余人を送ってきたことがあった。この日本人の出港地は不明であるが、後述する事例のように、對馬や西九州の港から出航して濟州島や南海島の諸島に漂着したのであろう。[21]

　ところで、張保皐が841年11月に亡くなると、851年に清海鎮が廃止されるまでの間、全羅道海域を日本に向けて航行する一艘の新羅船があった。この船には44名のほかに日本の請益僧の円仁が乗っていた。円仁は入唐と巡礼と歸國の旅行を『入唐求法巡礼行記』に記録している。日記は9世紀半ばの唐の社會と仏教界、そして日唐の間の海上交通を伝えて貴重であり、全羅道海域の航海記録としても極めて希有である。[22]

　その部分は以下である。(　)内は筆者の注記。

【會昌7年(847)】

・7月20日。乳山の長淮浦で新羅人金珍の船に乗る。

・7月21日。登州に到着。勾当新羅使同十將の張詠に遭う。食糧を購入。

---

20) 濱田耕策, 2002,「王權と海上勢力 - 特に張保皐の清海鎮と海賊に關連して‐」,『新羅國史の研究 - 東アジア史の視点から‐』, 吉川弘文館.

21) 内藤雋輔, 1961,「新羅人の海上活動に就いて」,『朝鮮史研究』. 東洋史研究會では「康州」は「唐の嶺南道」と理解されるが誤りである.

22) 小野勝年, 1969,『入唐求法巡礼行記の研究』, 第4巻, 鈴木學術財団；深谷憲一譯, 1990,『入唐求法巡礼行記の研究』, 中公文庫.

・9月2日。赤山浦を出港・乗員は44名。眞東に一日一夜航行。

・9月3日。早朝に「新羅國西南の山並みを遠望」。東南に一日一夜航行。

・9月4日。曉に東に山島を見る。新羅國の西の熊州の西界である。終日・東南に進む。東西に山島が續く。二更(夜十時少し前)に高移島に停泊(全南の河衣島[『新増東國輿地勝覽』羅州には「荷衣島周三十里」とある]。武州の西南界に屬する。島の西北100里(約55km)に黑山島[『勝覽』羅州、周三十五里]がある。山体は「東西漸長」であり、3、400家が山中に住んでいる。

・9月5日。三更(夜の12時頃)に西北の風を得て出航。

・9月6日。卯の時(午前6時)に武州の南界の黃茅島(巨次群島の葛草島か)の泥浦(『勝覽』務安には「泥梯浦」がある)に停泊。丘草島とも言う。新羅國の第3宰相が馬を放牧する處(669年に金庾信ら官衙と官僚に馬の牧場を下賜している)。高移島から丘草島までは山島が連なる。東南の遙か彼方に耽羅島が見える。この丘草島は新羅の陸地から良風で1日の海上にある。 島守1人と武州太守の鷹匠2人が船上に來て、唐の勅使の一行500余人が都に來ていること、4月に日本國對馬の百姓6人が漁に出てこの島に漂流し、武州に囚われており、本國に送還されることを待っているが、1人は病死したことを伝えた。

・9月6、7日。無風。

・9月8日。悪い消息(張保皐暗殺後の混乱か、海賊の跋扈か)を聞いて驚き、無風のために出航できない。船上の人は鏡などを捨てて神を祭り風が吹くことを祈った。僧は島の神々に燒香して本國に無事に到着することを祈り、金剛経百卷を轉讀した。

・9月9日。五更(午前4時頃)に、無風のなか出航。浦口を出ると西風に遭い、帆を揚げて東に進む。山島の間を進む。南北に山島が重なっている。

巳時(午前十時前後)に雁島(巨文島か南海島?)に到着。新羅の南の界である。内家の馬の牧場がある。黄龍寺の荘園もある。人家が二三ヶ所にある。西南に耽羅島を望む。午後には風が良く、出航して山島に従って進み、新羅國の東南に至った。大海に出て東南に進んだ。

・9月10日。夜明けに、東方の遙か彼方に對馬島が見えた。午時(12時頃)に、前方に故國(日本)の山が見えた。東から西南に連なってはっきりしている。初夜(午後8時頃)に肥前國の松浦郡の北部の鹿島に停泊。

・9月11日。夜明けに筑前國判官の家人である大和武藏と島長がやって来た。

・9月15日。橘浦に到着。

・9月17日。博多の西南の能舉島に停泊。

・9月18日。鴻臚館前に至る。

・9月19日。鴻臚館に入って滞在する。

この日記から以下のことが考察される。

1. 全羅道の海域には平地が狭く山が海に迫った形の「山島」が群島をなしており、武州(光州)がこの海域を管轄していた。

2. 円仁の船が航行、停泊した島々は武州管内にある。この管内には『三國史記』地理志では船舶に由來して命名されたと思われる柏舟縣や艅艎縣のほかに海島や港に由來して命名された珍島縣、海邑縣(麗水)、碣島縣や會津縣、耽津縣等の郡縣が記録されているが、「山島」の名前までは記録されていない。

3. 円仁が日記に記した全羅南海域の島は高移島、黑山島、黄茅島(丘草島)、雁島である。このなかで黑山島が『新增東國輿地照覽』に記録されている。ただ、その他の山島の名前はいずれも新羅時代の島や浦

の名前であり、それは新羅人乗組員より知らされた名前であろう。

4. 後に、宋の徐兢は1123年5月に明州を出航して高麗の都の開城に向かってこの海域を北に航行した。その記録である『宣和奉使高麗圖經』巻35、海道では「黑山」「闌山島」「白衣島」「竹島」「群山島」等の大小の島々の景観を記録している[23]。

　ただ、円仁と徐兢の航路は南北の反對方向に逆方向であったから、船が航行し、2人が見聞した島が異なったこともあり、円仁の日記と徐兢の圖経とに記録された島の名前は300年近い時代の差があるとは言え、一致していない。

5. この海域は新羅朝廷の経濟基盤(馬の放牧地・海産物の供給地)となっていた。これは張保皐の暗殺後に清海鎮を廢止したことから、張保皐の経濟基盤を新羅國家が沒收したことによるものか、百済と高句麗の滅亡後の669年に馬の放牧地174ヶ所を官衙や官僚に分与したことがあったが、この時の放牧地か、後に新羅政府が設置したものか、この問題は檢討課題である。この海域の馬の放牧地は新羅時代以降にも継續していたことは『新增東國輿地勝覽』のこの海域についての記録からも確認される。

　さて、円仁が新羅船に乗って全羅道海域を日本に向けて航行した後、この海域を航行する日本人は見ない。渡唐する日本人僧は博多から西に航行して五島列島と江南を結ぶ「南路」を唐商人の船で往來することが主流

---

23) 森平雅彦, 2008,「高麗における宋使船の寄港地『馬島』の位置をめぐって－文獻と現地の照合による麗宋間航路研究序説－」,『朝鮮學報』第207輯 ; 森平雅彦, 2013,「黑山諸島水域における航路」,『中近世の朝鮮半島と海域交流』(森平編), 汲古書院.

となっていた。[24]

　842年5月には惠運が九州西部の五島列島の遠値嘉島から唐人の船に乗り、西に航行して江南の溫州に上陸し、847年には唐人の船で遠値嘉島に歸着して歸國した。

　853年7月16日には円珍が博多津を出航して値嘉島鳴浦(五島列島の奈留)に停停泊して、8月9日には唐に出航した。862年7月には眞如親王が博多から出航してやはり遠値嘉島から唐人とともに渡唐した[25]。円仁が新羅船でこの海域を日本に向けて航行したことは希有の例である。

　清海鎭が海上の治安維持を担当していた時代ではこの海域に海賊は跳梁しなかった。しかし、円仁一行も航行中に恐れていたことだが、海賊の跳梁が再發していたのである。円仁が航行する1年前の843年8月には對馬の防人が正月から8月6日まで新羅から鼓音が響いたとの新羅情報を大宰府に報告している。張保皐死後の李昌珍の亂やその鎭壓かと思われる。

　清海鎭が廢止された851年2月以後、西日本には新羅人の漂着が再び頻發し、やがて海上に不安を招くことになる。この不安は、新羅國や新羅人に内通する者が生まれることを警戒することにもなる。

　866年7月、肥前の基肆郡の大領山春永は新羅國に渡海して、兵器の技術を學んで仲間と對馬島を奪取しようとした、と誣告された。また、同年、隱岐國の前國守の越智貞原は新羅人とともに反逆を謀ったと密告された。このため、同年11月には、能登から大宰府に至る日本海側の海防を強化し、神仏に護國を祈願した程であった。

---

24) 森公章, 2013,「第二章 九世紀の入唐僧 – 遣唐僧と入宋僧をつなぐもの –」,『成尋と参天台五臺山記の研究』, 吉川弘文館.

25) 佐伯有淸, 1990,『円珍』, 吉川弘文館 ; 佐伯有淸, 2002,『高丘親王入唐記 – 廢太子と虎害伝説の眞相 –』, 吉川弘文館.

不安は現實化した。869年5月22日夜、新羅の海賊船2艘が博多湾に現れた。賊船は豊前から貢納された絹綿を略奪して逃亡したから、この事件は日本の國威を恥辱した事件として永く記憶されることになった。

　大宰府では、大鳥が廳舍に集まるという異変にも新羅の侵攻を危惧するなど、いよいよ神仏への祈願は高まり、博多湾の警備を強化した。

　翌870年2月には、新羅に捕らわれたという對馬の乙屎麻呂が逃げ歸るや、新羅國では材木を切り出して大船を建造し、また、兵士の訓練を行っているが、それは對馬島を掠奪する目的であるとの新羅人の風聞を伝えている。

　これが爲に、新羅への警戒心はいよいよ高まって、ついには新羅の貿易商人の潤淸ら30人は、先の豊前の絹綿を略奪した海賊の仲間であると疑われ、また大宰府管内に寄寓する新羅人も新羅の侵入が起こればこれに内通するであろうと警戒されて、ともに拘束され、9月には東日本の武藏、上總、陸奧國に移されている。

　また、この年11月には大宰少貳の藤原元利万呂が新羅國王と内通しているとの報告もあった。

　さらに、873年3月には、正体不明の2艘の船が、薩摩の甑島郡に漂着した。大宰府の報告によれば、乗船する60人のなかの「頭首」は渤海人の崔宗佐と大陳潤であったという。二人は唐に徐州平定の祝賀に派遣されたのだが、海難に遭って漂着したと言う。しかし、薩摩の國司は2人が「公驗」を持参せず、また「年紀」を正しく書かないことから、渤海國の使者であると言う自称に不審を抱き、彼らは新羅人が渤海人を僞称して日本の海浜情報を探るものと疑った。

　円仁は渤海の貿易船が山東半島の先端の靑山浦に停泊していたことを839年8月13日の『入唐求法巡礼行紀』に記録していたが、この船は張保皐

の死去の後にも黄海を舞台に貿易活動を行っていた渤海商船が漂流したものであろう。

889年、新羅では慢性的に窮乏する國家財政を補充するために賦稅の取り立てを嚴しくしたから、各地に反亂の起ったことが『三國史記』新羅本紀に記錄されている。地方民の窮乏と反亂は海浜では海賊となって海上の船や對岸の海浜を襲うこととなる。

893年5月には、新羅の海賊は肥前の松浦郡を、翌月の閏5月には九州中部の肥後の飽田郡を襲って逃亡した。翌894年になると、新羅海賊が2・3・4・9月と頻繁に對馬島等を襲っている。この内、9月の新羅海賊は45艘で對馬島を襲撃したが、文室善友らが善戰し賊の302人を殺害し、多數の兵器を獲得している。

この時に捕虜となった賢春は、不作と飢饉が發生したため、國家財政を補充するために、新羅國王の命令を受けて對馬島を襲ったと告白した。その規模は實に船は100艘、2,500人であったことから、新羅の國家的發動と判斷される。そうであれば、この對馬攻撃は525年後の世宗大王の「己亥の東征」に先行する「東征」であり、日本では時の年号に因んで「寬平の新羅海賊」と呼ばれて、ますます新羅海賊を警戒することとなった[26]。

一方、全羅道海域ではどうであろうか。892年に甄萱が全羅道に地方政權を樹立し、北部では894年10月に、弓裔が將軍を称して自立の運動を進めていた。後三國時代の到來である。

9世紀半ば以降に加速的に進行する新羅の地方統治の弱体化と農民反亂と海賊の跳梁、さらには後三國の鼎立の政治と軍事の情勢は日本をして新羅に對する不安と警戒を強くさせた。その爲に、日本では遣唐使は

---

26) 關幸彦, 1989, 「平安期・二つの海防問題 - 寬平期新羅戰と寬仁期刀伊戰の檢討 - 」,『古代文化』41巻10号.

894年に計畫されながらも、全羅道海域を含む海上治安の惡化を理由のひとつとして派遣は中止され、唐の滅亡までも派遣されなかった。

　日本の公的な使節が唐に派遣されない間、僧の唐への留學は9世紀半ば以降に盛んに博多や西九州に來航する唐の商船に搭乗して九州西部から五島列島を経て西に航行して江南に航行する「南路」を航行している[27]。

　907年5月には新羅の執事省と大宰府との間で牒の交換が行われ、922年6月には甄萱の使者の輝嵒が對馬に派遣されて、大宰府を介して日本との通交を求めた。しかし、日本は甄萱の政權を「全州王」であると理解して、新羅の地方政權とは外交を進めない姿勢から甄萱政權とは通交を拒絶したのである。

　こうした過程では日本人が全羅道海域を航行することは高麗時代にこの海域の制海權を王建が掌握した後のこととなる。

　999年10月に、對馬島民と思われる日本の道要と彌刀ら20戶が高麗に來投したことに續いて、相互に漂流民の送還が對馬や大宰府を介して進められた。1076年10月には日本國の僧と俗人の25人が靈光郡に到着して、高麗國王(文宗)の長壽を祈願する仏像を高麗王に獻上するために開城に進むことを求めて許されている(『高麗史節要』)。

　この後、日本商人は朝鮮半島の政治と経濟、文化の中心である開城に向けて、この全羅道海域を盛んに航行することになるが、それは11世紀を待たなければならなかった[28]。

---

27) 榎本渉, 2007,「明州市舶司と東シナ海海域」,『東アジア海域と日中交流 - 9~14世紀 - 』, 吉川弘文館 ; 榎本渉 2007,「新羅海商と唐商商」,『前近代の日本列島と朝鮮半島』(佐藤信・藤田覺編), 山川出版社.

28) 田島公, 2012,『日本・中國・朝鮮對外交流年表(稿) - 大宝元年~文治元年 - (增補改訂版)』, 私家版.

Ⅶ. おわりに

ここで本稿の要点を以下のようにまとめたい。

1. 倭人や倭國の使節は中國王朝の都が長安や洛陽に置かれた時代や、その郡縣である樂浪郡と帶方郡が韓半島の西北部に置かれた時代、さらに高句麗の都が平壤に、また百済の都が漢城と熊津と泗沘に置かれた時代、換言すれば倭人を引き付ける政治的・經濟的・文化的な求心力が韓半島の西北部と西中部にあった時代では、倭人は全羅道の海域をしばしば北方に航行し、政治と經濟そして文化の交流を進めた。

2. 一方、記録には残らないが、倭人や日本人は全羅道海域を航行し、經濟活動を進め、その痕跡を遺跡に残している。また、倭人や日本人は漂流して國家機關に關係することで、文獻に漂流のことが記録されることがあった。

3. この海域を航行する知識を蓄積した日本では、遣唐使は7世紀前半では博多 → 壹岐島 → 對馬島を経て西に進み、全羅道の海域を航行して山東半島に至る「新羅道」を航行した。

4. 8世紀では、新羅の都は東南部の慶州にあったから、遣新羅使は博多 → 壹岐 → 對馬と航行して北に進み、甘浦(東津)に入港して慶州の都に至った。それに反して全羅道の海域には日本人が航行することはそれまでに比べるとほぼ無くなった。7世紀末から8世紀以後では遣唐使は博多から西に航行して松浦 → 平戸 → 五島列島 → 種子島や奄美諸島 → 揚州等の江南に航行する「南島路」や五島列島 → 江南に航行する「南路」を採用して唐に向かうことと

なった。

5. 9世紀では、新羅國家の地方統治が混乱して、西南部には農民反亂と海賊が發生した。しかし、9世紀半ばでは張保皐の清海鎭が全羅道海域の制海權を掌握すると、海賊の横行は消滅して、張保皐配下の貿易船がこの海域を唐の山東半島と日本の博多に向かって航行した。

6. 841年11月に張保皐が暗殺されると、清海鎭勢力と新羅政府の對立はいよいよ激化し、清海鎭は851年に廢止され、配下の人々は全北の碧骨郡に強制移住させられて農民化した。その後、全羅道の海域では新羅政府の制海權は確立せずに海賊が再び横行することとなり、その爲に日本人はこの海域を不安視して航行することはなくなった。894年に日本では遣唐使の派遣を停止したのはこの海域での海賊の横行が原因のひとつであった。

7. 日本から唐に學んで歸國する學僧や渡唐する學僧は9世紀では唐の江南と西九州や博多津に航行する唐商船に乘って「南路」を航行した。

8. 10世紀に入ると、「全州王」の甄萱や弓裔や王建が全羅道海域の制海權を爭奪した。 936年に王建が後三國を統一して高麗を建國すると、この海域の制海權は王建が掌握するところとなった。
    高麗はしばしば大宰府に牒狀を送って通交を求めたが、日本では新羅海賊の警戒と新羅に代わった高麗の新政府に疑心を抱き、國交を開くには至っていない。

9. 999年10月に日本の道要と彌刀ら20戸が高麗に來投した。對馬島民と思われる20戸の高麗移住に續いて、相互に漂流民の送還が對馬・大宰府を介して進められた。

10. 1076年10月に、日本國の僧俗の25人が全羅道の靈光郡に至って、高麗國王(文宗)の長壽を祈願して造った仏像を高麗王に獻上するために開城に進むことを求めて許された交流を契機として、この後、日本商人は朝鮮半島の政治と経済、文化の中心である開城に向けて、この全羅道海域を盛んに航行することになった。

參考文獻

榎本涉, 2007,「明州市舶司と東シナ海海域」,『東アジア海域と日中交流 - 9~14世紀 - 』, 吉川弘文館.

榎本涉, 2007,「新羅海商と唐海商」,『前近代の日本列島と朝鮮半島』(佐藤信·藤田覺編), 山川出版社.

角川書店, 1975,『野性時代』, 2(11).

關幸彦, 1989,「平安期、二つの海防問題 - 寬平期新羅戰と寬仁期刀伊戰の檢討 - 」,『古代文化』41-10.

權悳永, 1997,『古代韓中外交史 - 遣唐使研究 - 』, 一潮閣.

金鉉球, 1985,『大和政權の對外關係研究』, 吉川弘文館.

內藤雋輔, 1961,「新羅人の海上活動に就いて」,『朝鮮史研究』, 東洋史研究會.

東野治之, 1999,『遣唐使船 - 東アジアのなかで - 』, 朝日選書.

東野治之, 2007,『遣唐使』, 岩波新書.

藤堂明保外 譯註, 2010,『倭國伝 - 中國正史に描かれた日本 - 』, 講談社學術文庫.

鈴木靖民, 1968,「百濟救援の役後の百濟および高句麗の使いについて」,『日本歷史』241.

末松保和, 1949,『任那興亡史』, 大八洲出版(吉川弘文館, 1996,『古代の日本と朝鮮』).

濱田耕策, 2002,「新羅人の渡日動向 - 7世紀の事例 - 」,「中代·下代の內政と對日本外交 - 外交形式と交易をめぐって - 」,『新羅國史の研究 - 東アジアの視点から - 』, 吉川弘文館.

濱田耕策, 2002,「王權と海上勢力 - 特に張保皐の淸海鎭と海賊に關連して - 」,『新羅國史の研究 - 東アジア史の視点から - 』, 吉川弘文館.

濱田耕策, 2008,「新羅の遣唐使 - 上代末期と中代の派遣回數 - 」,『史淵』145.

濱田耕策, 2012,「新羅の東·西津と交易体制」,『史淵』149.

山尾幸久, 1989,『古代の日朝關係』, 塙書房.

森公章, 1986,「古代耽羅の歷史と日本 - 七世紀後半を中心として - 」,『朝鮮學報』118.

森公章, 2010, 『遣唐使の光芒 - 東アジアの歴史の使者 - 』, 角川選書.

森公章, 2013, 「第二章 九世紀の入唐僧 - 遣唐僧と入宋僧をつなぐもの - 」, 『成尋と參天台五臺山記の研究』, 吉川弘文館.

森克己, 1955, 『遣唐使』, 至文堂.

森平雅彦, 2008, 「高麗における宋使船の寄港地『馬島』の位置をめぐって - 文獻と現地の照合による麗宋間航路研究序說 - 」, 『朝鮮學報』207.

森平雅彦, 2013, 「黑山諸島水域における航路」, 『中近世の朝鮮半島と海域交流』(森平編), 汲古書院.

上田雄, 2006, 『遣唐使全航海』, 草思社.

石井正敏, 1986, 「『古語拾遺』の識語について」, 『日本歴史』462.

小野勝年, 1969, 『入唐求法巡礼行記の研究』4, 鈴木學術財団.

深谷憲一譯, 1990, 『入唐求法巡礼行記の研究』, 中公文庫.

岩波古典文學大系, 『日本書紀』下.

禹在柄, 2011, 「竹幕洞祭祀遺蹟と沖ノ島祭祀遺蹟」, 『宗像·沖ノ島と關連遺跡群』.

田島公, 2012, 『日本·中國·朝鮮對外交流年表(稿) - 大宝元年～文治元年 - (增補改訂版)』, 私家版.

佐伯有清, 1990, 『円珍』, 吉川弘文館.

佐伯有清, 2002, 『高丘親王入唐記 - 廢太子と虎害伝説の眞相 - 』, 吉川弘文館.

坂元義種, 1980, 「遣隋使の基礎的研究」, 『日本古代の國家と宗教』, 吉川弘文館.

坂元義種, 1981, 『倭の五王 - 空白の五世紀 - 』, 教育社.

왜인 및 일본인이 항행한 전라도 해역

- 3~9세기의 사례 -

하마다 코사쿠 (일본 규슈대학)

번역_ **최 영 주** (경남발전연구원 역사문화센터)

Ⅰ. 시작하며

일본열도에서 한국과 중국에 왕래한 사람들의 민족이나 국가는 중국과 한국의 역사책에서는 왜, 왜인, 왜국 또한 8세기 초 이후로는 일본인, 일본, 일본국으로 기록된다. 이 변화는 일본이 701년에 다이호율령을 제정하여 대내외적으로 국호를 일본으로 제정한 것을 반영한다.

이 왜인과 일본인은 한국과 중국에서 활발하게 왕래하여 정치·외교와 문화, 경제교류를 계속하고 국가의 체제와 문화를 형성해 왔다. 왜인과 일본인이 한·중과 통교할 때, 왜인과 일본인을 끌었던 구심점은 주로 정치와 경제, 문화의 중심지인 수도와 주요한 지방 도시였다.

신라의 수도는 600년 금성(경주)에 있었기 때문에 왜인·일본인은 신라에 대한 통교는 대마도의 북쪽을 출항해서 오늘의 감포나 울산에 도착하여 경주 분지로 이동했다.[1]

그럼, 시점을 서쪽으로 돌려서, 긴 역사 속에서 왜인과 일본인은

---

1) 濱田耕策, 2012, 「新羅の東·西津と交易体制」, 『史淵』 第149輯.

한반도 서남부의 전라도 해역을 어떻게 항행했는지에 대해 살펴보고자 한다.

이 과제는 쉽지 않다. 일본, 한국, 중국의 고대국가가 농민의 생산활동이 통치의 주된 대상이었기 때문에 농업지역의 고대 사료는 풍부하게 남아 있어도 해역의 생산과 교통에 관한 사료는 부족하다.

고려시대부터 전라도와 경상도 남부의 생산물을 공납품으로 왕도에 수납하는 조운이 활발했고, 또한 이 조운선을 왜구가 습격하면, 중앙정부에서는 전라도 해역의 해상치안을 대책하는 것이 매우 중요한 과제가 되고, 전라도 해역의 항행과 치안대책에 관한 사료는 증가한다.

본고는 고려시대 이전에 왜인·일본인이 전라도 해역을 항행한 역사를 통관하여 이 해역이 왜국·일본과 고대 한국의 역사 속에서 어떻게 종합적으로 이해할 수 있는지, 그리고 앞으로의 과제를 전망하고자 한다.

Ⅱ. 3세기경 왜인의 항행

중국의 역사서에 기록된 왜인은 『한서』권28하· 지리지에 "낙랑 해중에 왜인이 있고, 나누어져 백여 국을 이룬다. 세시로써 오고 헌견하는 것으로 알려졌다." 기사가 있다. 전한의 무제는 기원전 108년에 고조선을 치고 그 수도였던 오늘의 평양에 낙랑군을 설치했다. 낙랑군에서 훨씬 먼 바다 저편에 왜인이 있다고 하는 이 정보는 고조선시대 이후에 왜인이 고조선에 왕래하고 있었던지, 왜인이 고조선 이후의 낙랑군에 왕래하고 있었던지, 혹은 왜인보다 빠르고 밀접하게 고조선과 낙랑군에 교류했던 삼한의 백성에게서 알려진 왜인의 정보일 것이다.

이 왜인이 낙랑군을 경유해서 후한의 광무제에 공헌한 것은 57년의 일이었다.(『후한서』권115· 왜전 「建武中元二年. 倭奴國奉貢朝賀· 使人自稱大夫. 倭國之極南界也. 光武賜以印綬」)

이후 3세기 초에는 공손씨 정권이 낙랑군의 남반부를 분할하여 대방군을 설치했다. 왜국은 낙랑과 대방의 2군이 313년과 이듬해 각각 고구려에 의해 멸망될 때까지, 2군과 위의 도읍인 낙양에 사절을 파견했다.

그 경로는 분명하지 않다. 그러나 왜인은 '낙랑 해중의 사람'으로 인식되고 있었기 때문에 왜인의 땅에서 한반도를 종단하는 육로로 2군과 위의 도읍에 이른 것이 아니라 다음에 보는 바와 같이, 한반도 남해를 항행해서 서해를 북쪽으로 이동하여 2군에, 그리고 다시 서쪽으로 항행하여 산동반도에 상륙하고, 위의 도읍인 낙양에 이르렀다고 생각된다.

3세기 초 왜국의 정치와 사회를 기록한 『삼국지』위서· 30권· 선비오환동이전· 왜인조(『위지』왜인전)에는 위나라 사신이 대방군에서 왜의 이토국(伊都國)에 이른 항로를 다음과 같이 기록하고 있다.[2]

이 한반도 서해를 남하한 위나라 사자의 항로는 반대로 하면, 왜인이 북상하여 대방군에 이르렀던 항로이기도 하다.

【對馬까지】 "從郡至倭、循海岸水行、歷韓國、乍南乍東、到其北岸狗邪韓國、七千餘里。始度一海、千餘里至對馬國。其大官曰卑狗、副曰卑奴母離。所居絶

---

2) 藤堂明保外 譯註, 2010,『倭國伝 – 中國正史に描かれた日本 – 』, 講談社學術文庫.

島、方可四百餘里、土地山險、多深林、道路如禽鹿逕。有千餘戶、無良田、食海物自活、乖船南北市糴"

【현대번역】 "대방군에서 왜에 이르는 것은 해안을 아득하게 보면서 항해한다. 한(韓)의 나라를 거쳐 남쪽으로 이동하거나 동쪽으로 이동하여 왜 북쪽의 구야한국(狗邪韓國)에 이른다. 여기까지 7천여 리이다. 처음 바다를 건너서 수천여 리에 쓰시마국에 이른다. 그 대관은 비구(卑狗), 부관은 비노모리(卑奴母離)이다. 이곳은 가파른 섬이며, 사방 400여 리이다. 땅은 산이 험하고, 깊은 숲이 많다. 도로는 조류와 사슴이 지나갈 정도로 좁다. 천여 호가 있고, 좋은 밭은 없으며, 해산물을 먹고 자활하며, 배를 타고 남북으로 물건을 판매하고 있다."

【壹岐 까지】 "又南渡一海千餘里、名曰瀚海、至一大國、官亦曰卑狗、副曰卑奴母離。方可三百里、多竹木叢林、有三千許家、差有田地、耕田猶不足食、亦南北市糴"

【현대번역】 "또한 남쪽 바다를 건너 수천여 리, 이 바다를 이름하여 한해라 하며 일대국(一大國, 一支國)에 이른다. 그 관은 또한 비구(卑狗), 부관은 비노모리(卑奴母離)이다. 사방 300리 정도였고, 대나무와 나무가 깊고 우거져 있다. 3천 정도의 집이 있고, 밭은 다소 있지만, 경작해서먹는 것은 역시 부족하다. 또한 남북으로 물건을 판매하고 있다."

【松浦 까지】 "又渡一海、千餘里至末盧國、有四千餘戶、濱山海居、草木茂盛、行不見前人。好捕魚鰒、水無深淺、皆沈沒取之"

【현대번역】 "또 바다를 건너 수천여 리로 말로국(末盧國)에 이른다.

4천여 호가 있고, 산을 배경으로 해서 해변에 살고 있다. 초목이 무성하여 앞에 가는 사람이 보이지 않는다. 물고기와 전복을 잘 잡는다. 바다의 깊이를 걱정하지 않고, 모두가 물에 깊이 잠수하여 조업을 한다.”

【伊都國까지】 “東南陸行五百里、到伊都國、官曰爾支、副曰泄謨觚、柄渠觚。有千餘戶、世有王、皆統屬女王國、郡使往來常所駐”

【현대번역】 “동남쪽으로 육로를 가서 500리, 이도국(伊都國)에 이른다. 관을 이지(爾支), 부관을 설모고(泄謨觚), 병거고(柄渠觚)라 한다. 천여 호가 있고, 왕위가 계승되며, 왕은 모두 여왕국에 통속된다. 대방군의 사자는 왕래하면 항상 여기에 머물게 된다.”

여기에 대방군(황해도)에서 이토국(후쿠오카시 니시구와 이토시마시 일대)에 이르는 항로가 기록되어 있다. 먼저 황해도 대방군에서 한반도의 해안 동쪽으로 원망하면서 남쪽으로 항행한다. 그것은 「한국(韓國)」, 즉 『위지』 한전에 기록된 마한국의 서쪽 해상을 남쪽으로 이동하거나, 동쪽으로 이동하여 왜 북쪽 해안의 구야한국(狗邪韓國)에 이르는 항로이다.

이 항로는 현대의 지도에서 임진강과 한강의 하구 부근에서 한국의 서해안을 따라 목포나 진도까지 남하하고, 동쪽으로 이동하여 김해에 이르고, 여기에서 대한 해협을 도해해서 쓰시마에 이르며, 또한 쓰시마 해협을 도해하고 이키 섬으로, 더 도해해서 나가사키현 북부의 마츠우라에 도착, 그곳에서 규슈 북쪽 해안을 항행해서 후쿠오카시 서부의 이토평야에 도착하는 항로이다.

『위지』 왜인전은 “대방군에서 왜 북쪽의 구야한국에 이르는” 항로에 대해서는 "해안을 아득하게 보면서 항해한다. 한(韓)의 나라를 거쳐 남쪽으로 이동하거나 동쪽으로 이동한다."고 기록한다. 다만, 여기에서는 오늘의 한국 서해 항로, 즉 경기도에서 충청도, 전라도로 남하하는 항로에 대해서는 자세히 기록하고 있지 않다. 아마도 한의 여러 국은 대방군에 육로로 통교하고 있었기 때문에 서해 중부를 비롯한 남부에 이어진 해상의 지리 정보는 대방군에 많이 축적하고 있지 않았을까.

그런데 이 3세기 초에 이토국에 이르렀던 항로와 중복되게 하여, 14명의 젊은이들이 인천항에서 하카다 항까지 1,189㎞의 항로를 길이 16.5m, 폭 2.2m의 목선에 승선해서, 264시간에 걸쳐 항행한 현대의 사례가 있다. 1975년 6월 20일 인천항을 출항하여 8월 5일에 하카다 항에 도착했다 '야성호(野性号)'의 항행이다.[3]

그런데, 이 대방군의 사자가 이토국에 이르는 항로를 역으로 항행하면, 왜인이 이토국에서 대방군에 이르는 항로가 된다. 왜인이 2군에 통교한 이토 → 마츠우라 → 이키 → 대마도 → 김해 → 전라도 해역 → 황해도의 항로는 3세기 이후에도 활발히 왜인이 항행하고 있었다. 이 항로는 '한·일을 잇는 서방의 주요 항로'가 된다. 그래서 다음으로 9세기까지 이 항로의 항행 사례를 제시하고자 한다.

---

3) 角川書店, 1975, 『野性時代』, 第2卷 第11号.

Ⅲ. 4·5·6세기경 왜인의 항행

여기에 4~6세기경에 왜인이 전라도 해역을 북쪽으로 항행한 사례를 제시한다.

1. 4세기의 사례

4세기에 왜인이 전라도 해역을 북상한 사례는 광개토왕 비문에 보인다.

> (永樂)十四年甲辰而倭不軌侵入帶方界□□□□□石城□連船□□□王躬率□□從平穰□□□鋒相遇王幢要截盪刺倭寇潰敗斬殺無數

왜인은 4세기 말에 백제군과 함께 백제의 천적인 신라를 공격했다. 신라는 고구려에 구원을 요청하여 고구려의 광개토왕은 영락 10년(400년)에는 5만의 보기군을 육로로 남하시켜 신라의 도읍을 포위하는 왜병을 임나가라(경남 함안)까지 격퇴했다. 그런데 영락 14년(404년)에는 왜구는 '불궤(不軌)'에도 대방 경계(황해도)까지 침입해 왔다.

이때 왜인의 배는 백제의 군선과 함께 백제의 서해 해안을 따라 북상한 것이다. 왜인의 항로는 비문에 명시되어 있지 않지만, 백제의 협력이 없으면 북상할 수 없기 때문에 전라도 해역을 항행하여 백제의 도읍인 한성을 흐르는 한강 하구 부근에서 대방 경계(황해도 연안)에 침입한 것이다.

2. 5세기의 사례

왜인이 전라도 해역을 항행한 5세기의 사례에서는 잘 알려진 '왜의 5왕'이 중국의 남조인 송에 파견한 조공선의 항행이 있다.

'왜의 5왕'은 『송서』권97·왜국전에 기록되어 있는데, 남조의 송에 조공사를 파견한 '찬·진·제·흥·무(讚·珍·濟·興·武)'는 왜국의 5명의 왕이다. 찬은 421년과 425년에 견사, 동생인 진도 견사, 제는 443년과 451년에 견사, 462년에는 제의 세자 흥이 견사, 478년에는 흥의 동생 무가 견사했다.[4]

5왕은 견사할 때마다 제정(除正)을 요청했다. 그 제정은 '사지절(使持節)' 외에 '도독(都督)'하는 범위를 본국의 '왜' 외에 '신라, 임나, 가라, 진한, 모한'을 더한 6국, 또한 '백제'를 더한 7국의 '제군사'와 '안동대장군'의 장군호를 수여받아 '왜국왕'이라고 책봉되었다.

그 가운데 무왕(武王)이 제정을 요청한 상표문의 일부는 다음과 같다.

【史料】 "順帝昇明二年、遣使上表日、封國偏遠、作藩于外、自昔祖禰、躬擐甲胄、跋涉山川、不遑寧處。東征毛人五十國、西服衆夷六十六國、渡平海北九十五國、王道融泰、廓土遐畿、累葉朝宗、不愆于歲。臣雖下愚、忝胤先緒、驅率所統、歸崇天極、道逕百濟、裝治船舫、而句驪無道、圖欲見吞、掠抄邊隷、虔劉不已、每致稽滯、以失良風。雖曰進路、或通或不"

【현대번역】 "순제의 승명(昇明) 2년(478년), 사신을 사용하여 상표하여 드립니다. 봉국의 왜국은 송왕조에서는 멀어서 번(藩)을 밖에서 만들

---

4) 坂元義種, 1981, 『倭の五王 - 空白の五世紀 - 』, 敎育社.

고 있습니다. 옛날부터 선조들은 스스로 갑옷을 입고, 산천을 두루 돌아다녀 짬(遑)이 없습니다. 동쪽으로는 모인(毛人)의 55국을 정복하고, 서쪽으로는 중이(衆夷)의 66국을 정복하며, 또 바다를 건너 95국을 평정했습니다. 왕으로서의 정치는 편안하며, 국토를 넓게 하여 왕성의 권위를 멀리 미치고 있습니다. 대를 이어 조공을 계속 빼놓을 수 없습니다. 신은 우(愚, おろか)라고 해도, 첨(忝, かたじけな)에도 선조를 이어 정치를 하고 송의 조정에 귀의하는 것을 소원하고, 백제를 거쳐 조공선을 갖추고 있습니다. 그런데 고구려는 무도하게도 주변을 합병하려고 변방의 백성을 약탈하고 살인을 멈추지 않습니다. 그래서 조공하는 것에 차질이 생겨, 순풍을 잃고, 조공을 하거나 조공을 하지 못하거나 하고 있습니다."

5세기 후반기 무왕의 상표문에는 왜왕이 남조 송에 백제를 거쳐 조공했던 경위가 기술되어 있다. 고구려 장수왕이 남하책을 강화해서, 백제는 475년 수도를 웅진으로 천도할 수밖에 없었다. 고구려 세력의 남하와 이에 따른 백제의 혼란을 통해, 왜왕이 송에 조공하는 항로가 폐쇄되는 현상을 송조의 순제에 호소하고 있다. 왜 무왕은 송조와 협력하여 고구려를 격파하기 위해 높은 책봉호를 요청한 것이었다.

5세기에 왜국왕의 사절이 남조에 통교하고 있으며, 또한 통교는 정치적으로 고구려의 남하를 견제하고, 항로에서는 백제의 중개를 얻어 전라도 해역의 안전이 확보되는 것이 필수적이었음을 이해할 수 있다.

한편, 475년 이전에 백제의 수도가 한성인 시대, 백제는 이 해역을 항행하여 왜국으로 향하고 있다. 그 한 예는 『일본서기』 권16의 무열천황 4년(502년)조에 「백제신찬」의 기사를 인용하여 백제 무령왕의 즉위기사 속에서 무령왕은 아버지 곤지왕자 부부가 야마토로 향하는 도중 해상의 치쿠시섬(筑紫島)에서 탄생했다고 기록하고 있다. 이를 무령왕릉에서 출토된 묘지에 기록된 왕의 몰년과 향년에서 판단하면, 무령왕의 부모가 야마토를 향한 연도는 461년이 된다.

【史料】"武烈天皇4年(壬午502)是歲。百濟末多王無道。暴虐百姓。國人遂除 而立嶋王。是爲武寧王。<百濟新撰云。末多王無道暴虐百姓。國人共除。武寧 王立。諱斯麻王。是混支王子之子。則末多王異母兄也。混支向倭時。至筑紫 嶋、生斯麻王。自嶋還送。不至於京、産於嶋。故因名焉。今各羅海中有主嶋。王 所産嶋。故百濟人号爲主嶋。今案嶋王。是蓋鹵王之子也。末多王、是混支王之 子也。此曰異母兄、未詳也>"

지금, 규슈 사가현 가라쓰시의 해상에 가카라시마(加唐島)가 있다. 이 섬이 무령왕의 탄생지로 추정되고 있는데, 이 섬은 마츠우라에서 하카다로 항행하는 항로상에 있다. 무령왕의 부모가 승선한 선박은 한강 하구 부근에서 전라도 해역을 거쳐 김해, 쓰시마, 이키, 마츠우라 그리고 하카다를 잇는 3세기 이래의 '한·일을 잇는 서방의 주요 항로' 를 항행한 것으로 판단된다.

3. 6세기의 사례

백제는 고구려에 밀려 475년에 한성에서 웅진으로 천도하고, 538년에는 웅진에서 사비(부여)로 다시 천도했다. 새 도읍인 사비는 웅진에서 금강을 내려오는 평야에 위치하고 있다. 배후지의 농경지대를 배경으로 백제는 전성기를 맞이하게 되었다. 하지만 북쪽의 고구려와 동쪽의 신라와의 항쟁은 격렬해져서 왜국과의 교섭은 더 활발하게 되었다.

백제 왕자나 고관을 비롯해 스님과 기술자나 유학의 박사가 왜국으로 활발히 왕래했다. 또한 왜인도 백제에 왕래했다. 백제와 왜국의 사신이 서로 전라도 해역을 항행한 것이다.

변산반도의 죽막동 제사유적은 이 해역의 항행 안전을 기원하는 제사유적으로서 주목된다.[5]

다만, 백제가 두 번의 천도와 함께 국가 중흥의 사업 기반을 남부에서 구하고, 가야의 땅을 침식하면서 전라도 남부를 점차 획득하여 백제와 왜국을 잇는 코스에 변화가 나타났다. '한·일을 잇는 서쪽의 메인 항로'의 험한 곳인 전라도 서쪽 해역을 피해 웅진과 사비에서 육로를 남하해서 섬진강 하구에 이르러, 이 하구에서 출항하여 '한·일을 잇는 서쪽의 메인 항로' 속의 동쪽 절반에 해당하는 대한해협과 쓰시마해협을 도해하는 항로를 진행하는 것도 시작되었다.

『일본서기』 권17의 계체천황 9년(515년) 2월조에는 물부련(物部連) 이 백제의 문귀(文貴)장군 등 500명의 수군과 함께 백제에 보냈다고 한다. 일행은 '사도도(沙都嶋, 거제도?)'를 거쳐 '대사강(帶沙江, 섬진 강)'에 갔지만, 같은 해 4월에 반파(伴跛)의 군에게 습격당하여, 문모라도(文慕羅嶋)로 물러난다. 문모라도는 섬진강 하구에 가까운 남해섬으로 추정된다.[6] 이듬해 5월에 물부련은 섬진강 중류의 땅으로 추정되는 기문의 땅에서 백제에서 온 목리불마갑배(木刕不麻甲背)에 위로되어

---

5) 禹在柄, 2011, 「竹幕洞祭祀遺蹟と沖ノ島祭祀遺蹟」, 『宗像·沖ノ島と關連遺跡群』 (宗像·沖ノ島と關連遺跡群世界遺産推進會議).

6) 末松保和, 1949, 『任那興亡史』, 大八洲出版.(吉川弘文館, 1996, 『古代の日本と朝鮮』, 末松保和朝鮮史著作集4, 91頁) ; 金鉉球, 1985, 『大和政權の對外關係研究』, 吉川弘文館, 59頁 ; 山尾幸久, 1989, 『古代の日朝關係』, 塙書房.

곧 웅진으로 가고 있다.

【史料】 "継体天皇九年(515)春二月甲戌朔丁丑。百濟使者文貴將軍等請罷。
仍勅、副物部連＜闕名＞遣罷歸之。＜百濟本記云。物部至々連＞是月。到于
沙都嶋。傳聞。伴跛人懷恨銜毒。恃强縱虐。故物部連率舟師五百。直詣帶沙江。
文貴將軍自新羅去。夏四月。物部連於帶沙江停住六日。伴跛興師往伐。逼脫
衣裳、劫掠所賷。盡燒帷幕。物部連等怖畏逃遁。僅存身命、泊汶慕羅。＜汶慕
羅、嶋名也＞"
"継体天皇十年(516)夏五月。百濟遣前部木劦不麻甲背。迎勞物部連等於己汶。
而引導入國。群臣各出衣裳斧鐵帛布。助加國物、積置朝廷。慰問慇懃。賞祿
優節"

여기에서는 물부련 등의 일행은 전라도 서쪽 해역을 항행하지 않고,
섬진강 하구에 상륙해서 육로로 백제의 도성인 웅진으로 간 것이다.

섬진강 하구 부근에는 『삼국사기』 지리지에 남해군은 '해중의 섬'
이라고 주기되었는데, 이 군에 속한 란포현(본래는 내포현)이나 하동
군에 속하는 하읍현(본래 포촌현)이라고 선착장에서 유래한 현이
있다.

이 가운데 하동군은 '본래 한다사군'이며, 그 속현의 옥양현은 '본래
소다사현'이었다고 한다. 즉, 하동군은 다사(대사)의 땅이며, 대사강의
하구와 해변지역은 6세기에는 백제와 왜국 사이를 항행하는 선박의
선착장이었던 것으로 이해할 수 있다.

『일본서기』 권17의 계체천황 23년(529년)조에는 백제의 성명왕이
전라도의 다도해를 항행하는 때에는 풍랑이 발생하여 화물이 바닷물
에 젖을 것을 두려워해서 왜국을 향해 출항하는 항구를 '多沙의 津'으로

결정한 것이 기록되어 있다.

【史料】"継体天皇二三年(529)春三月。百済王謂下哆唎國國守穂積押山臣曰。
夫朝貢使者恒避嶋曲＜謂海中嶋曲崎岸也。俗云美佐祁＞每苦風波。因茲、
濕所賷、全壞无色。請以加羅多沙津、爲臣朝貢津路。是以。押山臣爲請聞奏。
是月。遣物部伊勢連父根吉士老等。以津賜百済王。於是。加羅王謂勅使云。
此津從置官家以來。爲臣朝貢津渉。安得輒改賜隣國。違元所封限地。勅使父
根等、因斯難以面賜。却還大嶋。別遣錄史、果賜扶余。由是、加羅結儻新羅、
生怨日本"

즉, 이 529년부터 왜국과 백제를 연결하는 사절의 배는 섬진강
하구 부근의 다사진을 선착장으로서 항행하게 되었다. 백제의 도성
웅진과 다사진의 사이는 육행한 것이 된다.

또한, 『일본서기』 권19의 흠명천황(欽明天皇) 17년(556년)조에는 백
제의 왕자 혜(惠)는 왜의 병사 1천명으로 호위되어 남해도 항구로
추정된 '彌弖(Mite)의 津'으로 귀국하고, 왜병은 항로의 요지를 경비한
것이 기록되어 있다.

【史料】"欽明天皇十七年(556)春正月。百済王子惠請罷。仍賜兵仗良馬甚多。
亦頗賞祿。衆所欽歎。於是、遣阿倍臣佐伯連播磨直率筑紫國舟師、衛送達
國。別遣筑紫火君(百済本記云、筑紫君兒、火中君弟)率勇士一千、衛送彌弖
(彌弖津名)。因令守津路要害之地焉"

단, 이 섬진강 하구 부근의 선착장은 가야가 지금까지 관할했던
곳이기 때문에 가야는 불만을 품고, 백제와 왜국에서 떨어져 신라에

접근한 것으로, 백제와 왜국, 가야와 모순이 표면화되고 있다.

여기서 부언해두고 싶은 것은 왜인이 전라도 해역을 항행하는 것을 피하고, 섬진강 하구 부근을 선착장으로 한 것은 이 해역의 강풍과 풍랑을 피해서 안전을 도모했기 때문이다.

또한 흠명천황 17년(556)보다 3년 전 『일본서기』 권19의 흠명천황 14년(553년) 6월조에는 "6월, 內臣(이름 빠짐)을 백제에 사신으로 보냈다. 양마 2필, 동선(목선) 2척, 활 50장, 화살 50구를 하사하였다."고 백제에 파견하는 내신에 선박 2척을 준 적이 있다.

이 2척의 '동선'은 '모로키후네(morokifune)'라는 배였다. '모로키후네'는 이보다 이전 황극천황(皇極天皇) 원년(642년) 8월(『일본서기』 권24)에 백제에 귀국한 사자에게 '대박(大舶)과 동선(同船)'의 3척을 준 '동선'과 같은 구조의 선박이다.

【史料】 "皇極天皇元年(642)八月己丑。百濟使參官等罷歸。仍賜大舶與同船 三艘。＜同船、母慮紀舟＞是日。夜半、雷鳴於西南角、而風雨。參官等所乘 船舶、觸岸而破"

이 '동선' 즉 '모려기주(母慮紀舟, 모로키후네)'는 '많은 나무를 접합하여 만든 배'[7]이다. 여기에는 '대박(大舶, 오오츠무 : ootumu)'과 '동선(同船, 모로키후네)'이 있고, 배의 형태와 규모에 차이가 있는 것으로 이해할 수 있다.

'대박'의 것은 『일본서기』 권22의 추고천황(推古天皇) 10년(602) 봄 2월조에도 "내목황자(來目皇子)를 신라를 칠 장군으로 하였다. 여러

---

7) 岩波古典文學大系, 『日本書紀』 下, 242쪽.

신부(神部) 및 국조(國造), 반조(伴造)들을 합해서 군사 25,000명을 주었다."의 기사에 이어 여름 4월조에 "장군 내목황자가 치쿠시에 도착하였다. 다시 나아가 도군(嶋郡)에 주둔하여 선박을 모으고 군량을 날랐다."가 있고, 신라를 공격하는 내목황자가 25,000의 병사와 함께 치쿠시에 행군하고 군량을 운반하는 '선박'을 준비하고 있다. 이 '선박'은 '츠무(tumu)'로 훈독되는데, '츠무'는 '큰 배를 뜻함'이다.[8]

신라 공격의 준비는 장군인 내목황자가 사망한 것 등에 의해 중지되었지만, 7세기 초에는 왜국에서는 백제 외교와 신라 공격 계획을 지렛대로서, 배에는 '모려기주(母慮紀舟, 모로키후네)'라는 '동선'과 '박(舶, 츠무)', '대박(大舶, 오오츠무)'이 건조되어 있었다고 이해된다.

Ⅳ. 7세기경 왜인의 항행

7세기경 왜인은 전라도 해역을 어떻게 항행한 것일까. 아래의 다섯 사례를 검증하고자 한다.

〔사례① : 견수사〕 견수사는 수의 주변 제국들이 수나라 황제를 알현하기 위해, 도읍인 낙양에 파견한 사신이다. 왜국의 견수사의 횟수는 『수서』와 『일본서기』의 기록이 반드시 일치하지 않기 때문에 600년에서 614년 사이에 3회, 4회, 5회 또는 6회 정도라는 설이 있다.[9]

여기에 횟수의 문제를 떠나 왜국의 견수사와 수나라에서 왜국에

---

8) 岩波古典文學大系, 『日本書紀』下, 178쪽.
9) 坂元義種, 1980, 「遣隋使の基礎的研究」, 『日本古代の國家と宗敎』(井上薰敎授退官記念會編), 吉川弘文館.

파견된 사절의 항로에 대해서 고찰하고자 한다.

『수서』권81·왜국전은 대업 3년(607) 왜국의 견수사와 이듬해 608년 수나라 배청(裴淸)이 귀국하는 왜국의 사절을 보낸 외교가 기록되어 있다.

> 【史料】 "(大業 4年)上遣文林郎裴淸使於倭國。度百濟行至竹島。南望耽羅國。經都斯麻國。迥在大海中。又東至一支國。又至竹斯國。又東至秦王國。其人同於華夏。以爲夷州。疑不能明也。又經十餘國。達於海岸。自竹斯國以東皆附庸於倭"

이 배청(裴淸)이 왜국으로 귀국하는 견수사와 함께 왜국을 향한 항로는 다음과 같다. 백제를 지나서 '죽도'에 '행지(行至)', '남쪽으로 담라국(耽羅國, 제주도)을 바라보고', '대마도(都斯麻國)를 경유하기까지' 아득한 바다를 항행하여 '동쪽으로 일지국(一支國, 이키섬)'에 이른 다음, '죽사국(竹斯國, 치쿠시·북부규슈)'에 이르고 있다.

여기에서 도백제행지죽도(度百濟行至竹島)의 구절을 해석하고 싶다. 배청은 아마도 산동반도의 항구를 출항했다. 즉, '도백제(度百濟)'이다. 백제에 도착하고 그 후는 '죽도'에 '도백제'했다고 한다. '도사마국'을 거쳐 동쪽으로 항행하고 '일지국'과 '죽사국'에 이르고, 또 동쪽으로 '진왕국(秦王國)'에 이르렀는데, 이 항행에 대해서는 '至'라고만 표기하고 있다.

배청이 백제, 아마도 도읍인 사비(부여)에 입성하고, '죽도'에 이르렀던 행정을 '行至'라고 기록했다. 이 '行至'는 그 후의 항해를 '至'로 표기한 것과 대조하면, '육로(陸路)를 보행하여'백제의 남단에 '죽도(竹島)'에 '이르렀다'를 표현하는 것으로 추측된다.

그러면 '竹島'는 어디에 있는가. 먼저 검토했는데, 그것은 섬진강 하구 부근에서 왜국에 항행하는 선착장이 있는 섬이며, 그 섬은 남해도가 아닐까 생각된다.

이것은 같은 책 권81의 백제전의 기록으로도 추측된다.

【史料】 "平陳之歲(589年)。有一戰船漂至海東耽牟羅國。其船得還。經于百濟。昌資送之甚厚·并遣使奉表賀平陳。高祖善之。下詔曰百濟王旣聞平陳。遠令奉表。往復至難。若逢風浪。便致傷損。百濟王心跡淳至。朕已委知。相去雖遠。事同言面。何必數遣使來相體悉。自今以後。不須年別入貢。朕亦不遣使往。王宜知之"

수의 군선이 남조의 진과 싸우고 표류하여 탐모라국(耽牟羅國, 제주도)에 표착했는데, 군선은 백제왕 창(昌, 위덕왕)의 보호를 받고 수나라로 귀환했다. 그래서 수의 고조(문제)는 군선을 보호한 백제의 후의에 감사하는 조서를 내리고, 백제가 수나라에 조공하려면 '풍랑'의 어려움이 있다는 점에서 백제와 수나라는 매년 조공사와 이것을 보내는 송사의 왕래를 면제하고 있다.

이 사례가 있고 8년 후, 배청이 왜국의 견수사를 보내 백제의 수도에 도착한 후 '죽도로 행지'한 것은 배청이 백제의 남쪽 해역을 항행하는 어려움을 이해하고 있었던 것이 틀림없고, 이 해역을 피해 육로로 '죽도'에 이르렀다고 하는 추측이 납득이 된다.

배청이 육로로 '행지'한 백제의 남쪽에 있고, 탐라국(제주도)을 바라보는 '죽도'는 역시 섬진강 하구에 가까운 남해도로 추정된다.

그런데 『수서』 권81·백제전은 "國西南人島居者十五所, 皆有城邑"이라고 기록하고 있으며, 백제의 서남쪽에 사람이 거주하는 섬이 15개가 있고, 섬에는 성읍이 있음을 기록하고 있다.

즉, 이 전라도 해역의 다도해의 묘사는 수나라의 군선의 표류와 배청이 제공한 정보에 근거한 기사이다.

〔사례② : 견당사의 3예〕 일본의 견당사는 16차례에 걸쳐 파견되었다. 그 첫 번째는 630년 8월에 파견된 견상삼전사(犬上三田耜, 이누카미노 미타스키)이다. 이 사절단의 출국 항로는 불분명하지만, 632년 8월에 당나라의 고표인(高表仁)에 보내져 대마도를 거쳐 귀국했다. 이때 신라의 사자도 일행을 보내왔던 것에 주목하고 싶다. 신라의 송사는 그 후에도 일본의 유당(留唐) 학문승려 등을 보내오고 있다.

이때 당나라 고표인은 신라의 송사에 왜국으로의 항행을 안내시킨 것으로 보이는데, 그럼 이 신라의 송사는 어디에서 고표인의 일행에 가담한 것일까.

고표인은 산동반도를 출발했는데, 득물도와 한강 하구 부근의 신라 항구(화성의 당성)에 들어서면서 거기에서 신라인의 송사를 동행시킨 것일까. 그렇다면, 고표인과 왜국의 견당사, 신라 송사 일행은 한강 하구 부근의 신라 항구에서 전라도 해역을 거쳐 대마도에 이르러 치쿠시에서 야마토에 이르게 된다.

한편, 633년 정월에 고표인은 당나라에 귀국하는데, 왜국에서는 고표인을 대마도까지 보내고 있다. 그 후는 이 신라 송사가 고표인을 당나라에 보내게 된다. 그래서 일행은 전라도 해역을 피하고, 대마도에서 북상하여 신라의 동해안 율진현(후의 동진현) 항구에 도착하여 상륙, 육로로 금성에 들어가고, 한강 하구 부근의 항구로 이동하여 여기에 다시 산동반도로 항행했다고 추측된다. 그렇다면, 고표인은 왜국으로 향할 때에도 한강 하구 부근의 항구에 상륙하고, 거기에서 금성까지 육행하여 율진의 바다로 항행하여 대마도를 거쳐 왜국에 이르렀다고도 추측된다.

왜국과 중국 사이를 항행하는 것은 전라도 해역이 항해의 어려운 부분인 것은 수나라뿐만 아니라 당나라 초에도 중국인에게 인식된 것이 아닐까.

그런데, 제2회 견당사는 653년 5월에 2척의 배에 각각 120명이 타고 출항했다. 1척은 7월에 사쓰마(규슈 가고시마현)와 죽도(竹島, 미상)사이에서 조난된 120명 중에서 5명만 신도(神島, 미상)에 표착하고 있다. 이 죽도는 전술한 백제 남단의 '竹島'는 아니다.

이 견당사는 이키와 쓰시마를 거쳐 전라도 해역을 항행하고 있지 않다. 그것은 왜일까. 출항 시에는 이 항로를 채용했으나 표류하였는가? 처음부터 치쿠시 → 마츠우라 → 오도열도를 거쳐 서쪽으로 항행하여 당나라 강남에 이르는 항로를 채용했는지는 불분명하다. 120명이 탑승한 배는 당시 대형 선박일 것이다. 조난의 원인은 선박의 규모나 구조, 바다의 풍랑 속을 항행하는 조선술과 일치하지 않았던 것일지도 모른다.

654년 2월에는 제3차 견당사인 고향현리(高向玄理)들이 역시 2척의 선박으로 당나라로 향했다. 2척의 선박은 전년에 조난된 견당사 선박의 항로를 피하고, '신라도'를 항행하여 산동반도 내주에 도착한 후에 장안에 이르고 있다.

'신라도'는 치쿠시 → 이키섬 → 쓰시마 → 전라도 해역 → 한강 하구 부근 → 산동반도에 이르는 항로이다. 앞서 언급한 '한·일을 잇는 서쪽의 주요 항로'를 산동반도까지 연장한 항로이다.

이 해 7월에는 전년에 파견된 2척의 견당사 대사 중 1인인 길사장단(吉士長丹)이 백제와 신라의 송사에 보내져 치쿠시로 귀국하고 있다.

길사장단은 왕로(往路)에서 조난 없이 무사히 도해하여 고종 황제를 알현하고 있다.

제1회 견당사가 신라의 송사에 보내진 왜국에 귀국한 사례를 상기하면, 2차 견당사의 길사장단이 백제와 신라 양국의 송사와 함께 귀국한 것으로 주목된다. 산동반도에서 출항해 한강 하구 부근의 신라 항구, 아마도 당성을 거쳐, 여기에서 신라의 송사가 또한 백제의 금강 하구 부근의 진에 이르러 백제의 송사가 더해져, '신라도'의 항로를 남쪽으로 항행하여 전라도 해역을 '사남사동(乍南乍東, 남쪽으로 이동하고, 또한 동쪽으로 이동)'항로를 항행하여 귀국한 것이다.

그런데 그 후, 658년 7월에 왜국에서 승지통(僧智通)과 지달(智達)을 '신라선(新羅船)'에 실어 당나라에 보내고, 현장법사에게 배우게 했다. 이것은 왜국이 전년에 승지통 등을 신라에 파견하여 신라의 견당사에 동행시켜 당나라에 보내는 것을 신라에 요청했으나 이루지 못한 외교의 실행이다.

이것은 이때까지 왜국의 제1회 견당사가 신라의 송사에 보내져 귀국한 사례(681년 8월)나 백제와 신라의 송사에 보내져 귀국한 사례(654년 7월)가 있었으며, 그 때문에 왜국에서는 왜국과 당나라 사이의 중계 역할을 신라에 의뢰할 수 있는 외교를 개척한 것이다.

승지통과 지달들은 치쿠시 → 이키섬 → 쓰시마를 거쳐 경상도 감포(율진현, 후에 동진현)에 도착하여 신라의 수도에 들어가 바로 육로로 서해안 당성(화성)으로 이동하고, 당나라의 산동반도를 향해서 출항한 것이다. 여기에 전라도 해역을 항행하지 않고 왜국과 당나라를 연결하는 루트가 열렸지만, 이 루트는 왜국과 신라의 관계가 좋아야만 활용된다.

단, 승지통과 지달이 신라에 입국한 658년 7월 이후, 신라가 백제를 공격하고 원군을 당나라에 요청하는 사절을 파견한 4월까지, 신라가 견당사를 파견한 기록은 중·한의 사료에서 찾아지지 않기 때문에, 승지통과 지달은 658년 4월 신라의 견당사에 동행한 것일까.

〔**사례③ : 伊吉連博德의 보고**〕 659년 7월에는 제4회 견당사가 파견되었다. 윤길연박덕(伊吉連博德)은 이 항행에 대해서 "2척의 견당사선은 8월 11일에 츠쿠시 오츠진(하카타)을 출항하여, 9월 13일 '백제의 남쪽 기슭의 섬'에 도착, 14일 인(寅)시(오전 4시경)에 대해에 출항했지만, 다음날에는 역풍을 당하여 남해의 이가위(爾加委, 미상)에 표착하고 섬사람에게 살해되었다. 도망친 사람은 절강성의 해안에 도착했다.(『일본서기』 齊明天皇 5년 7월조)"고 보고했다.

이 견당사는 전술한 신라도를 항행하고 '백제의 남쪽 기슭의 섬', 즉 전라도 해역에 도착했는데, 거기에서 남해, 아마도 류큐열도에 표류한 것이다.

왜국에서 당나라에 항행하려면 '신라도'의 전반에 위치한 해남도 아니면 진도가 아닐까 추측되는 '백제의 남쪽 기슭의 섬'까지 항행할 수도 있지만, 거기에서 앞의 전라도 해역으로의 항행에는 순풍을 만나 남해에 표류할 위험이 기다리고 있었다.

또한 당나라의 등주에서 왜국에 귀국하는 배가 출항 후에 항로가 고난하는 예가 있다. 백치(白雉) 4년(653)의 견당사를 따라 입당한 도조(道照)는 현장삼장에 사사하여 제명(齊明) 7년(661)에 등주에서 출항했지만, 배가 7일 7야 동안 표류하여, 도조가 현장으로부터 받은 당자(鐺子, 3족의 나베)를 바다에 던지자 배는 즉시 진행하여 귀국할 수 있었다고 한다(『속일본기』 文武天皇 4년 3월). 이 도조가 탄 배가 표류한 것은 아마도 전라도 해역일 것이다.

〔사례④ : 백촌강의 해전〕 왜국의 선박이 전라도 해역을 많이 항행한 것은 662년 5월의 일이다. 170척의 배를 망국 백제의 왕자 부여풍장(扶餘豊璋)을 실고 백제의 고지에 보내어 백제 부흥운동에 참전했을 때이다. 이듬해 663년 3월에는 27,000명의 병사가 신라를 공격했는데, 이는 전년에 170척의 배가 나른 병사가 아닐까 생각된다.

그렇다면 이 선단은 '신라도'(치쿠시 → 이키섬 → 쓰시마 → 전라도 남해역)를 항행하여 금강 하구에 이른 것이다. 왜국은 이 백촌강 해전에서 당군에 패배했는데, 과연 170척의 배 중에 몇 척이 백촌강의 해전장에 도착했던 것일까.

『삼국사기』신라본기·문무왕하에서는 왜선은 1,000척으로 기록한다.『구당서』권84·유인궤전은 왜 군선 400척이 이 해전에서 소각되었다고 기록한다. 170척의 기록과는 수가 크게 다르다. 왜국선은 백촌강 하구에 이르기 전에 전라도 해역의 험한 곳에서 조난과 표류한 선박도 있었을 것이다.

왜국은 이 전투에서 패배하자 664년에 쓰시마와 이키섬, 치쿠시에 봉화와 방인의 병사를 배치했다. 당나라 군선이 '신라도'의 항로를 항행하여 내습하는 것을 두려워했기 때문이었다.

671년 11월에 웅진도독부의 곽무종(郭務悰)이 이끄는 백제 유민을 포함한 2,000명을 태운 47척의 배가 '비지도(比知島)'에 정박하고 있으며, 이 선박수와 사람의 규모는 왜국의 방인을 놀라게 한 우려가 쓰시마에서 다자이후에 전달되고 있다.

47척의 배에는 각각 약 43명이 타고 있었다고 하는데, 이 선단이 정박하는 '비지도'는 전라도 해역의 섬이거나 이 해역에서 쓰시마에 이르는 중간 섬이다. 거제도 서남의 비진도로 추정된다.10)

[사례⑤ : 견탐라사(遣耽羅使)와 견고려사(遣高麗使)] 백제에 부속된 탐라는 661년 5월 23일에 시작하여 왜국에 사신을 파견했다. 그 경위는 이길련박덕(伊吉連博德)의 보고가 전한다.

즉, 전술한 제4회 견당사는 661년 4월 8일에 강남의 주산열도의 정안산(檉岸山)의 항구에서 출항해 9일간 표류하고 탐라도에 도착했는데, 탐라 왕자와 함께 5월 23일에 치쿠시 아사쿠라궁에 이르고 있다. 이때부터 탐라는 9회 사신을 왜국에 파견해 왔다.[11]

왜국이 파견한 견탐라사가 679년 9월에 귀국하고 있으며, 684년 10월 3일에도 탐라에서 사절을 파견했다. 이 사절은 이듬해 8월 20일에 귀국했는데, 이 2회 견탐라사의 항로는 기록이 없다.

단, 675년 8월에는 탐라 왕자 구마지(久麻伎)가 치쿠시에 이르고, 첫 탐라사도 하카다에 이르러 아사쿠라궁에 이르렀기 때문에 탐라와 왜국 사이의 항로는 하카다에서 출항해서 이키 → 쓰시마 → 전라도 남쪽 해역 → 탐라의 코스이거나 혹은 하카다에서 서쪽으로 항행해서 마츠우라 → 오도열도 → 탐라의 코스이다.

또한 고구려 멸망 후에 고구려 유민 안승(安勝)은 670년에 전라도 금마저(金馬渚)에 망명 정권인 보덕국(報德國)을 세웠지만(『일본서기』에서는 「고려」로 표기), 683년에는 신라의 수도 금성으로 이주했다.

이 사이에 보덕국(고려)은 왜국에 자주 견사했다. 왜국은 681년 7월에 신라와 고려(보덕국)에 동시에 사절을 파견하고, 사절은 같은 해 9월에 동시에 귀국하고 있다. 왜국은 684년 5월에도 금성의 보덕국 정권에 사절을 파견하여 이 사절은 이듬해 9월에 귀국했다[12]

---

10) 岩波古典文學大系, 『日本書紀』 下, 379쪽.

11) 森公章, 1986, 「古代耽羅の歷史と日本 - 七世紀後半を中心として -」, 『朝鮮學報』 第118輯(後에 1998, 『古代日本の對外認識と通交』, 吉川弘文館에 所收).

이 보덕국(고려)사 및 견보덕국(고려)사의 왜국으로의 왕래는 보덕국(고려)이 신라의 비호 하에 있으며 또한 금성에도 놓여 있던 것에서 왜국의 견보덕국(고려)사는 쓰시마에서 감포의 항에 입항한 것으로 추측된다. 즉, 681년 7월에 파견한 견고려(보덕국)사는 그 정권이 전라도 금마저에 있어도 전라도 해역을 항행하지 않았다고 추측된다.

Ⅴ. 8세기경 일본인의 항행

백제가 멸망하여 왜국선이 전라도 해역을 항행하는 것은 적어졌다. 왜국선의 목적지인 백제 수도 사비(부여)가 정치외교의 구심력을 잃었기 때문이다. 그에 반해 구심력을 강화한 신라의 수도인 금성을 향해 왜국선은 항행하며 그 외항인 감포로 향하게 되었다.

왜국과 신라의 통교는 6, 7세기에 성행했다. 신라는 7세기의 100년 간에 왜국에 52회, 8세기에는 21회의 사절을 일본에 파견했다.[13] 『속일본기』에는 677년 5월에는 신라인 박자파(朴刺破) 외 7명이 오도열도의 혈록도(血鹿島)에 표착하고 있으며, 678년에는 사자의 금소물(金消勿)들이 '바다에서 폭풍'을 당해 소식불명이 된 것이 기록되어 있다.

신라의 사자는 도읍 금성을 출발하여 동해안의 율포현(757년 동진현으로 개명, 현재 감포) 또는 하곡현(울산)에서 출발하여 쓰시마 → 이키 → 하카다진으로 이동하거나, 쓰시마 → 이키 사이에서 해상

12) 鈴木靖民, 1968, 「百濟救援の役後の百濟および高句麗の使いについて」, 『日本歷史』 241.
13) 濱田耕策, 2002, 「新羅人の渡日動向 - 7世紀の事例 - 」, 「中代·下代の內政と對日本外交 - 外交形式と交易をめぐって - 」, 『新羅國史の硏究 - 東アジアの視点から - 』, 吉川弘文館.

의 악풍이나 풍랑을 당해 조난당할 수도 있다.[14]

또한 8세기에는 일본에서 신라에 12회 견신라사가 파견되었다. 736년의 견신라사의 항로는 『만엽집』권15에 기록되어 있다. 사절은 다자이후의 치쿠시관에서 하카다진으로 이동하고 여기에서 출발하여 치쿠젠국 시마군 한정(韓亭, 카라토마리) → 인진정(引津亭, 히키츠노토마리) → 히젠국 마츠우라군 고마시마(狛島) → 이키섬 → 쓰시마 아소우라(淺茅浦) → 죽부포(竹敷浦, 타카시키노우라)로 항행했다. 그 항로는 기록되어 있지 않지만, 동진현(감포) 또는 하곡현(울산)에 입항한 것이 틀림없다. 하카다에서 쓰시마까지는 3세기에 대방군의 사자가 항행한 '한·일을 잇는 서방의 주요 항로'의 쓰시마·조선해협을 항행하는 항로이다.

그럼, 8세기에 일본인은 전라도 해역을 어떻게 항행한 것일까.

먼저 신라는 당과의 통교가 순조롭게 진행되는 것이 국가운영에서 주요한 정책 중 하나였다. 왕도가 국가의 정치와 경제와 문화에서 차지하는 비중의 크기를 고려하면, 신라에서는 왕도를 반도 동남부에서 중서부로 옮기는 것이 과제가 될 것이었다. 그러나 신라는 천도를 하지 않고 왕도가 동남부에 편재되게 한 것은 사회적·정치적으로 강력한 골품제 신분제도가 존속했기 때문이며, 또한 지금까지 구축한 군사 방위체제에서도 동남부의 금성은 왕도로서 안정되어 있었기 때문이다.

국가의 중앙이 동남부에 계속 존재한 것은 국가가 서부와 서남부에 펼쳐진 해역을 통치하는 것이 요구된다. 성덕왕은 당나라와 발해의 분쟁 시, 732년에 영해군사의 책봉을 받고 당나라에 원군을 보냈고,

---

14) 濱田耕策, 2012, 「新羅の東·西津と交易体制」, 『史淵』第149輯.

735년 패강 이남의 땅을 취해 바다와 육지에서 발해를 견제하게 되었다.

신라의 친당 정책은 말기까지 계속되고, 신라의 견당사의 파견 횟수는 총 200회 가까이 된다.[15] 신라의 견당사선은 왕복 400회 가까이 서해 해역을 항행했다.

1회의 견당사절단은 몇 척의 배로 도당한 것일까. 일본은 견당사를 20년에 1회 정도 파견했다.[16] 그 1회의 사절단은 7세기에는 2척의 배에 120~250명 정도, 8세기 이후에는 4척의 배에 600여 명으로 구성되었다.[17]

한편, 신라의 견당사는 3년 동안에 2회 정도의 빈도로 파견되어 그 횟수를 고려하면, 1회의 사절단 50여 명 정도가 승선하는 1척으로 충분하지 않았다고 추측된다. 후술하지만, 엔닌이 847년 9월에 등주에서 승선해서 일본으로 향했던 배는 장보고 산하의 신라선 1척이었는데, 이 배에는 44명이 타고 있었던 것이 참고된다.

신라의 견당사는 금성을 출발해서 영천, 상주, 충주를 거쳐 화성의 당성진에서 서해 득물도를 거쳐 북서쪽으로 이동하여 산동반도 등주항에 도착하고, 상륙하여 신라관에서 휴식한 후에 육로로 장안으로 이동했다.

신라의 견당사선이 서해의 북부(황해와 발해만)해역을 항행하려면 이 해역의 안전을 확보하는 해양 정책이 중요했다. 성덕왕은 영해군사로 책봉되어 발해의 군선과 해적을 경계하는 직무를 받았으며, 직무는 먼저 패강진의 경영으로 수행되었다. 이 진은 황해도와 그에 접한

---

15) 權悳永, 1997, 『古代韓中外交史 - 遣唐使研究 - 』, 一潮閣(178회를 확인했음) ; 濱田耕策, 2008, 「新羅の遣唐使 - 上代末期と中代の派遣回數 - 」, 『史淵』 第145輯.
16) 東野治之, 2007, 『遣唐使』, 岩波新書.
17) 東野治之, 1999, 『遣唐使船 - 東アジアのなかで - 』, 朝日選書 ; 上田雄, 2006, 『遣唐使全航海』, 草思社.

서해 북부해역을 경영하게 된다.

한편 신라는 서해 남부해역에는 어떻게 대처했던 것일까. 백제와 왜국은 663년까지 긴 교류의 역사가 있었다. 전술한 바와 같이, 이 기간에는 양국의 선박은 백제의 금강 하구의 백촌강(白口)과 섬진강 하구의 대사진과 남해도의 선착장에서 왜국의 북부규슈를 연결하는 해로를 활발히 왕래했다.

그러나 일본의 견당사는 8세기에는 하카다진 → 마츠우라 → 오도 열도(値賀島)로 항행하거나 서쪽으로 돌아서 항행하여 당나라 강남에 도착하는 이른바 '남도로(南島路)'나 '남로(南路)'를 항행했다. 쓰시마 에서 한반도 남부 다도해를 거쳐 전라도 해역을 항행하고, 산동반도에 착안하는 것은 사라진다.

7세기 말에서 8세기 전반 이후 일본과 신라는 국가 의식의 변화를 배경으로 외교 마찰을 자주 발생시켰기 때문에 일본의 견당사는 전라 도 해역을 북상하여 산동반도로 이동하는 '신라도'의 항로를 기피했 다고 지금까지 알려져 있다.[18]

이외에 이 해역은 때로 거친 풍랑 속에서 전술한 이길련박덕의 보고에 있는 바와 같이, 제4회 견당사선이 전라도 해역에서 표류하고 '남해의 섬'에 표착한 경험에서도 이 해역을 항행하는 해상의 지식과 항해 기술이 충분히 안전을 확보하기까지는 일본측에 축적되지 못했 다고 추측되고, 이것이 일본의 견당사가 전라도 해역을 피했다고 하는 또 다른 이유일지도 모른다.

이후, 이 해역 주변에서 일본선이 표류한 3례가 있다. 우선 일본에서 반란을 일으킨 후지와라 히로쓰구(藤原廣嗣)의 해상 도망이다. 후지와

---

18) 森克己, 1955,『遣唐使』, 至文堂 ; 森公章, 2010,『遣唐使の光芒 - 東アジアの歴史 の使者 - 』, 角川選書.

라 히로쓰구는 740년 11월에 지하도(知賀島, 値賀島＝오도열도)에서 동풍을 얻고, 나흘간 항행하여 탐라도(제주도)를 바라보는 해역에 이르렀지만, 동풍은 밤낮으로 그치지 않는데다 그밖에 서풍을 맞아서, 보지하도(保知賀島, 遠値賀島＝오도열도)의 백도도(白都島)로 떠밀려 일본의 관헌에 체포되고 있다.

또한 8세기 일본의 견당사는 전라도 해역을 항해하지 않았지만 견당사가 당나라 양주나 소주에서 출발해서 일본으로 귀국하는 해로에서 풍랑을 당해 표류하게 되어 제주도에 표착한 적도 있다.

778년 9월경에 초주염성현(楚州塩城縣, 江蘇省 塩城縣)을 출발한 견당 판관 해상삼수(海上三狩)의 배는 제주도에 표착하여 11월 10일에 귀국한 예가 있다. 또한 805년에 귀국하는 견당사선은 쓰시마에 도착했지만, 이 배는 제주도 해역을 항행한 것이 틀림없다. 또한 1배는 히젠 마츠우라 비량도(庇良島, 히라도)에서 원치가도(遠値嘉島, 오도열도)를 향해 갔는데, 남풍에 휩쓸려 고도(孤島)에 표착하고 있다. 이 고도는 전라도 해역의 섬이었을까?

일본의 견당사선은 강소성이나 절강성의 항구를 출항하여 오도열도로 향하는 항로에서 풍랑을 당하면, 제주도를 포함한 전라도 해역을 표류하게 된다. 그리하여 일본은 신라와는 외교 관계가 소원화하는 가운데서도, 표류자의 보호를 의뢰하기도 했다.[19]

---

19) 石井正敏, 1986,「『古語拾遺』の識語について」,『日本歴史』第462号.

Ⅵ. 9세기경 일본인의 항행

9세기에는 일본인이 전라도 해역을 항행하는 것은 점점 더 적다. 신라인들은 국내의 기근과 도적의 발호에서 벗어나려 전라도 해상에 나와 당나라와 일본으로 건너갔다. 기근과 도적은 곡창지대 전라도에서 많이 발생했기 때문에 일본으로 건너간 신라인들은 전라도 해역을 항행하여 대마도과 원치가도(遠値嘉島, 오도열도)에 도착하는 사례가 종종 일어나고 있다.

그런데, 이 해역의 제해권을 장악한 것이 신라 국왕의 영해대사로서의 직무를 대행하는 청해진대사 장보고였다. 장보고는 828년 4월 완도에 청해진을 구축(『삼국사기』 신라본기), 이 해역의 제해권을 장악했기 때문에 전라도 해역은 평화를 유지하고 있었다.[20]

다자이후는 839년 7월 풍랑에 강한 신라선을 조선(造船)하게 되었다. 장보고 산하의 신라선이 그 모델이다. 다자이후가 관리하는 하카다진에서 신라와 당나라로 향하는데 일본선으로는 그때까지 항행이 곤란했던 것이 신라선을 조선하는 배경이기도 했다.

845년 12월에는 신라인이 강주(현 진주)의 공문서 2통을 가지고 표류한 일본인 50여 명을 보내왔던 적도 있었다. 이 일본인의 출항지는 불분명하지만, 후술하는 사례처럼 쓰시마와 서규슈 항구에서 출항하여 제주도와 남해도의 여러 섬에 표착한 것이다.[21]

그런데 장보고가 841년 11월에 죽자, 851년 청해진이 폐지될 때까지

---

20) 濱田耕策, 2002,「王權と海上勢力 - 特に張保皐の淸海鎭と海賊に關連して - 」,『新羅國史の硏究 - 東アジア史の視点から - 』, 吉川弘文館.

21) 內藤雋輔, 1961,「新羅人の海上活動に就いて」,『朝鮮史硏究』, 東洋史硏究會에서는 '康州'는 '唐의 嶺南道'라고 이해한다고 오인하고 있다.

전라도 해역에 일본으로 항해하는 1척의 신라선이 있었다. 이 배에는 44명 외에 일본의 청익승려인 엔닌이 타고 있었다. 엔닌은 입당과 순례, 귀국 여행을 『입당구법순례행기』에 기록하고 있다. 일기는 9세기 중엽 당나라의 사회와 불교계, 그리고 일·당 사이의 해상 교통을 전해주는 가치가 있으며, 전라도 해역의 항해 기록으로서도 매우 희귀하다.[22)]

그 부분은 다음과 같다. [   ] 안은 필자의 주이다.

【會昌 7年(847년)】

· 7월 20일. 유산(乳山)의 장회포(長淮浦)에서 신라인 김진(金珍)의 배를 탄다.
· 7월 21일. 등주에 도착. 구당신라사동십장(勾当新羅使同十將)인 장영(張詠)을 만나다. 음식을 구입.
· 9월 2일. 적산포를 출항, 승무원은 44명. 정동에 하루 밤새 항해.
· 9월 3일. 이른 아침에 신라국 서남쪽의 산맥을 원망함. 동남에 하루 밤새 항해.
· 9월 4일. 새벽에 동쪽으로 산도(山島)를 본다. 신라국의 서쪽 웅주(熊州)의 서쪽 경계이다. 하루 종일, 동남쪽으로 이동했다. 동서로 산도가 계속된다. 이경[밤 열시 조금 전]에 고이도(高移島)에 정박[전남 하의도. 『신증동국여지승람』 나주에는 '하의도 둘레는 30리'라고 한다]. 무주(武州)의 서남 경계에 속한다. 섬의 서북쪽 100리[약 55㎞]에 흑산도[『승람』 나주·주위 35리]가 있다. 산세는 '동서로 길게 뻗음'이며, 3,400호가 산중에 살고 있다.

---

22) 小野勝年, 1969, 『入唐求法巡礼行記の研究』, 第4卷, 鈴木學術財団 ; 深谷憲一譯, 1990, 『入唐求法巡礼行記の研究』, 中公文庫.

・9월 5일. 삼경[밤 12시경]에 서북의 바람을 얻고 출항.

・9월 6일. 묘시[오전 6시]에 무주의 남쪽 경계인 황모도[黃茅島, 거차군도의 갈초도?]의 진포[『승람』무안에는 '니제포(泥梯浦)'가 있다]에 정박. 구초도(丘草島)이라고도 한다. 신라국의 제3재상이 말을 방목하는 곳[669년 김유신 등 관아와 관료에게 말 목장을 하사하고 있다]. 고이도에서 구초도까지 산도가 이어진다. 동남쪽 아득한 곳에 탐라도가 보인다. 구초도는 신라의 육지에서 순풍으로 하루거리의 해상에 있다. 도수(島守) 1명과 무주 태수의 응장(鷹匠) 2명이 선내에 와서 당나라 칙사 일행 500여 명이 도읍에 온 것, 4월에 일본 쓰시마의 백성 6명이 고기잡이에 나갔다 이 섬에 표류하여 무주에 사로 잡혀 있으며, 본국으로 송환되는 것을 기다리고 있지만, 1명은 병사한 것을 전했다.

・9월 6·7일. 무풍.

・9월 8일. 나쁜 소식[장보고 암살 이후 혼란 또는 해적의 발호]을 듣고 놀라움. 무풍이기 때문에 출항할 수 없다. 선상 사람은 거울 등을 버리고 신을 기쁘게 해 바람이 불기를 기도했다. 그렇게 섬의 신들에게 분향하고 본국에 무사히 도착하는 것을 기도하고, 금강경 백 권을 독송했다.

・9월 9일. 5경[오전 4 시경]에 무풍 속 출항. 포구를 벗어나면 서풍을 만나 돛을 올려 동쪽으로 나아갔다. 산도 사이를 이동했다. 남북으로 산도가 겹쳐져 있다. 사시[오전 10시 전후]에 안도[雁島, 거문도 또는 남해도?]에 도착. 신라의 남쪽 경계이다. 내가의 말 목장이 있다. 황룡사의 장원도 있다. 인가가 23개소가 있다. 서남으로 탐라도를 바라본다. 오후에는 바람이 좋아 출항해서 산도에 따라 나아가고, 신라국의 동남쪽에 이르렀다. 대해에 나와 동남쪽으로 이동했다.

·9월 10일. 새벽에 동방 아득한 저편에 쓰시마가 보였다. 오시[12시경]에 앞에 고국[일본]의 산이 보였다. 동쪽에서 서남쪽으로 이어져 분명하다. 첫 날밤[오후 8시경]에 히젠국의 마츠우라군의 북부 녹도(鹿島)에 정박.

·9월 11일. 새벽에 치쿠젠국 판관의 가인인 야마토 무사시(大和武藏)와 도장(島長)이 왔다.

·9월 15일. 굴포(橘浦)에 도착.

·9월 17일. 하카다 서남의 능거도(能擧島)에 정박.

·9월 18일. 홍려관(鴻臚館)전에 이른다.

·9월 19일. 홍려관에 들어가 체재한다.

이 일기에서 다음과 같은 것이 고찰된다.

1. 전라도 해역에는 평지가 좁고 산이 바다에 맞닿은 형태의 '山島'가 군도를 이루고 있으며, 무주(광주)가 이 해역을 관할하고 있었다.

2. 엔닌의 배가 항행하고 정박한 섬들은 무주 관내에 있다. 이 관내에는 『삼국사기』 지리지에서는 선박에서 유래하여 명명된 것으로 생각되는 백주현과 여황현 외에 해도나 항구에서 유래하여 명명된 진도현, 해읍현(여수), 갈도현과 회진현, 탐진현 등의 군현이 기록되어 있지만, '山島'의 이름까지 기록되어 있지 않다.

3. 엔닌이 일기에 기록한 전라 남해지역의 고이도, 흑산도, 황모도(구초도), 안도 등이다. 이 가운데 흑산도가 『신증동국여지승람』에 기록되어 있다. 단, 그 밖의 산도 이름은 모두 신라시대의 섬과 포구의 이름이며, 그것은 신라인 승조원에 의해 알려진 이름일 것이다.

4. 후에 송나라 서긍은 1123년 5월에 명주를 출항하여 고려의 수도 개성을 향해 이 해역을 북쪽으로 항행했다. 그 기록인『선화봉사 고려도경』권35·해도에는 '흑산' '난산도' '백의도' '죽도' '군산 도' 등의 크고 작은 섬들의 경관을 기록하고 있다.[23] 단지 엔닌과 서긍의 항로는 남북의 반대 방향으로 역방향이었기 때문에 배가 항행하고, 2명이 견문한 섬이 다른 것도 있으며, 엔닌의 일기와 서긍의 도경에 기록된 섬의 이름은 300년 가까운 시대의 차이가 있다고는 하지만 일치하지 않는다.

5. 이 해역은 신라 조정의 경제 기반(말 방목지·해산물 공급지)이 있었다. 이것은 장보고의 암살 이후에 청해진을 폐지한 점에서 장보고의 경제 기반을 신라국가가 몰수한 것인지? 백제와 고구 려의 멸망 후 669년에 말 방목지 174개소를 관아와 관료에게 분배한 적이 있었는데, 이때 방목지인지? 이후에 신라 정부가 설치한 것인지? 이 문제는 검토해야할 과제이다. 이 해역의 말 방목지는 신라시대 이후에도 계속하고 있던 것은『신증동국 여지승람』의 이 해역에 대한 기록에서도 확인된다.

그런데 엔닌이 신라선을 타고 전라도 해역을 지나 일본으로 항행한 후, 이 해역을 항행하는 일본인은 보이지 않는다. 도당하는 일본인 승려는 하카다에서 서쪽으로 항해하여 오도열도와 강남을 잇는 '남 로'를 당나라 상선으로 왕래하는 것이 주류를 이루고 있었다.[24]

---

23) 森平雅彦, 2008,「高麗における宋使船の寄港地『馬島』の位置をめぐって－文獻と 現地の照合による麗宋間航路研究序說－」,『朝鮮學報』 第207輯；森平雅彦, 2013,「黑山諸島水域における航路」,『中近世の朝鮮半島と海域交流』(森平編), 汲 古書院.

24) 森公章, 2013,「第二章 九世紀の入唐僧－遣唐僧と入宋僧をつなぐもの－」,『成尋

842년 5월에는 혜운(惠運)이 규슈 서쪽 오도열도의 원치가도(遠値嘉島)에서 당나라 사람의 배를 타고 서쪽으로 항해하여 강남의 온주에 도착하고, 847년에는 당나라 사람의 배로 원치가도에 귀착하여 귀국했다.

853년 7월 16일에는 엔진(円珍)이 하카다진을 출항하여 치가도 명포(値嘉島 鳴浦, 오도열도의 나루)에 정박하고, 8월 9일에는 당나라로 출항했다. 862년 7월에는 진여친왕(眞如親王)이 하카다에서 출항하여 역시 원치가도에서 당나라 사람과 함께 도당했다.[25] 엔닌이 신라선으로 일본을 향해 이 해역을 항행했던 것은 매우 드문 예이다.

청해진이 해상의 치안 유지를 담당하고 있던 시대에는 이 해역에 해적은 노략질하지 않았다. 그러나 엔닌 일행도 항해 중에 두려워했던 것이지만, 해적이 활개치는 일(출몰)이 재발하고 있었던 것이었다. 엔닌이 항행한 1년 전 843년 8월에는 대마도의 방인이 정월부터 8월 6일까지 신라에서 고음(鼓音)이 울렸다는 등의 신라 정보를 다자이후에 보고하고 있다. 장보고 사후 이창진의 난과 그 진압이 아닐까 생각된다.

청해진이 폐지된 851년 2월 이후, 서일본에는 신라인의 표착이 다시 빈발하여, 곧 해상에 불안을 초래하게 된다. 이 불안은 신라국과 신라인에 내통자가 나타나는 것을 경계하게 되었다.

866년 7월, 히젠의 기사군(基肆郡)의 대령산춘영(大領山春永)은 신라국에 도해하여 병기 기술을 배워 동료들과 쓰시마를 탈취하려고 했다고 무고되었다. 또한 같은 해, 오키국의 전국수인 월지정원(越智貞原)은

と參天台五臺山記の硏究』, 吉川弘文館.

25) 佐伯有淸, 1990, 『円珍』, 吉川弘文館 ; 佐伯有淸, 2002, 『高丘親王入唐記 - 廢太子と虎害伝說の眞相 - 』, 吉川弘文館.

신라인과 함께 반역을 꾀했다고 밀고되었다. 따라서 같은 해, 11월에는 노토(能登)에서 다자이후에 이르는 일본해[동해] 연안 해상 방어를 강화하고 신불(神仏)에 호국을 기원하는 정도였다.

불안은 현실화되었다. 869년 5월 22일 저녁, 신라 해적선 2척이 하카다만에 나타났다. 해적선은 부젠(豊前)에서 공납된 실크면을 약탈하고 도망했기 때문에 이 사건은 일본의 국위를 모욕한 사건으로 오래도록 기억되게 되었다.

다자이후에서는 대조(大鳥)가 청사(廳舍)에 모인다는 이변에도 신라의 침공을 우려하는 등, 드디어 신불의 기원은 높아져 하카다만의 경비를 강화했다.

이듬해 870년 2월에는 신라에 사로잡힌 쓰시마 을시마려(乙屎麻呂)가 도망쳐 귀국하여, '신라국에서는 목재를 잘라 큰 배를 건조하고, 또한 병사의 훈련을 실시하고 있는데, 그것은 쓰시마를 약탈할 목적'이라는 신라인의 풍문을 전하고 있다.

이 때문에 신라에 대한 경계심은 드디어 높아지고, 마침내 신라의 무역상인 윤청 등 30명은 앞서 부젠의 실크면을 약탈한 해적의 동료인 것으로 의심받고, 또한 다자이후 관내에 기숙한 신라인도 신라의 침입이 일어나면 이에 내통할 것이라고 경계되어 함께 구속되어 9월에는 동일본의 무사시(武藏), 가즈사(上總), 무츠국(陸奧國)으로 옮겨지고 있다. 또한 그 해 11월에는 대재소이(大宰少貳)의 등원원리만려(藤原元利万呂)가 신라왕과 내통하고 있다는 보고도 있었다.

또한 873년 3월에는 정체불명 2척의 배가 사쓰마의 증도군(甑島郡)에 표착했다. 다자이후의 보고에 따르면, 승선한 60명의 중의 '수령'은 발해인 최종좌(崔宗佐)와 대진윤(大陳潤)이었다 한다. 두 사람은 당나라 서주 평정의 축하에 파견된 것이지만, 해난을 당해 표착했다고 한다.

그러나 사쓰마 국사 2명이 '공험(公驗)'을 지참하지 않고, 또한 연기(年紀)를 제대로 쓰지 않기 때문에 발해국의 사자라는 자칭에 의심을 품고, 그들은 신라인이 발해인을 사칭하여 일본의 해변 정보를 탐색한 것으로 의심했다.

엔닌은 발해의 무역선이 산동반도 선단의 청산포에 정박했던 것을 839년 8월 13일의 『입당구법순례행기』에 기록하고 있었는데, 이 배는 장보고의 사망 후에도 황해를 무대로 무역 활동을 하고 있던 발해 상선이 표류한 것이다.

889년 신라에서는 만성적으로 빈곤한 국가 재정을 보충하기 위해 부세(賦稅)의 징수를 엄격히 했기 때문에, 각지에 반란이 일어난 것이 『삼국사기』 신라본기에 기록되어 있다. 지방민의 빈곤과 반란은 해변에서는 해적이 되고 해상의 선박이나 해안의 해변을 습격하게 된다.

893년 5월 신라 해적은 히젠(肥前)의 마츠우라군(松浦郡)을, 다음달 윤5월에는 규슈 중부 히고(肥後)의 아키타군을 습격하고 도망갔다. 이듬해 894년이 되면, 신라 해적이 2·3·4·9월에 빈번히 쓰시마 등을 강탈하고 있다. 이 가운데 9월, 신라 해적은 45척으로 쓰시마를 습격했는데, 문실선우(文室善友) 등이 선전하여 도적 302명을 살해하고, 다수의 병기를 획득하고 있다.

이때 포로가 된 현춘(賢春)은 흉작과 기근이 발생했기 때문에 국가재정을 보충하기 위해 신라 국왕의 명령을 받고 쓰시마를 습격했다고 고백했다. 그 규모는 실로 선박은 100척, 2,500명이었기 때문에 신라의 국가적 발동이라고 판단된다. 그렇다면 이 쓰시마 공격은 525년 후의 세종대왕의 '기해의 동정(己亥의 東征)'에 선행하는 '동정'이며, 일본에서는 이때의 연호를 기념하여 '관평(寬平) 신라해적'이라고 부르고, 점차 신라 해적을 조심하게 되었다.[26]

한편, 전라도 해역에서는 어떠했을까. 892년에 견훤이 전라도에 지방정권을 수립하고, 북부에서는 894년 10월에 궁예가 장군을 칭하고 자립운동을 진행했다. 후삼국시대의 도래다.

9세기 중반 이후에 가속적으로 진행되는 신라 지방통치의 약화와 농민반란과 해적의 성행(출몰), 심지어 후삼국 정립의 정치와 군사 정세는 일본의 신라에 대한 불안과 경계를 강하게 만들게 했다. 그 때문에 일본에서 견당사는 894년에 계획하면서도 전라도 해역을 포함한 해상 치안의 악화를 이유 중 하나로서 파견은 중단되고, 당나라의 멸망까지도 파견되지 못했다.

일본의 공적인 사절이 당나라에 파견되지 않는 동안, 승려의 당나라 유학은 9세기 중반 이후에 활발하여, 하카다와 서규슈에 내항하는 당나라 상선에 탑승하여 규슈 서쪽에서 오도열도를 거쳐 서쪽으로 항행하여 강남으로 항행하는 '남로'를 항행하고 있다.[27]

907년 5월에는 신라의 집사성과 다자이후 사이에 첩(牒)의 교환이 이루어지고, 922년 6월에는 견훤의 사자 휘암(輝嵒)이 쓰시마에 파견되어 다자이후를 통해 일본과의 통교를 요구했다. 그러나 일본은 견훤 정권을 '전주왕(全州王)'이라고 이해하고 신라의 지방정권과 외교를 진행하지 않는다는 자세로, 견훤 정권과 통교를 거절했다.

이러한 과정에서 일본인이 전라도 해역을 항행하는 것은 고려시대에 이 해역의 제해권을 왕건이 장악한 뒤의 일이다.

999년 10월에 쓰시마 도민이라 생각되는 일본의 도요와 미도 등

---

26) 關幸彦, 1989, 「平安期, 二つの海防問題 - 寬平期新羅戰と寬仁期刀伊戰の檢討」, 『古代文化』 41卷 10号.

27) 榎本涉, 2007, 「明州市舶司と東シナ海海域」, 『東アジア海域と日中交流 - 9~14世紀 - 』, 吉川弘文館 ; 榎本涉, 2007, 「新羅海商と唐海商」, 『前近代の日本列島と朝鮮半島』(佐藤信·藤田覺編), 山川出版社.

20호가 고려에 투항한 것이 이어지고, 서로 표류민 송환이 쓰시마와 다자이후를 통해 진행되었다. 1076년 10월에는 일본국의 승려와 속인 25명이 영광군에 도착하여 고려국왕(문종)의 장수를 기원하는 불상을 고려왕에게 헌상하기 위해 개성에 나아가는 것을 요구하여 허락을 받고 있다(『고려사절요』).

이후 일본 상인은 한반도의 정치와 경제, 문화의 중심인 개성을 향해 이 전라도 해역을 활발하게 항행하게 되는데, 그것은 11세기를 기다려야 했다.[28]

Ⅶ. 마무리하며

여기에서 글의 요점을 다음과 같이 정리하고 싶다.

1. 왜인과 왜국의 사신은 중국 왕조의 수도가 장안과 낙양에 놓인 시대, 그 군현인 낙랑군과 대방군이 한반도 서북부에 있던 시대, 또한 고구려의 수도가 평양에, 또한 백제의 수도가 한성과 웅진, 사비에 놓인 시대, 다시 말해 왜인을 끄는 정치적·경제적·문화적 구심력이 한반도 서북부와 서중부에 있는 시대는 왜인은 전라도 해역을 종종 북쪽으로 항해하고, 정치와 경제 그리고 문화 교류를 진행했다.

2. 한편, 기록에는 남아있지 않지만, 왜인과 일본인은 전라도 해역을 항행하고, 경제 활동을 진행했으며, 그 흔적은 유적으로

---

28) 田島公, 2012,『日本·中國·朝鮮對外交流年表(稿) - 大宝元年~文治元年 - (增補改訂版)』, 私家版.

남아 있다. 또한 왜인과 일본인은 표류하여 국가기관에 관계한 것으로, 문헌에 표류한 것이 기록되는 경우가 있었다.

3. 이 해역을 항행하는 지식을 축적한 일본에는 견당사는 7세기 전반에는 하카다 → 이키 섬 → 쓰시마를 거쳐 서쪽으로 이동하여 전라도 해역을 항행하고 산동반도에 이르는 '신라도'를 항행했다.

4. 8세기 신라의 수도는 동남부 경주에 있었기 때문에 견신라사는 하카다 → 이키 → 쓰시마로 항행하여 북쪽으로 이동하고, 감포(동진)에 입항해 경주의 도읍에 이르렀다. 그에 반해 전라도 해역에는 일본인이 항행하는 것은 이전에 비해 거의 없어졌다. 7세기 말에서 8세기 이후로 견당사는 하카다에서 서쪽으로 항행해 마츠우라 → 히라도(平戸) → 오도열도 → 타네가시마(種子島)와 아마미제도(奄美諸島) → 양주 등 강남으로 항행하는 '남도로'나 오도열도 → 강남으로 항행하는 '남로'를 채용해서 당나라로 향하게 되었다.

5. 9세기에 신라 국가의 지방통치가 혼란하여 서남부에는 농민반란과 해적이 발생했다. 그러나 9세기 중반에는 장보고의 청해진이 전라도 해역의 제해권을 장악하여 해적의 횡행은 소멸하고, 장보고 예하의 무역선이 이 해역을 당나라 산동반도와 일본의 하카다를 향해서 항행했다.

6. 841년 11월에 장보고가 암살되자 청해진 세력과 신라 정부의 대립은 점점 격화되어 청해진은 851년에 폐지되고, 예하의 사람들은 전북의 벽골군에 강제 이주되어 농민화되었다. 그후, 전라도 해역에서는 신라 정부의 제해권은 확립되지 않고 해적이 다시 만연하게 되고, 그렇기 때문에 일본인은 이 해역을

불안해하여 항행할 수 없게 되었다. 894년에 일본에서는 견당사의 파견을 중단한 것은 이 해역에서의 해적이 만연한 것이 원인 중 하나였다.

7. 일본으로부터 당나라에서 배우고 귀국하는 학승과 도당하는 학승은 9세기에 당나라의 강남과 서규슈나 하카다진에 항행하는 당나라 상선을 타고 '남로'를 항행했다.

8. 10세기에 들어서자 '전주왕' 견훤, 궁예와 왕건이 전라도 해역의 제해권을 쟁취했다. 936년에 왕건이 후삼국을 통일하고 고려를 건국할 때, 이 해역의 제해권은 왕건이 장악하는 곳이 되었다. 고려는 종종 다자이후에 첩상(牒狀)을 보내 통교를 요구했지만, 일본에서는 신라 해적의 경계와 신라를 대신한 고려의 새 정부에 의심을 품어 국교를 열지 못하고 있다.

9. 999년 10월에 일본의 도요와 미도 등 20호가 고려에 투항했다. 쓰시마 도민으로 보이는 20호의 고려 이주에 이어져서 서로 표류민 송환이 쓰시마·다자이후를 통해 진행되었다.

10. 1076년 10월, 일본국 승속 25명이 전라도 영광군에 이르러 고려 국왕(문종)의 장수를 기원하여 만든 불상을 고려왕에게 헌상하기 위해 개성으로 이동할 것을 요구하여 허용된 교류를 계기로, 이후 일본 상인은 한반도의 정치와 경제, 문화의 중심인 개성을 향해서 이 전라도 해역을 활발하게 항행하게 되었다.

이 영 식 (인제대학교)

이 논문은 3~9세기에 왜인과 일본인이 전라도 해역을 항해했던 사례와 그렇게 추정되는 사례들을 한·중·일의 문헌기록에서 발췌 정리하여 발표자 나름의 해석을 더한 것이다. 600년 동안의 관련 사료가 망라된 듯한 사료집으로서의 의미도 있겠으나, 개괄적인 스케치 같은 해설에 그쳤다는 느낌도 있다. 논문을 읽었던 약간의 감상과 의문점 몇 가지를 개진하는 것으로 토론자의 책무를 대신하고자 한다.

● 일본의 문헌사연구자에 의한 문헌사료의 정리라 당연한 것일지도 모르겠지만, 본문 중에 "왜인과 일본인이 전라도 해역을 항행했던 흔적이 확인되는 유적과 유물도 있다"라는 언급처럼, 대표적인 사례에 어울리는 저명한 유적과 유물 몇 가지만이라도 언급해준다면 항행의 모습이 훨씬 구체적으로 복원 전달될 수 있었을 것으로 생각한다.

우선 제시된 사료와 관련될 듯한 저명한 유적과 유물 몇 가지를 열거하면 다음과 같다.

① 『삼국지』 왜인전의 항로로서 해남 군곡리 패총에서 출토된 화천 (貨泉), 사천 늑도유적 출토의 반량전(半兩錢)·낙랑토기(樂浪土器)·왜계 토기(倭系土器), 김해 구산동유적 등의 미생토기(弥生土器) 등은 한군현

(漢郡縣)~해남(海南, 전라도 해역)~구사한국(狗邪韓國, 김해)~대마(對馬)~일기(壹岐)~말로(末盧, 九州 松浦)의 항행의 증거로서 중요하다.

②『삼국지』왜인전의 항로로 기술된 '역한국(歷韓國)'과 관련해서는 쓰시마로 건너기 직전 항구인 고김해만이나 수영만 지역에서 마한계 토기가 집중 출토되고 있는 것이 주목된다.

③ 부안의 죽막동유적에서 출토되는 석제 원판·토우·미니어처 갑옷 등은 왜의 사신 단독 또는 백제에게 인도된 왜의 사신들이 이 지역을 통과할 때 항해의 안전과 외교의 성공을 기원했던 제사와 관련되는 것으로 볼 수 있다.

④ 홍려관적(鴻臚館跡)과 백제지역에서 공통적으로 출토되는 월주요 같은 중국자기 등은 중국과의 교섭을 위해 전라도 해역을 항행하던 대표적인 유물이 된다.

⑤ 인천 영종도 남쪽에서 출토돼 7~8세기 통일신라 배로 판명된 '영흥도선' 등은 청해진의 장보고의 활동이나 엔닌의 항해를 생각해볼 수 있는 근년의 자료이다.

01 발표문 268~269쪽과 같이, 엔닌 이후 신라의 해상활동과 관련된 고찰 중에는 전라도 해역의 항행과 무관한 내용이 적지 않다. 논문의 집중도를 위해 생략할 필요가 있다.

02 '日本' 국호의 제정을 대보율령(大宝律令)을 기준으로 701년으로 하였으나,『삼국사기』신라본기 문무왕 10년(671) 12월조에 왜국(倭國)이 국호를 일본(日本)으로 고쳤다고 기록했고,『당서』일본전에는 이미 660년경에 같은 사실이 보인다.『수서』'일출처(日出處)'의 표현을 근거로 보다 소급해 보는 견해도 적지 않은데, 굳이 이때를

언급했던 다른 이유가 있는지?

03 임나가라(任那加羅)를 고령이나 김해로 보는 설은 있으나 함안
으로 비정하는 견해는 없는 듯하다. 단순한 착오인지 그렇게
비정하는 것인지가 궁금하다. 임나가라를 아라(安羅)로 고치던지, 임
나가라(경남 함안)를 임나가라(경남 김해 또는 경북 고령)로 고쳐야
할 듯하다. 아울러 대방의 경계까지 진출했던 왜선의 상태를 추정해
볼만한 같은 시기의 주형토기 같은 고고학 자료가 제시될 수 있다면
좋을 것으로 생각한다.

04 『일본서기』 무열(武烈) 4년(502) 시세조에 무령왕 이름 시마왕
(島王)과 님시마(主島)의 '시마'가 고대 한국어의 '세마(섬)'에서
비롯되었음을 지적하면 6세기에 백제와 왜 사이의 전라도 해역이
언어적 공통성이 있는 문화권으로서 백제인과 왜인의 왕래가 매우
빈번했음을 보여주는 추가 자료로 활용될 수 있을 것으로 생각한다.

05 『일본서기』 황극(皇極) 1년(642)의 대박(大舶)과 동선(同船)에 형
태·규모·조선법에 대한 보다 구체적인 연구가 있다면 추가로
설명해 줄 수 없는지 부탁드리고 싶다. 모로키후네는 제목주(諸木舟)와
같이 표기될 수 있는지? 그렇다면 구조선을 조선할 수 있는 기술의
존재를 보여주는 것으로 볼 수 있는 것은 아닌지? 각 단계의 조선에
관한 사료와 연구에 대한 정리가 추가되면 좋을 것으로 생각한다.

06 『수서』 왜국전 대업(大業) 4년(608)에 배청(裵淸)의 항로 중에
백제를 떠나 죽도를 거쳐 남쪽으로 탐라국을 바라보면서 쓰시

마(都斯麻, 對馬)로 건너간다고 기록되었는데, 발표자는 백제에서 죽도까지의 행로를 육로로 파악하고, 죽도를 남해도에 비정하였다. '行'을 육로로 볼 수 있는 것에 대한 추가설명이 필요하다. 또한 쓰시마에 도착하는 것을 '經'으로 표현한 것과 이키(一支)에 이르는 것을 '대해(大海)를 크게 돌아(迴)'라고 한 차이에 대한 설명도 필요한데, 오히려 죽도가 쓰시마와 가깝고 쓰시마와 이키가 더 먼 것처럼 해석되지는 않는지?

이 기록 역시 『삼국지』 왜인전의 기술을 연상케 하는데, 그렇다면 죽도는 백제와 왜 사이에 위치하며 쓰시마(對馬)로 건너가기 직전의 항구나 지명으로 해석해야 할 것은 아닌지? 『삼국지』에 대방군에서 작남작동(作南作東)하여 쓰시마로 건너기 전에 비로소 도착했다는 구사한국(김해)의 죽도를 가리키는 것은 아닐까? 김해의 죽도에는 임진왜란 시에 왜성이 축성되었고, 이순신 장군은 욕망산(欲望山, 부산신항)에서 나베시마(鍋島)의 수군이 정박해 있음을 정찰했던 기록도 있다.

아울러 츠쿠시국(竹斯國) 동쪽에 기록된 진왕국(秦王國)의 성격에 대한 견해가 있다면 추가설명을 부탁드리며, '남쪽으로 탐라를 바라보며'는 탐라가 직접 보여서가 아니라, 탐라에 가는 항구가 있는 곳으로 후대의 탐진(耽津), 곧 탐라로 가는 나루 근방에 죽도가 있었던 것으로 생각할 수도 있을 것 같은데 어떻게 생각하시는지 의견을 구하고 싶다.

07　엔닌 『입당구법순례행기』 회창 7년(847)조의 안도(雁島) 역시 남해도 또는 거문도로 비정하였으나, 뒤따르는 '신라 남쪽의 경계'라는 기술을 중시할 필요가 있다. 『삼국지』 변진전에 '瀆盧國與倭

接界'라고 한 것에 비추어 독로국이 있었던 거제도에 비정할 수 있다고
보는데 어떨지? 탐라도를 바라보고 신라국의 동남쪽에서 대해로 이동
했다는 기술 중 '신라국의 동남쪽'을 『수서』 왜국전의 죽도와 같은
위치로 볼 수는 없는지 고견을 구하고 싶다.

08 후백제의 견훤이 등장하는 후삼국 시기에 전라도 해역의 치안
이 악화되었기 때문에 894년 견당사 파견계획이 취소되는
등 일본인의 항행이 사라지게 되었다는 지적은 이미 엔닌 이후 847년
에 마츠우라(松浦)에서 서남으로 히라토(平戶) → 오도열도 → 타네가
시마(種子島)·아마미제도(奄美諸島) → 강남으로 향하는 '남로' 또는
'남도로'를 이용하게 되었다는 설명과 모순되는 것은 아닌지? 조선과
항해 능력의 발전에 따라 시간과 비용에서 유리한 '남로'가 선호되었
던 것을 의미하는 것은 아닌지? 9세기 중반 이후 유학승들이 당의
상선에 편승해 남로를 이용하던 사실과 같은 맥락이다. 만일 그렇지
않다면 이때 유학승들이 남로를 이용하는 데는 유학 목적지의 사찰이
나 승려의 존재와 어떤 관련이 있는지에 대한 추가 설명을 부탁드리고
싶다.

허락된 짧은 시간에 제시된 사료를 직접 검토하고 관련의 연구를
살펴 볼 시간을 가지 못하였다. 발표내용에 대한 오해도 있었을 것이
고, 토론을 위한 토론문이 되지 않았을까 염려된다. 발표자와 청중
여러분의 양해를 구한다.

신안 흑산도 문화유적의 보존과 활용방안

이 재 근 (신안군청)

Ⅰ. 흑산도의 자연 및 인문환경

1. 자연환경

흑산도는 한반도 최서남단에 위치한 섬으로 전체적으로 남북으로 길고 동서가 짧은 형태의 섬이다. 북쪽으로부터 상라산, 칠락산, 깃대봉, 문암산, 선유봉, 옥녀봉 등이 남북으로 늘어서 있으며, 북동쪽으로는 칠락산에서 갈라져 나온 산줄기가 대봉산으로 이어지는 반도지형을 이루고 있다. 사면이 바다와 접해있고 크고 작은 100여 개(유인도11, 무인도89)로 형성되어 있으며, 면적 46.61㎢, 해안선 길이 41.8㎞, 인구 4천5백여 명이 거주하고 있다. 산과 바다가 푸르다 못해 검게 보인다 하여 흑산도라 불리는 이곳은 전형적인 어촌으로 천연보호구역인 홍도를 비롯해 다물도, 대둔도, 영산도 등이 섬의 북쪽을 에워싸고 있어 읍동과 진리, 예리 일대는 천혜의 항만조건을 갖추고 있다.

또한 먼 바다의 파도작용이 심해 해식애가 잘 발달해 다도해해상국립공원으로 지정될 만큼 섬 주변의 기암괴석과 동굴들이 곳곳에 있으며 굴곡이 심한 리아스식 해안을 따라 만입된 곳에는 포구와 마을이

들어서 있다. 전체적으로 활엽수가 많고 타 지역에서 볼 수 없는 700여 종의 희귀식물이 자생하고 있으며, 한반도 철새의 80%인 350여 종이 동남아시아에서 시베리아로 가는 경유지 역할을 하고 있어 철새 전시관(2015년 개관), 국립공원 철새연구센터 등이 자리하고 있다.

한편 흑산도 인근의 장도는 고산습지가 발달해 습지식물, 포유류, 조류, 곤충, 식물군락 등 생물다양성이 풍부해 2004년 환경부 습지보호구역 지정 및 2005년 국제 람사르습지로 등록되어 생태관광지로 주목받고 있다.

2. 인문환경

섬의 역사는 신석기시대까지 거슬러 올라가며 청동기시대 묘제인 지석묘도 확인된다. 그리고 문헌기록에는 나타나지 않지만 통일신라시대 828년(흥덕왕 2) 장보고가 완도에 청해진을 설치하면서 당나라와 교역시 중간 기착지로 역할을 했던 것으로 추정된다. 이후 1018년(고려 현종 9) 거란군의 난을 겪은 후 각 지역의 명칭을 재정비하는 과정에서 월산군에서 흑산현으로 바뀌었다가 왜구의 잦은 침입으로 1363년 고려 공민왕 때 주민을 영산강 하류 남포(현 영산포)로 집단이주시켜 공도(空島)가 되기도 한다.

하지만 임진왜란 후 왜구들이 물러가면서 다시 주민들이 정착하여 살기 시작했다. 1791년(정조 15)에는 흑산도 사람 김이수가 임금의 행차에 격쟁을 올려 닥나무 세금의 감면을 받은 역사가 있으며, 1801년(순조 1) 신유사화로 손암 정약전이 귀양을 와서 1816년까지 머물면서 『자산어보』를 집필하기도 한다. 또한 1876년(고종 13) 병자수호조약을 반대하다 유배 온 면암 최익현 선생의 유허비가 남아있다

주민들 70%는 어업과 농업에 종사하며, 30% 정도는 숙박업 등 관광업에 종사하고 있다. 어업이 주된 생업이고, 예리를 중심으로 관광객을 대상으로 한 숙박업, 요식업 등이 활성화됐다.

3. 문화재 및 관광자원

- **홍도천연보호구역(천연기념물 제170호)** : 홍도는 규암과 사암으로 이루어진 섬으로 해질 무렵 멀리서 바라보면 섬 전체가 붉게 타오르는 것처럼 보인다고 해서 붙여진 이름이다. 홍도는 독립문바위, 종바위, 탑바위, 공작새바위, 병풍바위, 기둥바위, 남문바위, 사자바위 등이 절경을 이루고 있고, 귀중한 동·식물들이 많이 살고 있어 천연보호지역으로 지정되었다. 홍도에는 남북계 식물 545종류가 섞여서 자생하고 있다.

- **구굴도 바닷새류번식지(천연기념물 제341호)** : 흑산면 가거도의 인근 부속섬인 구굴도는 1년 내내 기온이 온화하여 해조류가 번식하기에 적합해서 뿔쇠오리·바다제비·슴새 등 희귀한 많은 바다철새들이 번식하고 있다. 바다제비는 매년 약 10만쌍 이상이 해마다 찾아와 집단번식하고 있다.

- **가거도멸치잡이노래(전라남도 무형문화재 제22호)** : 가거도 멸치잡이 노래는 고된 작업을 하는 어부들의 피로를 덜어주고 일체감을 높이기 위해 부르는 민요이다. 멸치어장으로 가면서 노를 저을 때 부르는 놋소리, 멸치가 발견되었을 때 횃불을 켜들고 멸치를 모는 멸치몰이소리, 그물을 넣는 그물치는 소리, 멸치를 퍼 올리는 술비소리, 긴소리, 잦은소리, 역수타는 소리, 긴뱃소리, 잦은 뱃소리, 포구로 돌아올 때 부르는 풍장소리 등으로 이루어져 있다. 특히 놋소리는

설소리꾼이 소리를 메기면 뒷소리꾼들이 소리를 받고 그 사이 사이에 구음으로 된 샛소리를 내는 삼중창이 특징이다. 이 멸치잡이 노래는 1985년 11월 1일 제14회 남도문화제에서 민요부문 우수상을 수상하였고, 1986년 제27회 전국민속예술경연대회에서 문공부장관상을 수상하였다.

- **조선장(전라남도 무형문화재 제50호)** : 기능보유자 조일옥(1944년생). 전남 각 지역에 따라 해양환경이 다르기 때문에 배 제작 기술이나 용도가 달랐는데, 가거도 멸치잡이배 제작 기술을 보유한 조일옥(趙日玉)은 가거도에서 태어나 15세 무렵 가거도의 배목수 김송창 옹에게 배짓는 일을 배우기 시작했으며, 하의도의 배목수 김병칠에게 기술을 배워 40여 년 동안 목포, 조도, 맹골도, 흑산도 등 서남해 지역의 전통선박 건조 및 복원작업에도 활발하게 참여하고 있다.

- **가거도패총(전라남도 기념물 제130호)** : 패총은 사람들이 동물이나 어패류를 식료로 사용한 후 일정한 곳에 버려 쌓인 조개무지를 말한다. 가거도 패총은 대풍리 소재 가거도 등대의 서쪽 경사면에 위치하며 그 규모는 20m×10m이고, 유물 포함층의 깊이는 2m이다.

- **무심사지 삼층석탑과 석등(전라남도 문화재자료 제193호)** : 사찰의 이름이 전해지지 않은 채 삼층석탑과 석등, 건물지의 축대 일부만이 전해져 오고 있던 절터였다. 1942년 조선총독부에서 발간한 「조선보물고적조사자료(朝鮮寶物古迹調査資料)」에 4층 석탑으로 보고되어 있는 점으로 미루어 본래는 5층 석탑이었을 것이다.

- **흑산 진리 지석묘군(지방문화재자료 제194호)** : 진리 지석묘군은 1954년 국립박물관과 1965년 서울대 동아문화연구소, 1987년 목포대 도서문화연구소에서 각각 조사 보고된 유적이다. 지석묘군은 흑산 초등학교에서 북쪽으로 100m 떨어진 곳으로서, 칠락산 북쪽 줄기의

구릉말단부로 바다와는 300m 떨어진 군부대 길 건너편에 위치한다. 이들 지석묘들은 남방식에 속하며 규모는 소형에 가깝고, 네모꼴이나 타원형의 덮개돌을 3~4개 정도의 지석이 받치고 있는 형태로 남동 - 북서 방향으로 놓여 있다.

- 흑산 진리 초령목자생지(전라남도 기념물 제222호) : 초령목(학명 Michelia compressa)은 목련과 초령목속이며 아시아 1종 1속의 희귀종으로 흑산면 진리마을 당산 내에 약 300년 수령의 노거수로 자리하고 있었다. 우리나라에는 제주도와 흑산도에서만 서식하는 수목으로 거의 멸종된 희귀수목이다. 1994년 초령목이 고사(枯死, 수고 : 20m, 직경 : 2.4m)함에 따라 2001년 9월 천연기념물 지정이 해제되었다. 고사한 고목은 1998년부터 방부처리하여 보호하고 있다. 주변에 어린 초령목 43그루가 자생하고 있는데, 자생하고 있는 어린 초령목은 관목층과 초본층에 수고 30㎝~250㎝ 크기로 확인되고, 그 중 큰 것은 수고 약 5m, 흉고 직경 12㎝~14㎝의 것도 확인된다.

- 흑산도 상라산성(전라남도 기념물 제239호) : 신안 흑산도 상라산성 일원에는 상라산성을 비롯한 제사유적, 관사터, 무심사지 등 4개 유적으로 이루어진 복합유적이 있다. 상라산성은 고대~고려시대 국제 해양도시의 기능을 수행했을 것으로 추정되는 흑산도 읍동마을을 수호하기 위해 축조한 관방시설로 추정된다. 읍동마을 뒤편의 계곡 초입부에는 고려시대 중국 사신들이 머물던 관사터가 위치하고 있다. 이 관사의 맞은편 골짜기에는 무심사지(无心寺址)가 들어서 있고, 바로 위쪽의 봉우리에 상라산성이 자리잡고 있다. 상라산성 서쪽의 상라산 정상에는 봉화 불을 피우던 봉수대와 제사유적이 위치하고 있다. 이들 유적들이 모두 상라산성을 중심으로 반경 500m 이내에 분포하고 있으며, 같은 시기의 유물이 출토되고 있어

상호 관련성을 살필 수 있다.

- **흑산도 사리마을 옛담장(등록문화재 제282호)** : 흑산도 사리마을은 전형적인 어촌마을로 바다를 향해 만입된 마을의 입지상 거센 바람을 막고자 각 집마다, 밭 언저리에도 돌담을 조성하였다. 돌담은 밑이 넓고 위가 좁은 형태의 강담구조로 견고하게 축조하였으며, 굽어진 마을 안길과 함께 서로 비슷한 높이로 축조하여 가옥형태와 조화를 이룬다.

- **가거도등대(등록문화재 제380호)** : 등대는 가거도의 북쪽 끝에 위치하며, 북서쪽으로 돌출된 곳에 자리한다. 1907년에 우리나라 남서쪽 끝 지점인 가거도에 축조, 1935년 유인등대로 증축한 등대로서 대한제국시기의 정형적인 모습의 등대에서 출입구의 포치와 원뿔꼴의 등롱 그리고 등탑 내부의 직선형 계단으로 변화된 모습, 등대의 효율성을 강조하는 시대적 변화 양상, 일제 강점기적 특성이 잘 나타나 있는 등 등대건축의 변천사를 보여주는 중요한 등대유적으로 문화재적 가치가 높다.

- **흑산 진리당(신안군 향토자료 제1호)** : 흑산도 진리 마을의 당제는 예로부터 성대한 규모로 이름 높았으며, 당(堂)은 흑산의 본당(本堂)이라고 전해질 만큼 권위가 높았다. 상당(上堂)과 용신당(龍神堂)으로 구성되었으며, 갯가에서 갯제를 지낼 때 임시로 설치하는 제청이 있다. 상당의 형성과 관련해서는 '당각시 설화'와 '총각화상 설화'가 전해지고 있다. 상당은 두 겹의 돌담으로 둘러쳐져 있다. 안쪽 돌담은 신을 모신 당집을, 바깥 돌담은 제기와 취사도구를 보관하고 있는 문간방 주위로 둘러쳐져 있다.

- **면암 최익현 유적지(신안군 향토자료 제25호)** : 면암(勉庵) 최익현(崔益鉉, 1833~1906)은 조선 고종 때의 문신(文臣)이자 의병장이다. 1876

년 2월 조일수호조규(朝日修好條規) 일명 '병자수호조약', '강화도조약'이 체결되자 최익현은 「병자지부소(丙子持斧疏)」를 올려 일본과의 조약체결을 반대하였으며, 이 상소로 인해 흑산도에 유배되었다. 유배된 면암 선생은 진리에 일신당(日新堂)이란 서당을 세워 후학을 양성하였고 천촌마을 지장암(指掌岩)에 "기봉강산 홍무일월(箕封江山 洪武日月)"이란 글씨를 손수 새겨 독립된 대한민국임을 강조하였다.

- **사촌서당(신안군 향토자료 제26호)** : 손암 정약전(巽庵 丁若銓, 1758~1816) 선생은 조선 후기의 문신이자 실학자이며 다산 정약용의 형으로 신유사옥(辛酉邪獄) 당시 흑산도로 유배(1801~1816)되어 15년간 우이도와 흑산도에 머물면서 물고기 해산물 등 총 227종을 채집 『자산어보(玆山魚譜)』를 저술했다. 또한 우이도의 어상(魚商) 문순득이 오키나와와 필리핀, 중국을 거쳐 극적으로 생환해 돌아온 표류 견문을 듣고 『표해록(漂海錄)』을 남겼으며, 흑산도 사리마을에 사촌서당(복성재)을 지어 학문을 가르치는 등 많은 후학을 양성하시다 순조 16년(1816) 지금의 도초면 우이도에서 59세의 나이로 세상을 떠나셨다. 1998년에 복원된 사촌서당 옆에는 1950년대에 건립된 천주교 흑산성당의 사리공소가 있다.

- **김이수 생가 및 묘소(신안군 향토자료 제35, 36호)** : 김이수(金理守)는 흑산도 출신의 민권운동가이다. 1700년대 중·후반에 지금의 흑산면 대둔도에 살면서, 흑산도를 비롯한 인근 섬 지역 사람들의 민원을 대변하는 역할을 했다. 조선왕조실록의 1791년(정조 15) 5월 22일 기사에는 "흑산도 백성이 닥나무 세금 폐단으로 인한 원통함을 징을 쳐 호소하니, 이를 시정하였다"는 기록이 등장한다. 이 기록에서 지칭하는 "흑산도의 백성"이 바로 '김이수'이다. 그는 당시 흑산

도민들이 겪고 있던 가장 큰 폐단인 '닥나무 세금'을 시정하기 위해 관청이나 상부에 소송을 내고 수차례 시정을 요청했으나, 효과를 거두지 못하자 최후의 수단으로 천리만길 한양까지 찾아가 임금에게 직접 개혁을 호소하였다. 김이수의 격쟁은 '민중의 소리'를 들을 줄 아는 현군(賢君)이었던 정조 임금에게 받아들여져 이에 대한 폐단이 시정되었다. 그 결과 다시 섬으로 되돌아오는 주민들이 늘어났다고 한다. 묘소와 생가는 그가 살았던 대둔도 오리에 남아 있다.

- **장도습지(습지보호지역, 람사르습지)** : 신안군 흑산면 비리 산109-1번 지 일원에 위치한 산지습지로 2004년 습지보호지역으로, 2005년 람사르습지로 등록됐다. 습지면적은 90,414㎡로 섬에서 발견된 국내 최대의 산지습지이다. 장도습지는 이탄층이 잘 발달되어 수자원 저장 및 수질정화 기능이 뛰어나며, 특히 멸종위기종인 수달, 매 등 야생동물과 습지식물 등 매우 다양한 동·식물이 서식하고 있다.

- **흑산도 아가씨 노래비** : 읍동에서 시작하는 흑산도 일주도로를 타고 고갯길로 올라서면 산언덕에 '흑산도 아가씨 노래비'가 서있고, '흑산도 아가씨' 노래가 흘러나온다. 흑산도 아가씨는 1969년에 만들어진 「흑산도 아가씨」라는 영화의 배경음악이었다.

- **지도바위** : 마리와 비리 사이의 해안가에 있는 바위이다. 바위와 바위 사이에 뚫린 구멍의 모습이 한반도의 모습과 닮았다 하여 '지도바위'라고 불린다.

- **배낭기미와 샛개** : 배낭기미는 진리와 읍동 사이의 해변이다. 몽돌 자갈밭으로 이루어져 있고, 위로는 해송이 자생하고 있어 여름 더위를 피할 수 있다. 샛개는 소사리와 천촌리 사이에 위치한다. 고운모래로 이루어진 백사장이 펼쳐져 있다. 이외에도 구문여, 하늘

흑산도 일주도로	흑산도 아가씨 노래비
진리당	사촌서당과 유배문화공원
상라산성, 반월성	무심사지 석탑과 석등
지도바위	홍도 돛대바위

상라봉 전망대	영산도 석주대문
면암 최익현 유적	배낭기미와 샛개해변
장도 습지	가거도 멸치잡이소리

〈사진 1〉 흑산지역 관광자원 관련 사진

도로, 돛대바위, 칠성동굴, 학바위, 국립공원 명품마을로 알려진
영산도와 석주대문 등등 많은 관광자원이 존재한다.

Ⅱ. 신안 흑산도 문화유적 조사현황

1. 상라산성 정밀지표조사[1]

　1987년『신안군의 문화유적』지표조사 이후 처음 시행되는 상라산성 정밀지표조사는 목포대학교 도서문화연구소와 목포대 박물관의 전문연구진에 의해 이루어졌으며, 조사를 통해 '무심사선원(无心寺禪院)'명 기와가 수습되면서 선종계통의 사찰터임이 확인됐다.

　조사대상인 상라산성은 바다와 접하고 있는 상라산의 북쪽 능선상에 위치하고 있다. 북쪽 능선은 정상부로부터 4개의 작은 봉우리가 동쪽으로 이어져 있는데 이 가운데 세 번째 봉우리와 그 남사면을 이용하여 산성이 축조되어 있다. 해안에 면한 북쪽 부분은 100m가 넘는 해안절벽으로 이루어져 있기 때문에 성벽을 쌓지 않았다. 성벽은 대체로 남사면의 6부 능선을 반월형으로 둘러싸고 있다. 따라서 상라산성은 바깥쪽에 비하여 내부가 높은 위치를 점하고 있고, 계곡부에 면한 남사면도 비교적 경사가 심한 가파른 지형을 이루고 있다. 서쪽의 상라산 정상에는 주변 해로의 감시를 겸한 봉수대를 설치하여 유사시 항상 연락을 취할 수 있는 체제를 갖추고 있다. 또한 이곳에는 항해의 안전을 기원하기 위해 제사를 올렸던 제사유적이 남아있다.

　산성은 전체길이 280m 정도에 불과한 테뫼식의 소형산성으로 순수 석축부의 길이는 220m이다. 반월형의 상라산성은 우리나라 산성에서는 좀처럼 예를 찾기 힘든 특이한 형식으로, 단면형태는 거의 수직에 가깝다. 성벽은 보편적으로 사용하는 편축법으로 쌓았는데 상라산성

---

[1] 목포대학교 도서문화연구소·신안군, 2000,『흑산도 상라산성 연구』.

〈사진 2〉 상라산성 원경

〈사진 3〉 상라산성 잔존 성벽

과 같이 성 안팎의 높이 차이가 심한 지형에 적합한 축성법이다. 산성의 규모가 작은 탓에 부속시설도 동문지와 건물지 1개소만 확인됐다. 동문지는 정확한 규모를 확인할 수 없을 만큼 원형이 훼손됐으며, 건물지는 해안과 접하고 있는 북쪽 능선의 중간에 1개소가 남아 있다.

조사 결과 상라산성은 해로가 잘 바라다 보이는 해안가에 위치하고 있어 해로의 감시를 주목적으로 쌓여진 산성임이 확인됐다. 따라서 내륙의 교통로나 하천변에 축조된 산성들과는 구별되는 특징을 지니고 있다. 또한 상라산성은 군인들이 상주하면서 군사적인 임무를 수행한 산성으로 추정된다. 기와지붕의 건물터나 해로상에 입지하고 있는 사실들이 이를 뒷받침하며, 성내에 식수원은 확인되지 않으나 읍동마을과 인접해 있어 큰 문제는 없었을 것으로 보인다.

조사에서 산성 내부의 유물이 수습되지 않아 정확한 축조배경이나 시기를 추정하는 데 어려움이 있었다. 따라서 주변의 유적에서 수습된 유물과 자료를 통해 초축시기를 추정하였다. 조사 중 주변유적에서 통일신라 후기~고려시대의 유물이 주로 수습됐는데 그중 주름무늬병, 제사유적 출토 철마, 절터에서 수습된 명문기와, 추정 관사터에서 나온 줄무늬병, 햇무리굽 청자 등을 고려해 볼 때 산성은 통일신라 후기에 추축됐을 가능성이 크며, 장보고의 해상활동과 연관됐을 것으로 추정된다.

그리고 주변 유적에서 출토된 11~14세기의 녹청자와 상감청자, 중국 동안요계 청자류 등은 고려시대 한중간의 활발한 교류를 뒷받침해주는 유물로, 대중국 남방직항로상의 흑산도의 위상을 짐작케 해준다. 또한 흑산도에 14세기 이후의 유물이 발견되지 않고 있는 것을 미루어 볼 때 산성은 통일신라 후기에 축조되어 고려 말까지 사용됐을

〈사진 4〉 상라산성과 대중국 항로

〈사진 5〉 무심사선원 명문기와편(흑산면 최상출 소장자료)

것이며, 고려 말 왜구의 침탈로 공도화가 되면서 폐기됐을 것으로
생각된다.

2. 무심사지 시굴조사[2]

신안군은 무심사지의 전체적인 사역과 성격을 밝히고자, 목포대학교 박물관에 시굴조사를 의뢰하였고 조사는 2009. 6. 17.~8. 16.까지 진행됐으며, 조사결과 건물지, 석열, 수혈유구 등이 확인됐다. 시굴지역 전 구간을 정밀지표조사한 후 등고선 방향과 직교하게 총 15개의 트렌치를 구획하여 제토하였다. 제토 결과 유구가 확실히 노출되는 트렌치는 일부 면적을 확장하여 시굴조사를 시행하였다.

조사 결과 사찰 건물지의 일부 시설물과 유물이 출토돼 건물지의 성격과 존속시기를 추정할 수 있게 됐으며, 삼층석탑 주변의 트렌치 내부에서는 'ㅁ'자형으로 추정되는 건물지와 석축열이 확인됐다. 여기에서는 막새류, 명문와, 전, 평기와, 자기류, 도기류 등의 유물들이 수습되어 내부에 전을 깔았던 절의 중심 건물지나 회랑을 갖춘 건물이 들어서 있을 것으로 추정된다.

석탑에서 읍동마을 방향의 아래편 유구에서는 막새류의 유물은 확인되지 않고, 도기류, 자기편, 기와류가 소량 수습되어 중심 건물지 보다는 부속 건물지가 있었을 가능성이 높다 할 것이다. 조사지역의 최하단 남쪽에 위치한 곳에서는 석축열이 노출됐는데 이는 무심사의 남쪽 담장으로 추정된다.

출토유물은 평기와, 막새류, 도기류, 전돌, 자기류 등의 유물이 수습됐으며 평기와의 외면에는 선문, 어골문, 격자문, 복합문, 화문 등이 타날되어 있으나 선문과 어골문의 비중이 가장 높다. 막새류는 연화문 수막새 1점과 귀목문 암막새 1점이 출토됐다. 도기류는 완을 제외하고

---

2) 최성락·정영희·김영훈, 2011, 『신안 무심사지』, 목포대학교박물관.

〈사진 6〉 무심사지 시굴조사 구역 항공사진

대부분 파편으로 확인됐으며, 기형을 추정해 볼 수 있는 것은 주름무늬
병, 반구병, 대호가 있다. 병류는 소형의 기종이 대부분으로, 주름무늬
병과 점열문은 대부분 통일신라시대 후기에 해당한다. 이러한 도기병
은 9세기대로 편년되는 영암 구림리 가마 출토품과 유사하다.

　통일신라시대의 도기는 기와류와 함께 무심사의 창건연대를 추정
할 수 있는 고고학적 자료로 평가되며, 통일신라시대로 추정되는
완, 병 등은 소형의 기종이지만, 고려시대로 추정되는 대형의 호로
그 기능이 대체됐을 것으로 추정된다. 청자류는 10~14세기대까지
폭넓게 확인되지만 출토량은 소량으로 대접, 접시, 고족배, 병류 등이
며, 상감청자는 무문과 음양각 청자에 비해 소량이 확인되며, 강진과
해남지역 가마 생산품이 중심을 이루고 있다.

　이상의 유구와 출토유물을 종합해 볼 때 무심사지는 통일신라 말(9
세기)에 창건되어 고려 말기(14세기)에 왜구의 침입으로 인해 공도화
되기 전까지 운영된 것으로 추정된다. 이는 9세기 중반 장보고의
대외무역활동과 중국 남송과의 교류과정, 12세기를 전후한 시기에
제작된 것으로 보이는 두 종류의 명문기와를 통해 당시 흑산도를

〈사진 7〉 무심사지 시굴조사 지도위원회

〈사진 8〉 무심사지 시굴조사 출토유물

중심으로 펼쳐졌던 통일신라·고려와 중국의 국제교류 양상을 짐작할
수 있게 하는 중요한 유적이라 할 것이다.

3. 흑산도 상라산 제사터유적[3]

흑산도의 진산으로 섬의 가장 북쪽에 위치한 상라산 정상부에 제사
유적과 복원된 봉수대가 자리하고 있다. 제사유적은 1999년 목포대
도서문화연구소의 지표조사를 통해 철제마 3점, 주름무늬병, 줄무늬
편병, 편병 구연부편 등 제사관련 유물이 많이 수습됐으며, 기와가
수습되지 않아 노천제사터로 추정된 곳이다.

신안군에서 각종 조사를 통해 확인된 제사유적으로는 흑산도 상라
산 제사유적 외에 지도읍 어의리 제사유적과 압해읍 동서리 외안도
제사유적이 있다. 상라산 제사유적에 대한 발굴조사는 대상지에 중심
점을 정하고 이를 중심으로 네 방향으로 1m×1m 크기의 그리드를
유구 전체에 설정한 후, 각 그리드별로 퇴적된 잡초와 토석층을 차례로
제토해 가는 방식으로 진행됐다.

조사과정 중 출토된 유물은 토제마 1점과 철제마 7점, 통일신라시대
주름무늬병과 청자류, 녹청자류, 흑유자류와 도기류 등이다. 토제마
는 머리와 네 다리, 꼬리가 없는 상태로 몸통만 수습됐는데 접합흔이
남아 있는 것으로 보아 네 다리는 따로 만들어 부착한 후 떼어낸
것으로 보인다. 철제마는 모두 신체 일부분이 훼손된 상태로 출토됐는
데 말의 각 부분을 간략하게 표현하였고, 눈, 코, 입은 표현되어 있지
않다.

---

3) 이정호 외, 2012, 『신안 흑산도 상라산 제사유적』, 동신대학교문화박물관.

〈사진 9〉흑산도 상라산 제사터유적 원경

〈사진 10〉상라산 제사터유적 발굴현장

〈사진 11〉 출토유물(철제 마 및 자기, 도기편)

이러한 유물군으로 보아 상라산 제사터는 통일신라에서 고려시대까지 이용되었을 것으로 보인다. 제사터에서의 제사는 특별한 시설없이 자연요철면을 그대로 이용하여 지냈던 것으로 보인다. 이는 인공적인 굴광의 흔적이 전혀 확인되지 않았고, 또한 기와편이 전혀 출토되지 않은 점으로 보아 알 수 있다. 제사의 방향은 북동쪽을 향하고 있었을 것으로 보인다.

출토된 유물들이 통일신라와 고려시대 것이 대부분이고, 조선시대의 것이 보이지 않는 것으로 보아 이 제사터는 통일신라 이후 고려시대 후반 왜구로 인한 공도정책이 시행되기 전까지 이용하였던 제사터였을 것으로 판단된다.

4. 흑산도 추정 관사터(1차 발굴)[4]

2000년 상라산성 정밀지표조사 결과 확인된 흑산도 추정 관사터는 『고려도경』의 문헌기록과 일치하는 중요한 유적으로 이에 대한 훼손을 방지하고, 역사, 문화적 가치를 규명하기 위한 발굴조사가 진행됐다. 시굴조사는 2015. 1. 3.~11.까지 진행돼 관사터 건물지를 포함하여 건물지, 석열, 수혈유구, 구상유구 등이 확인됐다. 시굴조사에 석열이 확인된 중심건물지 일대에 대한 정밀발굴조사는 3. 19.~4. 7.까지 진행됐다. 조사결과 건물지 1동, 보도시설, 석축 2기 등이 확인됐다.

추정관사터의 상단부는 잡목들이 우거져 있고, 하단부는 밭으로 경작되고 있었다. 상단부의 잡목들 사이로 초석 2기가 노출되어 상면만 확인되고, 상단부와 하단부는 2m 정도의 차이가 나며 중간에 3단의

---

4) (재)전남문화재연구원·신안군, 2015, 『신안흑산도 관사터Ⅰ』.

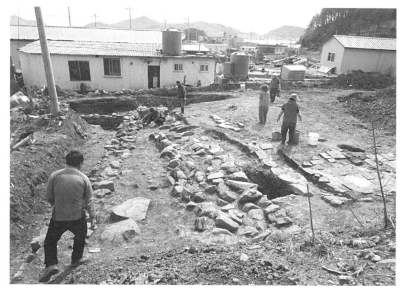

〈사진 12〉 추정 관사터 1차 발굴현장

축대가 조성됐다.

　시굴조사 결과 추정관사터에서는 정면 3칸의 건물지로 추정되는 초석과 남 - 북 방향으로 2열의 석열이 확인됐다. 축대는 길이 6m, 높이 1m 정도가 남아있고 3단으로 구성됐다. 하단의 평탄지에는 건물지와 관련된 석열 유구도 확인된다. 2번 트렌치에서는 목탄층이 넓게 분포하며 건물지의 초석과 할석이 확인되며, 주변에서 막새편, 기와편 자기류 등이 출토됐다.

　중심건물지로 추정되는 건물지1의 바닥에는 장방형의 전돌이 깔려 있으며, 장방형의 평면형태를 취하고 있다. 적갈색점토를 사용하여 바닥을 정지한 후 그 위에 전돌을 놓은 것으로 잔존하는 건물지의 규모는 길이 260㎝, 너비 342㎝이다. 또한 건물지 북쪽으로 맞대어 배수로가 확인된다.

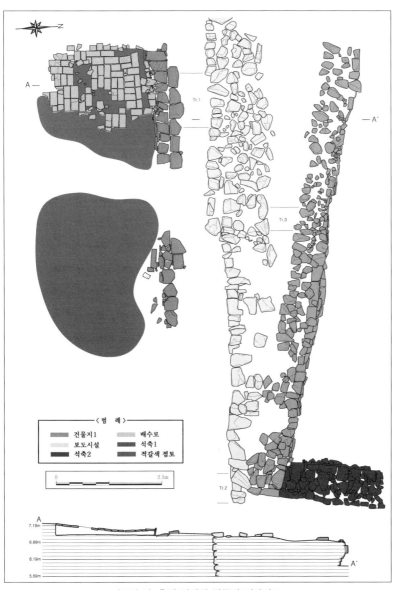

〈도면 1〉 추정 관사터 발굴지 평단면도

범 례
건물지1
보도시설
석축2
배수로
석축1
적갈색 점토

0   2.5m

보도시설은 잔존길이 1,452㎝, 너비 144㎝, 높이 168㎝이다. 북쪽 축대는 최대 7~9단 정도 축조되어 있으나, 남쪽 축대는 확인되지 않았다. 축조방법은 기단부로 내려갈수록 내경하는 형태를 띠고 있으며, 석재와 패각층을 혼합하여 축조하였다.

석축1은 보도시설의 동쪽 축대 끝부분과 맞물려 있으며, 중심건물지로 올라가는 서쪽 축대는 보도시설에서 북쪽으로 약 16도 가량 틀어지면서 올라가는 양상이다. 석축은 최대 5단 정도 확인되고, 잔존길이 1,344㎝, 너비 100㎝, 높이 76~118㎝이다. 축조방법은 맨 아래에 해당하는 기단부가 바깥쪽으로 튀어나와 있고, 2단부터는 들여쌓으면서 직선으로 올라가는데 서쪽으로 갈수록 내경하고 있다.

석축2는 석축1의 동쪽 축대 끝부분에 맞물려 있으며 북쪽으로 꺾여서 확인된다. 석축은 잔존길이 300㎝, 너비 120㎝, 높이 70㎝이고, 석축은 최대 4단 정도이다. 석축은 담장시설 상면에서 약 30㎝ 정도 아래에서부터 석축을 쌓아 연결하였는데, 석재를 사선방향으로 축조하였다. 사선으로 남겨 놓은 빈 공간에는 패각과 소형의 석재로 채워 넣었다.

〈사진 13〉 명문와 능성군윤초(陵城郡允草)

출토유물은 기와류, 자기류, 동전 등이 수습됐는데, 그 중 '능성군윤초(陵城郡允草)'라 시문된 기와편이 수습됐다. 능성군은 현재 화순군 능주면의 옛 이름으로 통일신라 경덕왕 16년(757) 이후 등장해 고려 태조 23년(940)에는 능성군이 능성현으로 바뀌었다는 기록이 확인된다. 막새는 귀목당

초문과 연화문이, 평기와에는 수지문, 격자문, 복합문이 타날되어
있다. 자기류는 한국식 해무리굽, 청자편, 수입 도자기편으로 보이는
청백자편 등이 확인됐다. 동전 2점은 가우통보(1056~ 1063년), 희령
원보(1068~1077년)가 확인되어 운영시기를 살펴볼 수 있다. 1차 조사
를 통해 기와의 생산과 유통과정을 파악할 수 있는 중요한 자료를
확보했다.

5. 흑산도 추정 관사터(2차 발굴)[5]

2차 발굴조사는 2013년 시굴조
사와 1차 발굴조사에서 확인된
유구와 토층자료를 바탕으로
2014년도에 진행됐다.

조사 결과 관사터 건물지에서
는 초석과 적심시설, 기단석열,

〈사진 14〉 추정 관사터 2차발굴 항공사진

축대 등이 확인됐다. 일부 초석과 적심 등이 훼손되었지만, 비교적
양호하게 확인되어 건물지의 규모 및 성격을 확인할 수 있었다. 건물지
는 다른 건물지보다 높게 석축단을 구획하여 축조했는데 전체 규모는
남 - 북 2,640㎝, 동 - 서 1,170㎝, 정면 초석 간 거리가 440㎝ 정도이다.

또한 초석도 자연석이나 막돌 초석이 아닌 상면을 잘 다듬은 치련초
석을 사용하였으며, 크기도 100×90㎝ 정도로 큰 편에 해당된다. 이처
럼 건물의 입지나 규모로 볼 때 일반 건물과는 확연히 차이를 보이는
건물로, 『고려도경』의 기록에 나타나는 '관사(館舍)'터로 추정된다.

---

5) (재)전남문화재연구원, 2014, 『신안 흑산도 관사터 2차 발굴조사 약보고서』.

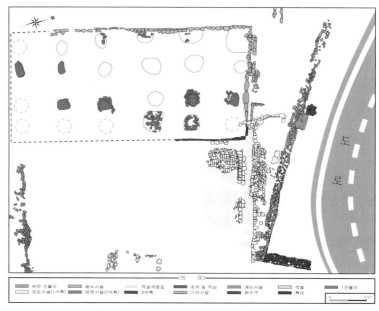

<도면 2> 추정 관사터 2차 발굴 유구배치도

담장시설은 1차 발굴조사시 확인된 동쪽 부분(2석축)을 제외한 서쪽 부분이 조사됐다. 담장시설 중간부에서 계단과 배수구가 확인됐는데 계단은 담장시설과 수직에 가깝게 배치되어 있으며, 담장시설에 잇대어 축조한 것으로 파악된다. 계단석으로 사용된 장대석 뒷면은 부정형의 할석 및 점토를 이용하여 보강하였다. 계단은 관사터 건물지로 이동하기 위한 시설로 추정된다.

출토유물은 평기와, 막새, 명문와, 자기류, 도기류 등으로 그 중 '능성군윤초제팔대(陵城郡允草第八隊)' 명의 기와가 주목된다. '능성군'이란 명칭은 현 화순군 능주의 옛 이름으로 통일신라 경덕왕 16년(757) 이후 등장해 현종 9년(1018)에는 능성군이 능성현으로 바뀌는 기록이 있어 추가적인 고찰이 필요하다. 또한 화순 잠정리유적 출토

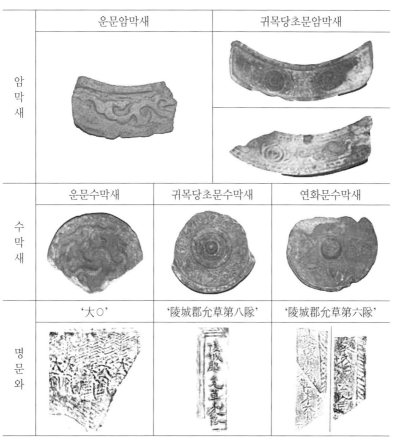

	운문암막새	귀목당초문암막새	
암막새			
	운문수막새	귀목당초문수막새	연화문수막새
수막새			
	'大○'	'陵城郡允草第八隊'	'陵城郡允草第六隊'
명문와			

〈사진 15〉 출토 기와류

명문기와와 비교를 통해 흑산도와 능주의 지역적 관계에 대해서도 유의해야 할 것이다.

건물지에서 출토된 청자와 중국자기 및 중국동전을 통해 관사터의 주요 운영시기는 11세기 후반에서 12세기 후반까지로 파악된다. 이 시기 고려는 남방항로를 통해 송과 활발하게 교역활동을 한 시기이기도 하다.

이를 통해 흑산도 추정 관사터 유적은 고려시기 대중국 교역활동을 기록한 문헌과 일치하는 고고학적 성과로 흑산도의 역사적 위상을 재정립할 수 있는 단초를 제공했다 할 것이다.

6. 무심사지 발굴조사[6]

2009년 시굴조사 결과를 바탕으로 2015년에 (재)전남문화예술재단 (현 전라남도문화관광재단) 전남문화재연구소에 의해 정밀학술발굴조사가 이루어졌다. 조사 결과 총 4구역에서 건물지 6동, 석열 및 수혈유구가 확인됐다. 그중 중복건물지 2동은 장방형과 방형으로 확인되며, 방형의 건물지가 후대에 증축된 것으로 파악됐다. 출토유물은 평기와, 막새기와, 명문기와, 청자향로, 청자접시 등이며, 관사터에 출토된 '능성군윤초(陵城郡允草)' 명문기와와 동일한 서체로 확인되어 관사터와 비슷한 시기에 운영됐을 것으로 판단된다.

출토유물의 양상으로 볼 때 사찰의 중심시기는 11세기 후반~13세기 후반으로 보여지며, 통일신라시대 유물이 일부 확인됐으나 소량으로 추후 조사가 더 필요한 것으로 보고됐다. 따라서 금번 조사를 통해 무심사지 전역의 범위와 건물 배치양상을 파악하는 데 한계가 있었다. 향후 추가 조사를 통해 이를 규명해야 할 것이다.

---

6) (재)전남문화예술재단 전남문화재연구소, 2015,『신안 흑산 무심사지 일원 발굴조사 약식 보고서』.

Ⅲ. 신안 흑산도 문화유적 활용계획

1. 흑산도의 관광여건 변화와 문화자원 활용

흑산도는 풍부한 역사문화자원 및 관광자원을 구비하고 있어 홍도 해상관광과 흑산도 육상관광이 결합한 1박2일의 여행객들이 매년 30만 명이 오고가는 국민관광지로 알려졌다.

여행사를 통한 단체관광객들이 주류를 이루며, 장년 및 노년층에 특화된 관광상품으로 알려져 홍도 해상유람을 한 후 홍도에서 1박을 하고, 흑산도에서는 2~3시간 동안 대형버스를 이용한 육상관광과 쇼핑, 휴식으로 마무리된다. 때문에 흑산도를 일주하며 다양한 문화유산, 자연경관을 관람하지만 대개 차안에서 내려 보거나 잠깐 내려 사진을 찍는 정도로 그친다.

현재 흑산도에는 자산문화도서관, 철새전시관, 철새조각공원, 문암미술관, 사촌서당 및 유배문화공원 등 다양한 문화시설이 곳곳에 위치해 있으나 그냥 지나쳐 버릴 뿐 충분한 시간을 갖고 둘러보며 관람하는 여행문화가 정착되지 못한 상태이다.

현재 흑산도 관광은 육상 일주관광 중심으로 이루어진다. 해상관광도 가능하나 대부분 홍도에서 해상관광을 하고 오는 관광객들이 흑산도에서는 별다른 수요가 없는 형편이다.

• 흑산도 일주도로 관광 코스 : 여객선 터미널 출발 – 진리 지석묘 – 흑산면사무소(흑산성당) – 문암미술관 – 팽나무 연리지 – 철새연구센터 – 철새전시관 – 진리당 – 초령목자생지 – 배낭기미 해수욕장 – 옥섬 – 철새조각공원 – 무심사지 석탑과 석등 – 상라

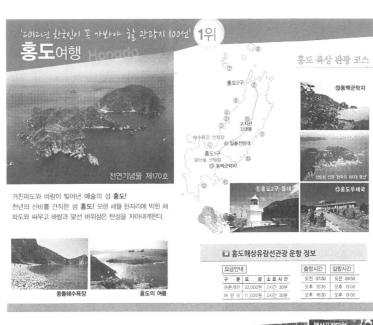

〈사진 16〉 홍도 여행 리플렛

산굽이길 − 흑산도아가씨 노래비 − 상라봉 제사터(봉수대) − 김
이수 묘소 − 지도바위 − 간첩동굴 − 선반도로 − 할미재 약수터 −
일주도로 기념비 − 정약전유배지 사촌서당 − 칠형제바위 − 샛개
해수욕장 − 최익현 유허비 − 자산문화관 도착

− 택시 이용 : 4인 기준 60,000원 (약 1시간 40분 소요)

− 관광버스 : 1인 15,000원 (약 1시간 40분 소요)

− 마을버스(일주도로 노선) : 1인 2,000원 (약 1시간 소요)

− MTB(산악자전거) : 동호인들 중심으로 진행됨

− 도보(일주도로) : 7~9시간 소요 (하루 코스)

일주코스 중에 문화유산 및 문화시설이 많은 부분을 차지하고 있긴
하지만, 1시간 40분의 짧은 시간에 제한되어 실제적인 관람이나 체험
등은 전혀 이루어지지 못하고 있다. 여행사 및 관광버스 등 관련
업체들과 지자체의 협력을 통해 여행프로그램을 다변화하고 관광객
들의 수요와 편의를 위한 개선의 노력이 필요한 시점임을 공감하게
된다.

이처럼 흑산도의 문화유산은 곳곳에 산재하고 여러 형태로 보전,
관리되고 있지만, 통일신라시대 이후 고려시대까지 한중일 교역의
중요 거점으로 자리했던 흑산도의 역사와 위상을 음미할 수 있는
문화공간이나 시설물이 복원되어야 할 시점이기도 하다.

이는 흑산도공항 조성과 함께 중국관광객들의 전남지역 방문 증대
와 맞물려 있는 사항이기도 하다. 흑산도공항은 2017년부터 공사를
시작해 2020년 개항을 목표로 추진되는데 공항이 건설되면 서울에서
KTX열차와 여객선으로 6시간 걸리던 흑산도 관광이 50인승 소형항공
기로 1시간 정도로 단축된다. 이를 통해 흑산도는 국내 관광객들의

〈사진 17〉 흑산도 공항예정지(국토교통부 보도자료, 2015.12.3.)

고급화를 도모하고 중국 관광객을 대비한 새로운 해양관광지로 부상
할 것으로 예상된다.

2. 2016년 조사 및 향후계획

2015년 무심사지 2차 발굴조사를 통해 다양한 건물지를 확인할
수 있었으나 사찰의 전체 규모를 확인하는 데는 한계가 있었다. 이에
추가 조사를 통해 무심사지의 초축연대를 규명할 수 있는 단서를
찾아야 할 것이다. 이를 위해서는 더 넓은 구역에 대한 시굴조사를
통해 사찰의 규모와 성격을 파악하고 향후 국가지정승격을 위한 기초

〈사진 18〉 흑산도 관광 리플렛

자료 확보가 이루어져야 할 것이다.

또한 사적으로의 승격을 위해서는 기초 학술조사와 함께 진리 읍동 마을과 상라산 일원에 분포한 상라산성, 무심사지, 추정 관사터, 제사터 등을 어떻게 연계하고 역사적 성격과 문화재적인 가치를 도출해야 할 것인지 본격적인 작업이 필요하다. 이는 금번 학술대회와 같은 학술행사나 연구용역 등 전문연구진들의 작업을 통해 이루어져야 하고, 관련 지자체의 노력 및 지역민들의 지지와 협력 속에 진행되어야 할 것이다.

참고문헌

(재)전남문화예술재단 전남문화재연구소, 2015, 『신안 흑산 무심사지 일원 발굴
　　조사 약식 보고서』.
(재)전남문화재연구원, 2014, 『신안 흑산도 관사터 2차 발굴조사 약보고서』.
(재)전남문화재연구원·신안군, 2015, 『신안흑산도 관사터 I 』.
목포대학교 도서문화연구소·신안군, 2000, 『흑산도 상라산성 연구』.
이정호 외, 2012, 『신안 흑산도 상라산 제사유적』, 동신대학교문화박물관.
최성락·정영희·김영훈, 2011, 『신안 무심사지』, 목포대학교박물관.

부 록

『신안 흑산도 고대문화 조명』
국제학술대회 종합토론 녹취록

좌 장	최 성 락 (목포대학교)
발표자	이 범 기 (전라남도문화관광재단 전남문화재연구소)
	강 봉 룡 (목포대학교)
	윤 명 철 (동국대학교)
	王 文 洪 (中國 浙江省 舟山市委党校)
	濱田耕策 (日本 九州大學)
	이 재 근 (신안군청)
토론자	김 희 만 (광운대학교)
	송 은 일 (전남대학교 이순신해양문화연구소)
	김 덕 수 (군산대학교)
	이 영 식 (인제대학교)
	손 영 식 (한국전통건축연구소)
	윤 용 혁 (공주대학교)
	최 종 관 (다도해해상국립공원)

최성락　오늘과 같은 중요한 학술대회에서 제가 사회를 맡아 잘 진행할 수 있을지 모르겠습니다. 지금부터 시작해서 2시간 정도 토론하겠습니다. 각 토론을 3분 정도로 제한하도록 하겠습니다. 먼저 이범기 선생의 발표에 대한 질의자가 별도로 없어서 제가 간단한 질의를 하고 넘어가도록 하겠습니다. 흑산도의 고고학적 연구성과와 의미를 정리하였는데 키포인트가 무엇인가 하면 선사시대의 유적·유물이 있고, 통일신라시대와 고려시대의 유적·유물은 많은데 비해 조선시대와 삼국시대 유적이 없다는 것입니다. 조선시대야 그렇다 치고 삼국시대의 유적은 왜 없을지, 있을 가능성이 있는지 등에 대하여 이범기 선생이 이야기해주었으면 좋겠습니다. 그리고 통일신라시대의 유적이 일부 조사되었습니다. 그렇다면 통일신라시대 유적과 고려시대 유적의 비중이 어떻게 다른지 최근의 조사 성과가 많이 있지만 간단하게 이야기해주시기 바랍니다.

이범기　예, 방금 소개받은 전남문화재연구소 이범기입니다. 먼저 저는 고고학 쪽으로 해석하는 입장임을 말씀드립니다. 첫 번째로 현재까지는 통일신라시대 이후 유적과 유물만 확인되고 있습니다. 그러나 저희가 흑산도 무심사지 발굴을 하면서 주변 유적이라든지 주변 환경을 유심히 살펴본 결과 지금 추정 관사터 부근에서 삼국시대 유물이 나올 가능성이 매우 크다고 생각을 합니다. 실질적으로 무심사지 발굴조사 중에 유적 주변을 지표조사를 해본 결과, 기와가 압도적으로 많지만, 토기편들도 소량 확인이 됩니다. 소량이라 단정할 수는 없지만, 일부 삼국시대까지도 소급될 수 있는 토기편도 확인이 됩니다. 물론 이런 부분은 좀 더 신중하게 접근을 해야겠지만 개인적으론 삼국시대 유적이 충분히 나올 가능성이 있다고 봅니다.

그리고 두 번째는 통일신라시대와 고려시대 유물의 특징은 토기와 기와로 구분할 수 있는데, 기와는 특징적인 성격을 가진 막새 등을 제외하고는 시기적으로 구분하기엔 현실적으로 힘듭니다. 그 이유는 기와는 제작기법이 단절이 아닌 연속성이 나타나기 때문입니다. 토기는 유적의 성격에 따라서 관사터 등 건물지에서는 출토 비중이 일부만 확인되고 있습니다. 그래서 저 같은 경우 조심스럽게 접근하면 유물은 확인되지만, 현재까지의 조사에서는 유구가 확인되지 않기 때문에 조금 더 발굴이 진행되면 통일신라시대와 관련된 유구와 유물이 같이 출토되지 않을까 생각하고 있습니다.

최성락　　예 알겠습니다. 흑산도에 삼국시대 유적이 존재하냐, 하지 않느냐가 초미의 관심입니다. 이를 보충 설명하자면 흑산도에는 확실히 나오지 않지만 인접한 신의면, 장산면, 그리고 배널리 고분이 있는 안좌도 등지에서는 백제시대 고분이 많이 발견되었습니다. 특히 신의면에서는 백제시대 고분이 집단으로 발견되었습니다. 그래서 백제시대에 해로가 발달되면서 많은 유적이 분포하고 있었지만, 흑산도는 조금 멀리 떨어져 있어 백제시대의 유적이 희박하지 않았을까 생각합니다. 그러면 이어서 강봉룡 선생님 발표에 대해서 김희만 선생님이 토론하는 시간을 가지도록 하겠습니다.

김희만　　네, 토론을 맡은 김희만입니다. 발표자께서는 '장보고시대' 라는 용어를 특징적으로 사용하고 있고, 장보고시대와 더불어서 흑산도의 위상을 여러 논거를 가지고 논문을 작성하셨습니다. 그런데 가장 궁금했던 점은 장보고시대라는 용어가 흑산도의 위상하고 직접연결이 될 수 있느냐. 가장 중요한 것은 읍동 포구를 중심으로 장보고와 관련되는 흑산도의 유적·유물이 실제로 발견되느냐는 것이 지적사항이라고 볼 수 있습니다. 지금 이 유적이나 유물이 있다고 한다면 그것이 과연 구체적으로 무엇이고 어떠한 근거하에서 말씀하실 수 있는지 질문드리도록 하겠습니다.

최성락   사실 저는 그 용어를 이해합니다. 강봉룡 선생님이 장보고 시대를 충분히 언급할만한 연구자입니다. 최근까지 장보고 연구에 빠져있었다고 보기 때문입니다.

강봉룡   제가 장보고에 빠져 있어서 그랬는지 주최 측에서 제목을 그렇게 지어 주었어요. 제목은 바꿔도 좋다고 했는데 굳이 바꿀 필요가 없다고 생각하여 그냥 따옴표만 붙여서 '장보고시대'라고 하기로 한 것입니다. 흑산도의 유물을 보면 현재로써는 삼국시대의 것은 없고 그 유물의 시작점이 바로 장보고 선단의 활동 시기부터 나타나는 것으로 보아 흑산도가 장보고 선단의 거점으로 활용되면서 국제적으로 부각되었고, 그 위상이 고려시대까지 쭉 이어진 것으로 보아서, 그 시작점을 중시하여 따옴표를 넣어 '장보고시대'라 한 것입니다.
  그리고 아까 이범기 선생님께서 흑산도에서 삼국시대 유물이 나올 가능성이 있다고 했는데 저도 확실히 나왔으면 좋겠어요. 그런데 삼국시대에 항구를 통해서 중국과 한반도 서남해지역이 교류를 했다고 한다면 그 항구에 중요한 흔적들이 있어야 할 겁니다. 예를 들어 집터라든가 포구의 마을, 이런 것들이 나와야 만이 가능한 것이지요. 흑산도에는 삼국시대 유물과 유적은 없지만, 선사시대, 신석기시대나 청동기시대의 것은 있습니다. 패총도 있고 고인돌도 있고. 그때 표류라던가 이런 이례적인 형태로 흑산도에 가서 돌아오지 못하고 머물러서 살 수도 있다고 생각해요. 그렇지만 그런 케이스는 해로의 개념과는 구별할 필요가 있어요. 해로, 즉 '길'이라는 개념은 목적의식을 가지고 어디로 가야겠다, 어디를 들려서 어디로 가야겠다고 할 때 성립되는 것인데, 누가 표류를 해서 한 번 가본 적이 있다고 하여 길의 개념을 적용하기는 힘들지요. 통일신라시대 후기에 분명히 흑산도가 중국으로 갈 때 들러 갔던 거점, 길목이었던 것이 분명하므로 해로의 개념을 적용할 수 있는데, 그것을 삼국시대까지 올려서 적용할 만한 인상적인 유적이 나오느냐가 문제입니다. 현재로써는 회의적이지요. 그런데 아까 최성락 선생님께서 삼국시대 때 연안도서 지역에서는 인상적인 유적들이 나온다고 그랬습니다. 연안도서 지역에는 백제 고분도 굉장히 많고 고대 성곽도 있습니다. 삼국시대에 연안해로가 활성화되었고, 연안도서들이 연안해로의 거점으로 이용되었던 것이 분명하죠. 그렇지만 연안도서 지역에 삼국시대 유적과 유물이 있기 때문에 흑산도에도 있을 거라고 하는 것은 차원이 다른 것이지요. 읍동 말고 다른 흑산도의 다른 포구에서 나올 수도 있기 때문에 확정적으로 말하기는 힘들지만, 현재로써 고고학적 자료와 문헌을 통해서 목적의식을 가지고 흑산도를 들러 황해를 사단하여 중국에 이르는 해로는 통일신라 이후에나 가능하다는 발표를 하게 된 겁니다. 현재로써는 이렇게 얘기할 수밖에 없다고 생각합니다.

최성락　　예 알겠습니다. 하나 더 말씀드리면 강봉룡 선생님을 옆에서 지켜보면 '장보고시대 흑산도의 역사'라는 타이틀이 의미가 있습니다. 강봉룡 선생님이 첫 번째 빠져든 주제가 장보고이고, 두 번째는 흑산도입니다. 이것이 아주 묘하게 결합된 역사적인 타이틀이라고 생각이 됩니다. 이것을 누가 붙였는지 잘 모르겠습니다만 좋습니다.

김희만 선생님께 한 번 더 질문의 기회를 드립니다.

김희만　짧게 하도록 하겠습니다. 그러니까 지금 이 논문 전체에서의 가장 큰 특징은 장보고시대라는 것을 설정할 수 있는 개연성은 있습니다. 그런데 지금 삼국시대 유적·유물을 이야기하듯이 과연 지금 확인된 유적·유물 가지고 장보고시대를 설정할 수 있는 실재성은 좀 어렵지 않나. 지금 유적·유물이 나왔지만, 우리가 딱히 집어서 장보고시대의 설정을 할 수 있는, 시대성을 부여하기에는 아직 유물·유적이 적다는 생각이 들고요. 그 다음 엔닌의 『입당구법순례행기』나 서긍의 『고려도경』, 이중환의 『택리지』 등 여러 문헌 자료를 중심으로 해서 당시 장보고의 해상 루트, 장보고의 길이라고 할 수 있는 내용을 설정하셨는데 실제로 여기 나와 있는 『입당구법순례행기』나 『고려도경』, 『택리지』에 관련되는 내용이 장보고시대를 설정하기에는 전부 다 후대의 것입니다. 그 점에 대해서도 사실은 궁금합니다.

최성락　말씀하신 포인트를 정리하자면 지금 장보고시대를 설정하기가 어렵다는 것인지 아니면 장보고시대가 통일신라시대이니까 통일신라시대의 항로를 설정하기 어려운 것인지?

김희만　두 가지 다입니다.

강봉룡　제가 따옴표를 붙인 것은 '소위'라는 뜻이거든요. 장보고시대라고 하는 엄밀한 시대구분의 개념을 설정한 것이 아니고 머리말에서도 얘기했듯이 하나의 가설적인 설정으로 '소위 장보고시대'라는 거죠. 바닷길을 얘기할 때 장보고라는 상징적인 인물을 내세우는 것도 필요한 것 같다는 생각으로 고려시대까지 포괄하여 편의상 그렇게 쓴 것입니다. 다음에 장보고가 청해진과 더불어 상대포도 활용했을 가능성이 있다고 봅니다. 그 상대포 인근에 청자 생산단지를 보면 청해진만 관할한 것이 아니라 광범위한 서남해지역을 관할했다고 봅니다. 장보고선단이 청해진을 출발해서 적산포까지 가는데, 흑산도에 들렀을 가능성이 큽니다. 현재로써는 전면발굴을 하지 않아 유물이 많이 나오지는 않았지만, 지표조사만으로도 장보고시대를 보여줄 수 있는 주름무늬편병이라든가 편병, 해무리굽청자, 이런 것들이 나온 것은 굉장히 중요한 실마리가 될 수 있다고 생각합니다. 그래서 사적을 지정해서 장기간 발굴을 할 필요가 있다고 보고, 읍동마을을 사적으로 지정해서 제대로 발굴할 것을 제안드립니다.

최성락   네, 그럼 이 정도로 정리하고, 나중에 또 시간 있으면 이야기를 듣도록 하겠습니다. 다음은 윤명철 선생님이 발표해주셨는데 송은일 선생님이 질의해 주시기 바랍니다.

송은일   안녕하십니까. 토론자 송은일입니다. 이 글을 읽으면서 몇 가지 의문사항이 있는데요. 4가지 정도 질문하겠습니다. 이 글에서 보면 흑산도와 연관 있는 표류 현상들을 기본 항로상, 또는 항로일 가능성이 큰 곳에서 비의도적으로 발생한 표류와 표착에 대해서 전제하면서 흑산도의 위상은 일반적인 섬이나 해양에서의 표류와는 의미가 다르다는 특별성을 부여하였습니다. 그런데 한반도의 남해안과 서남해안 등 흑산도와 같이 항로상에 놓여 있는 연안이나 섬들이 많습니다. 따라서 이러한 지역 역시 흑산도의 그것과 마찬가지의 의미를 지닌다고 생각되는데 필자의 생각은 어떠한지 궁금합니다.

그리고 현재나 전통시대나 해양에서의 표류 원인은 다양하다고 생각됩니다. 전통시대 해양에서의 선박 표류 원인들 중 이 글에서 드러내지 않은 부분이 있다면 부연 설명해주시면 감사하겠습니다. 이 글에서는 표류와 관련하여 표류상이나 표류 현상이라는 단어를 쓰고 있습니다. 제가 잘 몰라서 그런지 몰라도 이 부분이 궁금했습니다. 흑산도와 표류의 연관성이 항해술의 발달 여부에 따라서도 밀접한 관계가 있는 것인지 또는 비단 흑산도뿐만 아니고 서남해안이나 남해안의 표류와도 관계가 있는 것인지 간단하게 설명해주셨으면 합니다. 이상입니다.

최성락　　예, 질문 다하셨습니까?

송은일　　네.

윤명철　　네 가지를 질문해주셨는데요. 첫 번째 흑산도와 비슷한 입지를 가진 곳은 일단 제주도가 있고요. 두 번째는 군산제도가 있죠. 옛 명칭은 '고군산'이죠. 그다음에 행정구역상으로는 경기도이지만 충청도나 남양만과 관계가 깊은 덕적도가 그 역할을 할 수 있고요. 더 북으로 올라가면 연평도도 그렇지만, 백령도는 고구려 시대에는 흑도(鵠島)라고 해서 황해 중부를 횡단하는 데 굉장히 중요한 역할을 합니다. 다만 흑산도는 지정학적 요인으로 볼 때 고려시대 때는 송나라와 고려 간에는 전기부터 요나라 때문에 산동 이남으로 내려가고, 특히 후기에 들어서면 금나라로 인하여 절강 지역과 교류관계에 들어갑니다. 이러한 관계는 아까 말씀드렸지만, 고려보다는 오히려 송나라 측 요구로 이루어졌습니다. 이런 상황과 관점으로 본다면 흑산도는 굉장히 중요한 역할을 한 것이죠. 이렇게 얘기할 수 있습니다. 사실 흑산도뿐만 아니라 여러 군데에 거점들이 있었는데, 이 시대에는 특히 흑산도가 중요했습니다.

두 번째 질문에 답변하겠습니다. 표류의 원인은 여러 가지가 있습니다. 우선 자연환경, 그 가운데에도 기상이변이 가장 큰 요인입니다. 과거에도 똑같았습니다. 키가 부러진다든가, 돛이 찢어지거나 돛대가 부러지는 경우, 심지어는 선체가 부서지는 경우까지 발생합니다. 그 다음에 전쟁과정에서도 표류 현상은 나타납니다. 선체가 심하게 파손되거나, 항로를 이탈할 수밖에 없는 경우들도 있거든요. 816년으로 기억되는데, 150명에 달하는, 아마 전라남도 지역의 주민이라고 생각하는데, 절동지역에 도착하는 경우가 있거든요? 그런 것들도 저는 표류라고 봅니다. 그러니까 제가 말씀드리는 것은 장보고시대 이전에도 황해 남부항로나 동중국해 항로를 사용하면서 사람들이 왔다 갔다 했다는 것입니다.

그 다음에, 여러분들 모두에게 말씀드리고 싶은 것 하나는 두 번째 질문에 대해서인데요. 현재 전라남도가 있는 위치는, 보통 생각할 때는 전라남도와 절강성이 가깝거나 동일한 위도에 있다고 생각하는데, 사실은 굉장히 멀리 떨어져 있고 위도상으로 보면 오히려 산동의 해안과 비슷합니다. 대체로 이런 것들을 혼동하는 경우가 있습니다. 또 한 가지는, 백제도 마찬가지입니다만 고구려도 그렇고, 남조정권과 교류할 때는 수도가 현재 양자강 하구인 남경인 건강(建康)지역이기 때문에 항로의 정착지는 상해만입니다. 고대 항로는 양자강의 하구는 워낙 수량이 풍부해서 배를 갈아타지 않고도 남경까지 갈 수가 있습니다. 그렇다면 웅진백제 이후에 사용한 백제 항로는, 돌아올 때는 양자강 하구에서 당연히 황해남부 사단 항로를 사용해야 하고요. 갈 때는 황해중부를 약간 비켜가다가 남행해서 양자강을 거슬러 올라가는 항법이 좋습니다. 저는 이런 부분을 논문으로 발표한 적이 있습니다. 여러분이 자꾸 그렇게 생각하시는데, 흑산도를 지나는 행적은 중국의 남쪽이 아닙니다. 그 외에도 삼국시대 때 항해를 했을 가능성에 대해서 많은 분이 부정적으로 봅니다. 그런데 비슷한 류의 발해만이라든가 황해북부라든가 또는 중국 해양역사에서 보면 정말 황해를 종단하거나 사단하는 등 장거리 항해를 한 사례들이 많습니다. 특히 고구려는 234년에 손권의 오나라와 교섭을 합니다. 그때 오나라 선단은 압록강 하구로 가는 것이었습니다. 요동반도와는 이미 교류가 있었습니다. 요동과 전쟁을 벌이기도 했습니다. 마찬가지로 고구려도 그 직후 남경에 수도를 둔 동진과 교류를 합니다. 그리고 발해를 건너서 화북지방과는 상당한 양의 군사와 물자들이 오고 갑니다. 439년에는 송나라에 800필의 말을 수출하기도 하죠. 물론 선단이 황해를 종단해서 말입니다. 그 밖에도 많은 사례가 있습니다. 따라서 오래전부터 황해를 사단하거나 종단하였다는 데에는 논란의 여지가 없습니다. 그 정도만 말씀드리지요.

세 번째, '표류상'이랑 '표류 현상'이라는 용어를 썼습니다. '표류상'이라고 했을 때는 역사성을 말한 것입니다. 한자를 안 썼기 때문에 의사전달이 잘 안 된 모양입니다. 표류상은 표류의 역사상이기 때문에 '역사적 사건'이라든가 '인식'이라든가 등 고려에서 발생한 역사에 대한 상이라고 이해하면 될 것 같습니다. 또 '표류 현상'은 단순히 사건을 얘기한 것에 그쳤습니다.

그리고 흑산도와 표류의 연관성이 항해술의 발달 여부에 따라서 관계가 밀접한 것인가라고 질문하셨습니다. 네 좋습니다. 일반적인 표류 현상이라면 그것이야 뭐 별거 아닙니다. 그렇지 않은 경우, 왜냐

하면 흑산도가 지정학적 요인이나 지경학적 요인에 의해서 항로상에서 정말 중요한 거점이 되었다면, 그 항로를 이용하려고 찾아가는 과정에서 예기치 않은 사고로 표류 현상이 발생할 수 있습니다. 그로 인해서 흑산도의 표류 현상과 항해술, 정치 이런 것들이 다 연관성이 있다고 말씀드릴 수가 있죠. 역설적입니다만, 항해술이 발달했기 때문에 어느 시대부터인가 흑산도를 경유하는 항로가 개발되었고, 그러면서 필연적으로 정치·외교적으로, 경제적으로도 흑산도는 매우 중요해졌습니다. 동아시아에서 아주 중요한 항로상에 위치하게 된 것이지요. 많은 선박이 정박하기 위해서나 또는 항해하는 데 물표로 삼기 위해 흑산도 해역을 항해했을 겁니다. 그러니까 흑산도와 흑산도 이용항로는 자연스러운 것이 아니라 특별한 목적과 위상을 가졌고, 국제관계에 직접 영향을 끼칠 수밖에 없는 공간이 된 겁니다. 다시 한 번 강조하지만 중국 지역이 남북으로 분단됐을 경우에 우리와 교류한다면, 적어도 절강성 이남해역에서 출항한다면 필수적으로 흑산도를 경유하거나 흑산도를 항법상 활용하면서 흑산도 해역을 통과해야 합니다. 그런 위상과 역사상 속에서 항해 도중에 기상악화라든가, 선박의 파손이라든가, 아니면 또 다른 특별한 상황을 맞으면서, 비록 전투 등은 일어난 적이 없지만, 표류 현상들이 많이 나타났다고 판단합니다. 따라서 흑산도만큼은 다른 지역과는 조금 다르게 해석해야 한다는 것이 이 논문에서 말하는 것입니다.

최성락　　예, 간단하게 말씀해 주셔서 감사합니다. 송은일 선생님 더 추가하실 질문 계십니까?

송은일　　아니요. 됐습니다.

최성락　예, 그럼 제가 추가 질문하겠습니다. 좀 전에 강봉룡 선생님은 통일신라시대에 사단항로가 가능하였다는 것을 강하게 주장하셨습니다. 그런데 윤 선생님의 발표를 들어보면 그보다도 더 이전인 삼국시대에도 가능하였다는 것입니다.

윤명철　저는 삼국시대 이전부터 황해 사단항로뿐만 아니라 동중국해 사단항로가 사용되었다고 주장을 하는 겁니다. 왜냐하면, 표류가 빈번했다는 것은 시대를 막론하고 항해가 가능했다는 것을 의미합니다. 다만 빈도수나 규모가 문제일 뿐이지. 표류로는 대부분 항로입니다.

최성락　그런데 그 근거가 어떤 것인가요? 다른 분들이 비판하는 부분도 있습니다만.

윤명철　그런데 그것에 대한 견해들은 고고학적인 발굴과 연관성이 있거든요? 이 부분에 대해서 임영진 교수 등이 몇 가지 의견을 제시하고 있는데, 그건 이제 제 영역이 아니죠. 그렇지만 저는 해양사 전공자의 입장으로 볼 때 동중국해 사단항로가 기원전부터 있었다는 걸 말씀드립니다. 사실 우리나라는 기록이 없기 때문에, 입증하는 데 한계가 있지만, 중국의 사례들을 근거로 하면, 상대 비교를 하면 충분히 가능성이 있습니다. 더군다나 기원 전후에는 이미 진나라의 진시황제만 하더라도 황해연안을 네 번이나 순회했거든요. 세 번은 산둥반도 주변 지역이지만 네 번째는 절강성이에요. 또 서복이 이끄는 선단이 출항했는데, 출항지는 약 세 군데 정도를 주장들 하고 있는데, 중요한 것은 황해 중부를 횡단해서 여기저기를 거친 다음에 제주도에 도착했거나 아니면 경유한 후에 다시 항해해서 일본학자들처럼 와카야마 지역까지 갔을 수 있죠.

그리고 또 한 가지 저는 한국 역사학자들의 생각과 태도에 대해 궁금하기도 하고, 이해할 수 없을 때가 있습니다. 저는 위만조선과 한 무제가 수군까지 동원해서 전쟁을 벌일 때 수도인 왕검성의 위치를 평양으로 보지 않습니다. 이미 해양적인 관점에서 그 주장을 논문으로 발표했습니다. 그런데 한국의 학자들은 당시 한 무제 군이 수군을 이끌고 현재 평양까지 공격했다는 입장을 갖고 있습니다. 한나라 수군 8000명 이상을 태운 함대가 황해를 횡단 또는 근해항해를 해서 전투를 벌이다가 실패하고 퇴각했다가 다시 횡단하여 공격한 후 점령했다는 것을 인정하는 것이지요. 그리고 평양지역을, 후에는 황해도 지역을 수시로 항해하면서 지배했다는 것 아닙니까? 저는 해양사 전공자로서 해양 환경 역사상, 해양방어체제의 분포 등을 분석해서 가능성이 별로 없다고 주장했습니다. 그런데 근거도, 적어도 해양과 연관한 근거들은 제시하지도 않고, 당연한 듯이 주장합니다. 어쨌든 그 시대에는 해양문화가 매우 발달해서 황해를 내 집처럼 드나들었다는 의미인데. 그런데 우리 지역 사람들이 일본열도를 건너가거나 아니면 흑산도로 입도했다는 것을 불가능하다고 생각하지요. 고고학적인 증거들이 많은데도. 사실 이해할 수가 없어요. 입도하는 정도가 아니라 흑산도를 이용해서 우리 해안과 중국의 남부 해안은 항해가 가능했습니다.

더군다나 또 한 가지는, 해양문화의 특성으로 모방성, 기술의 공유 등이 있습니다. 왜냐하면, 고대사회에서 육지세력들은 육지의 토지와 산천을 경계로 갈라지고, 삶의 양식이 달라지고, 교류도 잘 안 됩니다. 그런데 해양세력들은 만을 중심으로 형성되기 때문에 언제나 교류가 빈번하고 기술도 공유하고, 경험도 공유할 수밖에 없습니다. 황해는 조금 더 큰 '만'일 뿐이지요. 그리고 또 한 가지는 이쪽 만과 저쪽 만 등 상대 만 간에는 동일한 사람들이 교류하면서 이주도 활발하지만, 일종의 혼인권이 생성되고요, 예를 들면 교류권도 생깁니다. 그러다 보면 가장 중요한 해양문화에 관한 지식과 기술을 공유하는 경향이 강합니다. 그러다 보니까 발해만을 사이에 두고 산둥반도와 요동반도는 7000년 전부터 교류가 있고, 하나의 문화권이 생성된 겁니다. 사실 발해가 아니라 정확하게 말하면 발해만입니다. 발해 중에서 산둥반도의 서쪽은 발해만입니다. 북쪽이 요동만이지요. 발해부터 압록강 하구까지는 선사시대부터 교류가 활발했다는 증거들이 너무나 많이 나오고 있습니다. 그래서 저는 달리 보고 있습니다.

최성락 네 알겠습니다. 그런데 꼭 짚고 넘어가야 할 문제가 있습니다. 사실 우리나라에서는 신석기시대부터 배가 발견됩니다. 아주 오래 전부터 배가 나와서 바다를 항해했다는 사실을 알고 있습니다. 저에게 수수께끼가 하나 있거든요. 평소에 가지고 있던 수수께끼입니다. 우리나라 신석기시대 유적 중에서 제일 이른 것이 고산리 유적입니다. 고산리 유적이 출현할 때쯤은 주변이 전부 바다입니다. 그런데 이 유적과 거의 똑같은 유적이 일본 구주지역에서 나오거든요? 그걸 어떻게 해석하십니까? 이것이 제가 평소에 가지고 있던 의문입니다.

윤명철 제주도에서 출발하면 그쪽 일대로는 가기 싫어도 갑니다. 당연히 표류를 해서라도 도착하는 것이지요. 아시겠지만 삼국시대 말에 제주도와 일본열도의 왜국이 사신단을 교류했잖아요.

최성락　그것이 삼국시대이라면 이해가 됩니다만 그것이 지금부터 만 년 전이라는 것입니다. 구천 년 혹은 만 년 전에 제주도하고 구주지역 사이에 왔다 갔다 했을까요?

윤명철　조직적인 전파에 대해서는 만 년 전의 교류를 말할 수가 없는데, 일반적인 흐름을 따라서는 본인이 원하지 않더라도 제주도에서 출발하면 그쪽에 도착할 수가 있다는 것이지요. 저는 2003년에 뗏목으로 항해할 때 산동성을 출항해서 황해중부를 횡단했습니다. 다시 완도를 경유해서 제주도에 도착했습니다. 그리고 며칠 정박한 후에 출항했습니다. 원래는 규슈 북쪽의 가라쓰를 목표로 했고 항해기간은 7일 정도로 생각했습니다. 하지만 폭풍과 파랑을 만나 표류성 항해를 하다가 13일 만에 규슈의 서쪽 끝인 오도열도의 남쪽 나루시마에 도착했습니다. 그걸 보면 선사시대에도 얼마든지 항해가 가능합니다. 바다의 길은 고유의 메커니즘이 있습니다. 그걸 이해하고 수용하면 해양과 관련된 역사상은 달리 해석할 수 있습니다.

최성락　네, 그 정도로 정리하겠습니다. 그러면 중국에서 오신 왕 선생님에 대한 토론을 김덕수 선생님이 해주시겠습니까?

김덕수　군산대학에 있는 김덕수입니다. 이번에 왕문홍 교수님 논문을 미리 접해보고 자세히 잘 읽어 봤습니다. 특히 고대의 주산군도를 한국인의 입장에서 제가 봐왔던 것을 이제는 중국의 입장에서로 눈을 돌리는 것은 처음이 아닌가 싶습니다. 그래서 특히 왕 교수님의 지금까지 논문은 고대에서 당나라 전까지만 얘기를 하고 있는 것 같습니다마는 이번에는 당을 넘어서 송대 이후에 흑산도가 어떤 의미가 있는가를 논거를 주로 하고 있는 것으로 파악되고 있고요. 특히 흑산도는 한국과의 관계에서 송대 이후에 상호 어떤 작용을 하고 있고 어떤 지위에 있는가 그런 내용이 주 내용인 것으로 파악했습니다. 그런데 좀 아쉬운 것은 왕 교수님은 교수님대로 중국의 문헌을 가지고 연구를 하셨지만, 이미 연구가 한국에선 충분히 되었던 내용을 다시 중국 측 입장에서 고려하지 않았는가 하는 그런 생각을 가져봤습니다. 좀 더 심도 있게 중국에서는 한국에 없는 자료를 발굴해서 우리에게도 유익한 자료를 제공해주고 어떤 분쟁 소지를 어떻게 풀어갈 것인지가 없어서 아쉽지 않았는가 생각하고 있습니다. 그래서 이번 기회에 한·중 양국의 학자들이 어떤 내용을 가지고 다시 한 번 재론을 해서 문헌을 추적해 상호 작용, 좀 더 역사적 지위를 확보했으면 하는 아쉬움을 가지고 제가 몇 가지 질문하겠습니다.

왕 교수님은 흑산도를 주산군도와 상대적인 개념으로 보고 있습니다. 저도 이건 동의가 됩니다. 그동안 한·중 관계는 주로 적산과 청해진 등 연안과 연안 사이에서 좀 더 바다 쪽으로 진일보하게 주산이라는 군도와 흑산이라는 군도를 중심으로 해서 파악하면서 그것을 양국 간의 하나의 경계선이고 하나의 관문이고 또는 중계항이고 신앙의 교류지로서 이야기를 했습니다. 특히 서긍의 『고려도경』을 중심으로 연구한 것 같아요. 여기서 제가 질문을 하고자 하는 것은 우리는 보통 주산군도 내의 보타도를 통해서 알고 있는 것은 '관음신앙'이라든가 '신라초' 정도인데, 새롭게 고려도두는 고려 때, 신라초는 신라 때라고 하면 고려시대의 새로운 지명이 등장한 것에 대해서 과연, 신라초는 우리가 역사적으로 다 동의하는데 고려도두에 대해서는 생소한데 그 부분에 대해서 중국 측 입장에서…, 아직 이 분야에 대해서 한국에서 연구한 것을 보질 못했습니다. 최근에 한·중 수교가 되면서 중국에서 이 문제가 제기되는 거로 알고 있습니다. 그래서 그 문제에 대해서 좀 더 알고 싶고요.

두 번째는 흑산도의 관음도량과 관련된 것인데요. 물론 제가 들은 것은 없지 않아 있습니다만 중국에서는 사대 불교 성지 중의 하나인 주산군도의 보타도가 유명한 관음신앙의 본거지로 알고 있습니다. 그럼 가장 가까운 흑산도에 영향권이 커야 하는데 영향권이 작은 것 같아요. 그리고 한국에서는 잘 몰라서 그러는데요. 관음신앙이 중국만큼 확실히 안 나와요. 그것을 마조신앙하고 연결을 하는 것 같고, 마조인지 관음인지 관음이 마조인지 그 부분이 애매하거든요. 그래서 제가 오늘 이 기회에 마조는 마조고, 마조의 화신이 관음과 관련이 있는지 굉장히 궁금했습니다. 그래서 이거 하고요.

그리고 끝으로요. 최근의 중국에서는 일대일로라는 시대가 되었습니다. 일대일로를 대비해서 흑산도를 새로운 시대로써 의미부여를 해야 되거든요. 일대일로라는 것이 어떤 의미가 있는가. 혹시 주산군도와 흑산군도와의 관련이 있다면 일대일로의 전망이 어떤지 답변 부탁드립니다.

최성락　　네 감사합니다.

王文洪　　질문을 여러 가지 하셨는데요. 순서대로 말씀드리겠습니다. 먼저 아까 말씀하신 고려도두에 대해서 말씀드리는데, 일단 도두는 고대에 배를 타는 곳을 가리켰습니다. 부두라는 뜻인데요. 실제 조사나 문헌에 의하면 근래에 고려도두에 관한 기록이 송 조언위(趙彦衛)의 『운록만초(雲麓漫鈔)』에서 최초로 발견이 됩니다. 기록내용을 살펴보면, '서쪽에서 오르면 고려도두라고 불리는 길이 있다. 동쪽으

로 돌아 보문령(普門嶺)을 지나면 그 위쪽에 탑자봉(塔子峰)이 있는데, 그 옆을 매잠(梅岑)이라 부른다. 여기에서 동쪽으로 남입사(南入寺)로 되돌아 들어간다.' 이런 기록이 있습니다. 현재까지 존재하는 지리적 위치 분석에 근거해서 보타산 불교문화연구소 연구원 왕련승(王連勝) 등 관련 연구자들이 4개월여에 걸쳐서 조사한 바에 따르면 고려도두의 옛 위치는 보타산 서남쪽 사기만(司基灣)이 있습니다. 거기에 관음동 산기슭 아래쪽에 있을 것으로 추정이 됩니다.

송대에 도두에 고려라는 명칭을 붙인 것은 당시 보타산과 고려의 관계가 굉장히 밀접했기 때문입니다. 당송 이례로 대단위의 고려 사신, 상인, 불교신도가 중국을 방문하는 도중에 보타산 고려도두 일대에서 바람을 기다렸고 상륙전에 보타산을 향해서 항해 안전의 기도를 올리기도 했습니다. 여기서 알 수 있듯이 고려도두는 송나라를 출입하는 각국 사신을 태운 배와 공물을 실은 배 여객 및 화물선의 부두였으며 보타산은 송대에 이미 주산군도와 흑산군도를 연결하는 중계항이었습니다.

대산도의 고명원이라는 곳에서도 고려에 관련된 기록이 있다고 합니다. 송대에 아까 말씀드린 창국이라고 하는 지명의 창국현경도(昌國縣境圖)에도 고려라는 기록이 보입니다. 창국현지에도 고려라는 기록이 굉장히 많이 나옵니다.

최근의 연구성과를 소개해드리겠습니다. 보타산 관음도경의 형성과 흑산해도의 관계에 대해서 말씀드리겠습니다. 흑산해도라는 동아시아 실크로드에서 고대 한·중 양 교류의 중대사건이 많이 발생했는데요. 그 한편으로는 보타산 관음불의 형성이 촉진되었고 다른 한편으로는 관음신앙이 이곳을 통해서 한반도로 전파가 되었습니다. 두 가지 사례를 들 수 있겠는데요. 여기에서는 하나만 말씀드리겠습니다.

1078년에 고려 국왕이 병이 나서 중국에 영약을 요청했습니다. 그래서 송에서는 의사, 약품을 보내서 치료하게 했는데요. 이들이 귀국하는 길에 보타산을 지나다가 폭풍을 만나게 돼서 보타산을 향해서 기도를 드렸습니다. 그리고 나서는 바로 구름이 걷히고 무사히 명주 해안에 도착할 수 있었습니다. 그래서 귀국한 이후에 왕에게 이것을 상주하자, 당시 송은 신종인데요, 송 신종이 그에 감동해서 1080년에 보탑관음사라는 현액을 하사했고 이때부터 원래 내장산이라고 부르던 것을 보타산이라고 부르게 되었습니다. 보타산지에 근거해서 보면, 당시의 뱃사람들이 폭풍이나 해적을 만났을 때 언제라도 이 섬을 향해서 빌기만 하면 즉시 위험을 벗어나 평온을 되찾을 수 있었습니다. 그래서 북송연간 두 차례에 걸쳐 고려로 파견되었던 사절단의 이런 사례들이 보타산이 국제적인 관음도량으로 성장하는 계기가 되었습니다.

마지막으로 당대의 흑산군도가 주산군도와 한반도 사이의 무역 중에서 어떤 지위를 차지하고 있느냐는 질문이었는데요. 이 부분에 대해서는 목포대학교 강봉룡 교수님의 연구를 참고했습니다. 최신 연구의 성과를 다 봤는데요. 중국의 당대 중기에 해상왕이라고 불리었던 신라 장보고가 한반도 남단의 유리한 지형을 이용해서 중국, 일본과 해상무역을 크게 발전시켰는데요. 그 선단이 흑산군도를 중심으로 한반도 남부와 중국 명주, 등주, 일본 사이를 왕래했으며, 육로를 통해서 당의 수도 장안까지 상품을 운송했습니다. 그 세력이 한·중·일 삼국 해상 무역을 독점함으로써 당과 신라 무역에 종사하는 최대 상단의 수령이 될 수 있었습니다. 또 장보고는 당에서 생산되는 도자기를 국제 무역 상품으로 유통했고 여기서 더 나아가서 도자기 생산 기술을 청해진 주변의 서해 남부지역에 전파하기도 했습니다. 이와 같은 빈번한 동아시아 국제무역 과정에서 흑산군도가 고대 해상 무역의 중요한 거점으로 발전했습니다. 이상입니다.

최성락　질문은 짧았는데 대답을 성실하게 하시다 보니까 좀 길었습니다. 이 정도로 정리하겠습니다. 다음은 하마다 코사쿠(濱田耕策) 선생님에 대하여 이영식 선생님이 토론해 주시기 바랍니다.

이영식　일단 하마다(濱田耕策) 선생님 발표 잘 들었습니다. 하마다 선생님의 발표가 3세기부터 9세기까지 무려 600년 동안을 대상으로 하기 때문에 어떻게 보면 한일관계사 전 사료집 같은 느낌이 듭니다. 그래서 아마 앞으로 찾아보기 편리하겠다 하는 느낌이 드는데요. 보충 한 가지하고 세 가지 정도 짤막한 질문을 할까 합니다. 어떻게 보면 일본의 문헌사학자한테 없는 거 내놓으라고 하는 질문이 될 수도 있는데 이게 워낙 시대가 범위가 넓고 문헌기록에만 의존해서 설명하시기 때문에 제가 토론자료 1~5번까지에 누구나 다 알 수 있는 유적들을 추가로 나열했습니다. 이 유적들을 나열하면서 아무리 문헌중심이라 하더라도 이렇게 하면 전라도해역과 왜인들의 관계가 보다 구체적으로 보이지 않을까라고 생각을 했습니다. 예를 들어 해남 군곡리 패총의 화천 같은 경우는 아주 짧은 기간 대방군 고지에서부터 김해를 거쳐서 규슈 북부지역, 오사카지역 깊숙한 곳까지 출토가 되고 있으니까 이런 것들을 지금 이 전라도 해역을 통과하는 얼마나 빈번한 항해가 이루어 졌을까를 보여주는 단적인 유물이라고 할 수 있는데 …, 이건 뭐 누구나 아는 유물입니다. 이런 것들을 좀 더 보충해주시면 어떨까 하는 생각이 들구요.

　최근에 구야한국이라고 표기된 김해 구산동유적에서는 엄청난 야요이토기가 출토가 됩니다. 그건 아마 이제 해로에 관계된 왜인의 거주를 말하지 않으면 안 되게 되었습니다. 예전에는 여러 가지 전통적인 식민사관이라던지에 관련되어서 얘기하기 어려웠는데 이젠 실제로 그렇게 안 됩니다.

그 다음에 마한의 관련되는 여러 항구를 거친다 라고 하는 서술과 관련해서는 제가 최근에 인용한 적이 있는데 고김해만이라든지 동래의 수영만지역에서 마한계토기가 상당량 출토되는 점입니다. 역시 이런 여러 마한계통의 소국들을 통과했던 증거다. 이런 것 역시 좋은 자료라고 생각되고요. 죽막동유적에 대한 것은 여기 여러분들이 더 잘 아실 것 같고, 또 최근에 인천 영종도 남쪽에서 출토되어서 7~8세기 통일신라 배로 판명된 영흥도선 같은 경우에는 오늘 우리가 얘기하고 있는 청해진의 장보고 활동이라든지 엔닌의 항해하고 직접 연결시켜 살펴볼 수 있는 최근 자료가 됩니다. 그리고 앞으로 이 학술회의의 성과를 책을 만드신다고 하는데 그때 저명한 고고자료들을 보충해 주시면 훨씬 글이 선명하게 입체적으로 보이지 않을까 그런 생각을 했습니다.

그리고 임나가라의 비정에 대해서 아마 작년에 함안에서 하마다(濱田耕策) 선생님과 얘기를 한 적이 있는데, 오늘 보니까 아마 자신의 오류였다고 말씀하신 것처럼, 김해나 고령으로 비정하는 경우는 있어도 함안으로 비정하는 경우는 없는데 이미 하마다 선생님이 오기라고 말씀하셨으니까 대답 안하셔도 됩니다.

그 다음에는 아까 윤명철 선생님이 표류와 표해를 말씀하시면서 표류는 인적교류를 뜻하는데 인적교류는 결혼도 하게 되고 이런 인적유대가 국가 간 유대로 발전할 수 있다고 발표지에 없는 말씀을 하셨어요. 그랬는데 마침 제가 선생님이 제시했던『일본서기』부레쓰 4년, 502년에 해당되겠죠. 거기 무령왕 이름에 시마왕(斯痲王)이 되어있고 뭐 우리 한자에도 사마(斯麻) 이렇게 있지만 아마 시마라는 발음이 맞을 겁니다. 결국 시마는 섬을 의미하는 일본어고 고대 일본어는 새마라고 하는 고대 한국어하고도 통하는 걸로 알고 있습니다. 무슨 이야기를 하려고 하냐면 바로 이 전라도 해역하고 규슈 북부라든지 왜계 거주지를 중심으로 해서 서로 언어적인 공통성이 외국어라기보다는 오히려 방언 정도의 수준이 아닌가, 좀 더 뒷시대에 가도 신라사절이라든지 백제사절이라든지 발해사절이 야마토(倭)에 가지만 그래서 접반사 속에 통역사가 임명이 되지만 직접적으로 통역을 개제하지 않고 얘기했다고 하는 그런 기술들도 볼 수 있습니다. 혹시 이런 남해안 해역하고 일본열도 왜인들의 교류 이런 얘기를 할 때에는 혹시 언어적 공통성이라든지 같은 문화권으로서의 공통성들도 좀 추가하면 어떨까 하는 생각을 했습니다.

그 다음에는 『수서』에 있는 기록인데요. 아마 배청이 왜에 사신으로 파견이 되고 백제에 건너가서 행지죽도라고 되어 있습니다. 백제에 건너간 다음에 항행해서 죽도에 이른다. 이렇게 되어 있구요. 다음에 남쪽으로 탐라국을 바라보면서 쓰시마국을 경과한다 이렇게 이야기가 되어 있거든요? 여기서 첫 번째는 선생님이 말씀하신대로 행이라는 의미가 아마 부여에서부터 여기 죽도는 섬진강 하구의 남해도로 비정을 하고 계시니까 부여에서부터 남해도까지는 육로로 갔다. 그것이 행으로 표현되어 있다. 아마 선생님은 왜인전의 기술의 용례에 익숙해서 그렇게 하셨던 것 같은 생각이 듭니다. 그 행을 육로로, 육로 행으로 해석할 수 있는 건 조금 더 왜인전 이해를 통해서 이야기해주시면 좋겠구요. 그래서 좀 보정을 부탁드리구요. 제 생각에는 쓰시마에 도착하기 바로 직전의 지명이 죽도로 등장을 하고 있습니다. 그런데 이 죽도를 과연 남해도 정도로 본다고 하면 쓰시마까지 직접

가는 것처럼 보일 수는 없지 않을까? 과연 이 문장과 같이 기술되었을까 그런 생각이 듭니다. 일단 쓰시마에 도착하기 직전이 죽도다. 그럼 오히려 죽도는 더 가까운 쪽, 쓰시마에 가까운 데에 있어야 되는 게 아닌가라고 생각을 하고, 그런데 죽도는 많겠죠, 그쵸? 아주 많은데 마침 임진왜란 때 이순신 장군이 김해 앞 바다에 떠있는 죽도에 정박을 하고 있던 나베시마 수군을 정찰하는 기록이 있습니다. 그래서 그런 것도 혹시 여기에 가능하지 않을까 하는 의문을 내봤는데요. 그건 아주 조금 더 명료한 대답이 올 것 같습니다.

그 다음에는 『입당구법순례행기』 같은 경우에 강봉룡 선생님은 안도를 여수 쪽에, 하마다(濱田耕策) 선생님은 거문도 또는 '남해도?'라 하셨거든요. 그래서 이 비정에 대해서 한 번 더 설명을 해주셨으면 좋겠습니다.

최성락　　네, 그런데 질문이 모두 다섯 가지입니다. 앞의 두 가지는 참고로 말씀하신 것이니까 뒤의 세 가지 질문에 대해서 대답해주시면 좋겠습니다.

濱田耕策　　조금 전에 이영식 선생님께서 질문하신 내용인데, 문헌상에서 보이는 하나의 해협이나 전라도를 항해하는 이런 측면 보다는 고고학적인 측면으로 볼 수 있는 유물의 유무에 대해서 얘기를 하는 것이 당연하다고 생각합니다. 그래서 본문에 보이는 임나가라에서 임나를 함안으로 비정하는 것이 혼동했던 대목이 있었습니다. 다음으로는 『일본서기』에 무령왕 시마와 관련된 것들인데요. 이게 백제의 인명이나 지명을 따른 것으로 보고 있습니다. 그리고 『일본서기』의 기록을 보면 헤이안시대 말기까지 백제 인명이나 지명이 남아 있는

것들이 전해지고 있는데 특히 인체의 눈이나 코 등을 지명하는 것들이 남아있습니다. 그래서 시마라는 것이 사람을 통해서 전해지면서 섬으로 인식되었을 거라고 생각되고 쓰시마에서도 현재까지 '친구(도모다치, ともだち)'를 '친구(ちんぐ)'로 사용하고 있는 것을 봤을 때 사람과 사람 사이에 교류하면서 언어적 공통성이 있었다고 생각됩니다. 다음 질문인『수서』왜국전의 항로 중에 백제를 떠나 죽도를 거쳐서 출발했다는 것에 대한 질문인데요.『신증동국여지승람』에서 보이는 고성이나 강진 해남 등에서도 죽도가 기록되어 있고 김해에서도 죽도가 기록되어 있습니다. 단정하기 어려운데 죽도는 남해의 섬으로 추측됩니다.

왜에서 견수사를 보낼 때 백제의 역할이 굉장히 컸다고 생각합니다. 견수사를 보내면서 왜 오왕시대에 수에서 왜로 사신을 보낼 때 백제를 통과하면서 군사적인 모습, 여러 가지 모습을 보면서 고구려를 침공하거나 할 때 정세를 정찰하기 위해서 꼭 필요하지 않았나 생각합니다.

엔닌의『입당구법순례행기』에서 보이는 섬들의 비정에 대한 것들은 여러 가지 책을 참고하면서 이야기 되고 있습니다. 안도 같은 경우도 여러 가지 견해들이 있습니다. 앞으로 더 생각해야 한다고 생각합니다.

최성락　질문에서 빠진 것이 있는데 다음에 하시겠습니까? 지금 하시겠습니까?

이영식　지금 하겠습니다. 부여에서 남해도까지 육로로 갔다고 하셨는데, 우리가 관심을 가지는 '전라도 해역을 통과하는 사료' 한 건이 없어지기 때문에 그래서 굳이 제가 질문을 드렸습니다.

濱田耕策   육로로 가는 것도 바다를 피한다는 의미니까 해로를 강하게 의식한 반작용인거죠. 또한, 왜인들이 전라도 해역을 통과할 때 어떤 계절에 안전하게 가는지, 어떤 계절이 위험한지에 대한, 이런 계절에 따른 것도 생각해야 된다는 겁니다.

최성락   흥미 있는 주제들이 많이 나오긴 하였습니다만 논의가 끝까지 되지는 않았습니다. 죽도라든지 안도에 대한 위치 문제가 연구자마다 의견이 약간 다르지요? 자 시간상 지정토론은 여기까지 하겠습니다. 종합토론에 세분이 초청되었습니다. 먼저 윤용혁 선생님이 소감이나 질의가 있으면 말씀해 주시기 바랍니다.

윤용혁   우선, 오늘 저는 이 세미나가 대단히 중요하다고 생각합니다. 우선은 대외교통이나 교류사에 있어서 흑산도가 가지고 있는 역사적 성격이나 의의가 크기 때문입니다. 그런데 역사적으로 가질 수 있는 여러 가지 특징과 성격들을 구체적으로 확인하는 유적이 오늘 발표한 상라산성, 무심사 또는 관사터 등의 자료들이거든요. 오늘 세미나는 학술세미나이긴 하지만 국가사적 지정이라는 목표가 있는 세미나이기 때문에 초점이 여기에 맞춰져 있습니다. 우리나라에서 해양루트에 관련된 유적은 상당히 많이 있지만, 지금 그런 것을 가치 있는 유적으로 주목하고 있지 않습니다. 고려시대 같은 경우 조운을 예로 들면 남한의 12개의 조창이 운영되었는데, 현장이 그대로 있는데도 조사된 유적은 없어요. 기본적으로 해양교류, 교통에 관한 관심이 없기 때문에 유적으로서 중요시 되지 않고 있다는 거죠. 심지어는 서산, 태안 경계에 고려, 조선시대에 걸쳐 운하 공사한 것 있지 않습니까. 대규모 공사이고 많은 사람들이 중요하다고 생각하지만 아직까지 문화재지정은 안되어 있거든요. 기본적으로 그 이유가 어디 있는가 하면 결국 해양교통의 유적이라는 것을 그렇게 중요시 않고 있기 때문입니다. 오늘 논의한 흑산도의 상라산성, 무심사지, 관사터를 하나의 세트로 사적으로 지정하는 것은 우리나라에서 '해양교통 유적'의 개념을 만드는 것이라는 점에서 흑산도만의 문제가 아니라고 생각합니다. 그러기 때문에 기왕이면 일찍 지정이 되었으면 좋겠다는 것이고, 또 문화재지정이 반드시 다 조사한 이후 지정이 되는 것은 아니잖아요? 지정은 지정대로 진행하고, 조사는 조사대로 진행하고 이렇게 해서 같이 진행했으면 좋겠다라는 말씀을 드립니다.

해로의 관사라는 것은 실질적인 교통상의 중심 시설 아니겠습니까. 흑산도의 '관사'라는 것은 객관시설로 봐야 할 것 같은데, 선유도의 군산정, 태안의 안흥정, 영종도 경원정, 이렇게 쭉 거쳐 가는 것인데 이 객관시설 가운데 조사된 것이 하나도 없지 않습니까. 그래서 흑산도의 유적이 부각되어야지 그런 유적도 다른 지자체에서 관심을 가질 수 있지 않겠는가 생각합니다. 그래서 그런 계기를 만드는 것이 바로 흑산도 유적의 부각이라는 점에서 중요하다는 말씀을 드리고 싶습니다.

최성락　감사합니다. 질의가 아니고 의견, 소감을 말씀해 주셨는데요. 두 가지 의문을 제기하였습니다. 하나는 흑산도 관사터도 과연 객관이었을까 하는 것이고, 다른 하나는 흑산도의 해양유적을 대표하는 명칭을 어떻게 정할 것인가 하는 것입니다. 후자의 문제는 나중에 생각해 두었다가 말씀해 주셨으면 좋겠습니다. 다음은 최종관 선생님이 이재근 선생님한테 의견이나 질의가 있으면 말씀해 주시죠.

최종관　질의보다도 그냥 말씀드리겠습니다. 저는 해양생태학자인데요. 고고학, 역사학을 전공하시는 저명한 선생님들 학술장에는 제 생애 처음인거 같습니다. 나름대로 우리나라 고대문화를 조명함에 있어 중요한 의미를 가지는 이런 자리에 해양생물학자가 참석하는 것이 옳은 일인가 생각해봤는데, 재단 측에서 고대문화의 조명과 활용 방안이라는 측면에서 접근해 달라는 요청이 있었기에 말씀을 드립니다. 저는 개인적으로 고고학이나 역사학에 대해 잘 모르지만, 특유의 섬 문화를 체험하며 자랐습니다. 제가 알기로 우리나라 서해가 가지고 있는 독특한 특징이라고 하는 것은 과거의 동백제에서 서백제로 이어지는 아주 중요한 항로였다는 부분하고, 고구려시대에 해양강국의 거점이었다라는 수준으로밖에 알고 있지 않았습니다.

　다만 여기서 고대에 어떻게 그렇게 항로를 조그만한 배로 이동했을까라는 의문점을 가지고 있었는데 …, 서울에서 이곳으로 발령 받고나서 전라남도 관매도를 가니까 몇 년 전에 5톤 정도밖에 안되는 조그만 배를 가지고 열 한명이 중국에서 우리나라(관매도)로 밀항을 시도하다 적발이 되었다는 이야기를 들었습니다. '이 조그만 배로 어떻게 중국에서 관매도까지 밀항을 했을까'라는 생각을 했는데, 현재도 벌어지는 이런 사건 자체가 고대에 조그만 배로도 충분하게 원거리를 항해할 수 있었다는 증거로 볼 수 있지 않나 이렇게 판단하고 있습니다. 그렇기 때문에 민족문화의 관점에서 고대문화를 조명하는 데 있어서 문화자원을 발굴하고 또 체계화시키는 것이 국가적 차원에서 굉장히 중요한 과업이라고 생각합니다.

　흑산도에는 역사 유적으로 상라산성이 있고 면암유적지가 있고 또 정약전『자산어보』가 있습니다. 저는 해양생물학을 공부했기 때문에『자산어보』의 저자인 손암 선생의 연구조교 역할을 했던 장창대라는 인물에 대해서 굉장히 개인적으로 깊숙이 파고들었습니다. 하지만 실상 흑산도에 가서 장창대라는 분에 대해서 물어보니까 현지 주민 분들은 전혀 모르고 계셨습니다. 사실은 정약전 선생의 『자산어보』를 탄생시킨 실질적인 주인공인데도 불구하고 말입니다. 그러던 중 흑산 군도에 있는 대둔도에 가니까 장창대 선생의 묘지가 있더라고요. 그래서 저희 다도해국립공원 서부사무소 차원에서 신안군하고 협력 해서 장창대 선생의 일대기를 연구하고 그것을 관광 상품화 시켰으면 하는 바람을 가지고 있고, 또 실재로 거기에 접근을 하고 있습니다. 이런 의미로 봤을 때 흑산도의 고대문화유적 국가사적 지정도 중요하 다고 생각합니다. 그렇지만 지정과 동시에 보존을 어떻게 할 것이고 또 지속적인 이용체계를 어떻게 구축할 것인가도 굉장히 중요한 문제 입니다.

미국에서는 국립묘지나 주요사적 심지어 백악관도 국립공원으로 지정해서 중요상품으로 내놓는데, 이를 좋은 사례로 벤치마킹 할 필요가 있다고 생각합니다. 역사가 되었든 고대문화가 되었든 역사학 자의 연구 대상으로만 남겨둘 것이 아니라 가깝게는 지역주민들, 또 넓은 의미에서는 모든 국민이 알아야 될 필요성이 있습니다. 하나의 조그만 역사자원도 지역주민에게는 소중한 하나의 가치일 수 있습니 다. 이 가치를 알기 위해 많은 관광객들이 그 지역을 방문하고, 그 과정에서 비용도 지출한다면 지역주민들은 이를 통해 삶의 질을 높이 고, 정주여건을 향상시키는 수단으로 활용할 수 있을 것입니다. 이러 한 희망이 실현될 수 있기를 바라며 이만 마치겠습니다.

최성락   고맙습니다. 사적 지정 문제가 나왔는데 사실 현재 제가 문화재청 사적분과위원입니다만, 저보다는 훨씬 선배님이 있습니다.

손영식 선생님께서 오늘 말씀하시면서 사적 지정의 방법이나 문제점이 있으면 분명하게 말씀해 주셨으면 좋겠습니다.

손영식   방금 소개받은 손영식입니다. 저는 성곽, 봉수 등 관방시설에 관심이 많습니다. 관방시설에서도 시설의 구조와 형식 등입니다. 이번 학술세미나는 흑산도의 다양한 고대문화유적을 알게 되는 귀중한 시간이었습니다. 그런데 저의 관심분야는 자연경관이 아니고, 흑산도의 상라산 일대의 상라산성과 봉수대, 그리고 관사터, 무심사지 등이 위치한, 이 일대 500m 범위 내의 집중된 여러 유산인 복합유적입니다.

이범기 선생님한테 질문 겸 제 의견을 말씀드리고자 합니다. 들어보시고 답변이 필요하면 나중에 언급해 주시기 바랍니다. 우선 상라산성에 대한 의견입니다. 이 상라산성은 최근에 지방기념물로 지정이 되었다고 들었습니다. 이미 지방문화재로 지정되어 있어서, 참 조심스럽기도 한 내용입니다. 현재까지 조사 보고된 상라산성의 성곽형식을 보면, 일반적인 산성하고는 달리 그 성곽의 형태가 테뫼식도 아니고 한쪽으로 경사진 산 중턱에 걸쳐져 있는 성곽으로, 성내의 모든 시설이나 병력이 다 노출되는 그런 지형이고, 방어시설로서의 기능을 가진 시설은 별도로 보이지 않습니다.

그래서 이를 상라산성이라고 지방문화재로 지정한 바 있다 보니까, 조심스럽다고 할 수 있습니다. 혹시 봉수시설유적 형식으로도 검토해 볼 수 있다고 봅니다. 잘 아시다시피 고려시대의 봉수시설에는 매 봉수마다 방정 2인에 백정 20인이 한 장소에서 2교대로 운영하게 되어 있어, 봉수시설이었을 가능성이 있다고 봅니다.

왜 그러냐면 1149년 즉 고려 의종 3년에 고려도 발전된 봉수제가 봉회식(烽㸌式)으로 2거 구분에서 4거(四炬) 구분형식으로 바뀝니다. 이때를 기준으로 15년 전에 『고려도경』의 저자인 서긍(徐兢)이 다녀갔어요. 그때는 고려의 봉수는 2거 구분법이었다고 봅니다. 즉 이상이 없으면 횃불 하나 이상이 있으면 두 개였는데, 이것이 15년 뒤에 4개 구분법이 되고, 조선시대는 5거 구분법으로 발전을 하게 되었습니다.

그래서 대개 봉수시설은 높은 지대에서 올려야 되고 봉수대에서 약 100m 떨어져있는 상라산성은 봉수군이 주둔하였을 가능성이 있는 시설이 아닌가 조심스러운 추정을 해봅니다. 왜 그러냐 하면 성곽의 구조도 그렇고 성곽의 위치가 해양을 잘 바라볼 수 있는 위치고 또 성내에는 취수할 우물이나 연못도 없습니다. 지금까지 지표조사로 알려진 시설은 건물지 하나하고 문지 하나로 이는 성곽구조보다는 봉수군들이 주둔했던 봉수시설의 가능성도 보입니다. 즉 산 중턱에 성벽을 쌓아도 방어시설로서의 의미가 없는 거예요.

그래서 발굴조사를 한 적이 없으니까 발굴을 통해서 잘 규명할 필요가 있다고 봅니다. 만약 상라산성이 봉수(烽燧)하고 관련된 시설이라면 이는 우리나라에 남아있는 제일 오래된 봉수시설로도 중요한 의미를 갖는다고 봅니다. 성격도 모르는 길이 280m 정도의 석축구조보다는 상라산성이 만약에 봉수시설에 주둔군의 시설이라고 본다면, 관방유적의 하나인 봉수와 연계해서 연구한다면 아마 중요한 조사가 될 것으로 봅니다.

저의 개인적인 생각이지만 이런 곳은 앞으로 발굴조사 과정을 통해서 규명을 해야 되지 그냥 산성으로 얘기하면 이것을 설득하기는 쉽지 않다고 봅니다. 또 석축의 구조를 보니까 성곽의 구조가 아니라 담장의 구조 형식과 거의 유사합니다. 그리고 상부에 일부 남아 있는 구조를 사진으로 보아도 진짜 성곽일까라는 의구심이 듭니다.

성곽의 구조가 아니라, 당시 곡식을 찧는 데 사용했던 …. 고려시대 때 그곳에서 농사짓고 살도록 봉수군에게 평전1결을 줬습니다. 그리고 오늘도 사진으로 여러 차례 자세하게 봤습니다마는 완전히 노출되어 있는 석축을 성곽이라고 부르면, 어떻게 생각해야 되는지 …. 물이 없는 성곽은 굉장히 곤란합니다. 아니면 물을 담을 수 있는 무슨 시설이라도 있어야지요. 하늘에 떨어지는 물을 모아 놓는 …. 봉수군은 수시로 물을 떠다 나르기 때문에 물이 없어도 됩니다. 봉수군은 주둔하고, 근무자만 그곳에서 근무하다가 조선시대에는 전부 한 지역 안으로 들어옵니다. 보통 둘레가 200~300m 내외입니다. 이 석축은 짐승이 침입해서 사람을 다치게 하는 것을 막고, 불이 나면 봉수가 올라가는 것으로 오해받을 수 있기 때문에 불을 차단하는 거예요. 그 외에도 여러 가지 목적으로 봉수시설에 석축을 꼭 하게 되어 있거든요. 이런 측면에서 기념물로 상라산성은 앞으로 발굴과정을 통해서 검토를 해봐야 하는 게 아니냐 하는 생각이 듭니다.

흑산도의 유적보존과 활용계획에 대해서는 별다른 왕도가 있는 건 아니라고 생각합니다. 다만 신안군과 같이 지방의 재정부담여건이 좋지 않은 경우에 예산문제가 따를 수 있으므로, 조금 전에 다른 선생님께서 말씀하셨지만 기 조사내용을 잘 정리하여 관심만 가지면 사적지정에 있어서는 위원장도 여기 계시는데 뭐가 크게 어렵겠습니까? 지정하도록 노력하여 조사 및 정비에 필요한 예산을 확보해야겠지요. 우선 발굴비를 확보해서 차츰차츰 서두르지 말고 추진하는 것이 필요하다고 봅니다.

그래서 복합유적을 중심으로 하는 유적의 국가지정문화재로의 지정은 서둘러야 될 것으로 봅니다. 기존 조사자료 등을 정리하여 제출하고, 이러한 세미나를 통해서 더욱 관심을 갖게 될 것으로 봅니다. 이러한 활동으로 지자체가 유적의 보존관리 활용에 대한 관심이 갖고 있다는 것을 보여주고 그것을 바탕으로 차분하게 복합유적을 중심으로 조사와 정비를 해나가면 좋을 것으로 봅니다.

본인도 최근에 홍도를 다녀왔습니다마는 흑산도에 들리지도 않더라고요. 진짜 섭섭했어요. 그래서 이번 기회에 복합유적은 서긍(徐兢)의 기록과도 관련된 시설이 나오는 곳이므로, 거기에다 우리가 지금 객사터, 관사터 등이 조사되어 관련이 있을 것으로 봅니다.

정면 다섯 칸, 측면 세 칸, 이런 어마어마한 건물이 흑산도에 있다는 건, 이런 것을 중심으로 제사유적이라든지 해서 어떤 명칭을 아까 윤용혁 선생님께서 얘길 하셨지마는 명칭도 잘 검토하여 바람직한 명칭으로 쓰면서 이렇게 사적(史蹟)지정을 추진하면 좋은 결과가 있지 않을까 생각합니다. 감사합니다.

최성락　　예 감사합니다. 손영식 선생님은 문화재청에서 오랫동안 근무하셨습니다. 또 문화재위원으로도 오래 활동하셨습니다만 최근에 물러나셨습니다. 자 이제 토론은 끝났고요. 기회는 한 번 더 있습니다. 마지막으로 소감이나 문제 제기의 기회를 모든 발표자나 토론자들에게 일분씩 드리겠습니다. 그전에 앞에 계신 분들도 모두 토론자입니다. 여러분 의견이나 질문을 듣고, 마지막으로 일분씩 의견을 듣겠습니다.

임흥빈　　오늘 상당히 유익한 내용을 많이 배웠습니다. 저는 신안 출신 전남도의회 의원입니다. 제가 도서해양문화연구모임을 이끌고 있어서, 흑산도도 여러 차례 다녀오고 지난해 강봉룡 교수님하고 주산군도도 다녀왔던 인연이 있습니다. 그래서 관심이 많이 있습니다. 우선 집행부하고 제가 이야기를 하면서 사적지를 육지부 사적지하고 해양부 사적지로 구분할 방법이 없나, 법을 재개정하더라도 이걸 구분해서 전라남도 같은 경우에는 비교 위에 있는 도서해양 사적지에 대해 별도로 예산을 편성할 수 있도록 연구해 보자고 이야기하고 있다고 말씀드리고요. 특히 저는 산성에 관심이 많아서, 기록도 많이 하고 최근에는 나름의 역할을 하고 있습니다.

신안에는 비금 성치산성부터 장산 대성산성까지 대표적인 산성이 다섯 개가 됩니다. 그런데도 한 곳도 국가사적지로 지정이 안 되어 있습니다. 특히 성치산성 같은 경우는 테뫼식 산성으로 직접 올라가 보면 원형이 상당히 훼손되어 있습니다. 제가 듣기에는 일제강점기를 거치면서 다 없어졌다고 합니다. 그런데 역사적 고증 방법이 없다고 하니, 상당히 고민된다는 말씀도 드리고, 특히 흑산도 상라산성 말씀 하셨습니다마는 이것과 관련하여 여러 의견이 있는 것 같아요. 봉화터라는 분들도 있고, 그 위를 제사터라는 분들도 있는데, 여러 가지 의견이 있는 것 같아서 그게 명쾌하게 정리가 되었으면 좋겠다는 말씀드립니다. 또 좀 멀지만, 가거도 패총에서 유물들이 많이 나왔다고 그러는데 그런 유물들은 어떻게 관리 되는지 그것도 좀 궁금합니다. 그래서 이번 기회를 통해서 흑산도 권역을 아우르는 사적지가 명실공히 국가사적지로 지정될 수 있도록 저도 노력하겠습니다마는 오늘 함께 해주신 여러 학자분께서 더 많은 관심과 배려를 부탁해 마지않습니다. 이상입니다.

최성락   예 고맙습니다. 임흥빈 위원님이 끝까지 이렇게 들어주시고 의견을 주셔서 고맙습니다. 좋은 말씀 감사합니다. 하나만 말씀드리면 신안지역의 산성 조사는 한번 할 필요가 있습니다. 섬 별로만 조사되어 있지 집중적으로 조사되지 않았으니까 흑산도에 대한 조사와 별도로 할 필요가 있다고 생각합니다. 어쨌든 저는 잘 모르겠습니다만 손영식 선생님이 가치가 충분하다고 하니까 사적으로 지정되도록 저도 열심히 노력해야 하겠습니다. 마무리하기 전에 빠진 것은 이영식 선생님이 질문을 다 못하셨는데, 마무리 1분을 쓰시겠습니까 질문을 더 하시겠습니까. 마무리는 끝 쪽의 이범기 선생님부터 오늘 느끼는 소감이나 보충 발언을 1분 안에 말씀해 주십시오, 없으면 패스하셔도 됩니다.

이범기　　간단히 말씀드리겠습니다. 고고학적인 입장에서 말씀드리자면, 먼저 손영식 선생님께서 말씀하신 그 부분은 앞으로 발굴조사가 진행되고 그 결과를 바탕으로 종합적인 연구와 검토가 필요할 거 같습니다. 제 개인적인 생각을 말씀드리자면, 관사터나 무심사지 같은 경우, 현재까지는 중요 지역을 중심으로 부분적으로만 발굴이 진행된 상태입니다. 따라서 일부이지만 발굴조사 결과 어느 정도 유적의 성격은 확인되었습니다. 하지만 상라산성은 정밀 지표조사만 진행된 상태로 정식적인 조사는 아직 이루어지지 않았습니다. 상라산성은 매우 중요한 유적임에도 불구하고 산성의 현황을 정확히 알 수 있는 전체적인 측량도 되어 있지 않은 상태입니다. 현재 강봉룡 선생님께서 지표조사를 하실 때 일부분만 부분적으로 작성하신 도면을 그대로 사용하고 있습니다. 그런 부분들이 추가로 조사가 이루어져 정확한 성격이 밝혀진다면 앞으로 복합적으로 유적을 확인하는 데 있어서 좋은 자료가 될 것 같습니다.

최성락   전남문화재연구소에서는 앞으로 기회가 되면 사적이라 생각하고 정밀한 조사를 해주셨으면 좋겠습니다. 아직은 사적으로 지정되지 않았지만 사적과 같이 정밀한 학술조사가 필요합니다.

강봉룡   흑산도의 읍동포구를 해양유적지로 지정하여 국립해양문화재연구소가 발굴을 해주었으면 합니다. 국립문화재연구소가 우리나라 문화재 전체를 관장했었지요. 육지든 해양이든. 그런데 근래에 다행히 국립해양문화재연구소가 별도로 만들어졌어요. 그런데 국립해양문화재연구소에서는 해양문화재 개념을 아직 정립을 못하고 있는 것 같아요. 해저유물만 해양문화재로 생각하는 경향이 굉장히 강합니다. 섬에 있는 유적이라든지 연안지역에 있는 포구유적 등은 해양문화재연구소가 해양문화재라는 관점에서 관심을 가지고 발굴할 필요가 있습니다. 섬도 육지니까 육상발굴은 우리하고 상관이 없다는 것은 잘못된 생각입니다. 아까 윤용혁 선생이 말씀하셨듯이 해양문화재연구소에서 해저유물뿐만 아니라 도서연안 지역의 유적도 해양문화재라는 개념으로 접근할 필요가 있습니다. 국립해양문화재연구소를 국립문화재연구소와 대등한 기구로 발전시켜 국립해양문화재연구소는 해양문화재를 관장하고 국립문화재연구소는 육상문화재를 관장하는 역할 분담이 필요해요. 국립문화재연구소는 지소가 많은데, 국립해양문화재연구소는 이번에 태안지소가 하나 겨우 생길 것 같습니다. 앞으로 국립해양문화재연구소는 섬에 관심을 가져서, 예를 들어 흑산도지소라든가 이런 것을 만들어서 해양의 시대에 해양문화재가 육상문화재와 대등하게 대우받을 수 있었으면 합니다. 국립해양문화재연구소가 출범했기 때문에 첫 출발은 잘 되었다고 생각합니다. 앞으로 성큼성큼 나갈 수 있었으면 좋겠습니다.

최성락　예 고맙습니다. 또 급히 자리를 떠나야 할 분이 계십니까?

김덕수　한마디 말씀드리고 싶은 건요. 지금은 해양시대입니다. 해양시대에 국제화는 가장 중요한 관건이거든요. 중국도 지금 굉장히 해양에 대해서 절실하게 준비를 하고 있거든요. 그래서 아까 잠깐 질문을 했는데, 일대일로라는 개념이거든요. 근데 지금 우리나라에서 일대일로 개념에 대해서 별로 아는 사람이 없지 않은가 하고, 중국은 온통 천지가 일대일로라고 하는 해양의 중심으로서의 시대를 어떻게 앞으로 해야 될 것이냐는 점이 상당히 지금 우리에게 시사하는 바가 큽니다.

　끝으로 오늘 이렇게 토론회가 단지 국내로만 그치지 말고 중국학자들도 일본학자들도 한·중·일 학자들이 같이 어울려서 진정한 해양문화. 육지문화에서는 좀 더 편중되었거든요. 그것을 벗어버리고 공동으로 한·중·일이 공유할 수 있는 문화를 만들어야 되지 않은가. 그렇다면 앞으로 좀 너무 국내적으로만 하지마시고 여기 흑산도에 없는 것이 중국에 많이 있을 수 있습니다. 그런데서 서로 찾아서 같이 공유했으면 하는 말씀드리고 일어나겠습니다.

최성락　예 감사합니다. 다른 분 말씀하시겠어요?

윤명철　지금 해양과 연관된 견해와 주장들이 나왔는데, 저는 해양사나 해양문화를 이해하려면 일단 '이론'과 '개념틀'을 정리하는 것이 필요하다고 판단합니다. 누차 말씀드렸지만 여러분들이 육지적 관점에서 연구하면서 해역을 바라보면 그것은 아마추어에서 벗어날 수 없습니다. 최성락 선생님은 뛰어난 고고학자이지만, 저는 해양사 전공자라서 고고학에는 아마추어입니다. 고고학에 대해서 실수하는 일이 많을 수밖에 없습니다. 확실히 말씀드리지만 육지적 관점을 가지고 해양을 해석하면 아마추어 상태를 못 벗어납니다. 그런 태도는 지양하는 것이 필요하다고 말씀드리고요. 비슷한 관점인데요. '해양방어체계'와 '해안방어체제'는 다릅니다. 도시도 마찬가지인데요. 해양도시는 일반적인 도시와 여러 면에서 다릅니다. 정책도 일반적인 육지위주의 정책과 해양정책은 다른 겁니다. 예를 들면, 해양사를 연구한다면 가능하면 이론과 개념을 찾고, 그런 상태에서 해석틀을 잡아나가는 것이 확실히 유리하지 않을까? 이게 제가 마지막으로 드리고 싶은 말씀입니다. 저는 사실은 책을 많이 썼습니다. 해양관련 논문집이 10권 이상 되는 걸로 알고 있는데, 그 외에도 많은 책들이 있는데. 그래서 말씀드리는데 앞으로 해양과 연관하여 연구를 하시는 분들은, 육지를 연구하면서 해양을 일부 필요로 할 때는 제가 만들어놓은 이론과 해석 틀이 있으니 참조하시면 어떨까하는 부탁말씀을 드리겠습니다. 감사합니다.

최성락　　고맙습니다. 지금부터 마지막 1분씩 발언하시면 무조건 박수를 쳐야 됩니다. 다시 김희만 선생님으로 돌아가겠습니다.

김희만　　오늘 흑산도에 관련된 학술대회에 와서 많은 것을 배웠습니다. 한 가지 말씀드린다면 장보고시대라는 시대상을 설정할 때 사실은 828년에 장보고가 귀국을 하게 되는데 그 이후에 다양한 정치적인 사건에 연루되는데 만약에 흑산도하고 연관을 짓고 싶을 때는 그 구체적인 시기를 어느 정도 한정하는 것이 좀 더 바람직하지 않나 그런 생각을 해봤습니다.

최성락　감사합니다. 송은일 선생님.

송은일　저는 해양 관련해서는 잘 모르지만 지구가 아니라 해구라는 말을 쓰는 것이 온당하다는 이야기를 들었습니다. 해양이 얼마나 중요하다는 것을 새삼 느끼게 되는데요. 오늘 이런 유익한 자리가 된 거 같습니다. 많이 배워갑니다. 감사합니다.

최성락　감사합니다. 이영식 선생님 조금 더 시간을 쓰셔도 됩니다.

이영식　저야말로 흑산도는 흑산도아가씨 밖에 몰랐는데, 이렇게 중요한 곳인지 몰랐습니다. 공부시켜주고 먹여주고 해서 한마디를 해야 되겠다 싶은데 할 건 없고, 그러던 중에 철제 말 얘기를 몇 번 들었습니다. 말 아홉 마리가 나왔다고 그래서 그 말의 의미에 대해서 말씀드리고 싶습니다. 지금 '상라', 산성인지 봉수대인지 아니면 신성한 구역에 대한 표시인지 이런 해석이 있는 것 같아요. 우선 '상라'라는 것을 아무리 찾아봐도 한자표기가 없어서 혹시 이 말의 어원이 무엇인지 궁금하고, 신안군의 이재근 선생님 같은 경우에는 스토리텔링부터 개발해야 된다고 하였으니 그런 차원에서 필요하다고 생각하고요. 마침 거제도에 신라시대의 상군(裳郡)이 설치되는데, 다산 정약용 선생에 따르면 그 두루(마)기 또는 치마를 투르다의 두루 상 뭐 이렇게 되거든요. 그래서 아까 그 원형석축에 원두막에 대한 언급을 들으니 뭔가 치마처럼 두르는 형용에 따라 상라가 되었나 싶었고요. 그것보다도 말 아홉 마리의 성격을 이야기 할 때 제일 먼저 떠오르는 것은 역시 여기 백제에 앉아 있으니까, 『삼국유사』 남부여 조의 기사입니다. 이건 뭐 『신증동국여지승람』에도 다시 기록된 내용인데, 백제가 멸망한 다음에 소정방이 낙화암에서 … 조룡대라고 하지 않습니까? 백마를 미끼로 용을 낚지 않습니까? 그 용이라는 건 백제의 운명을 상징하는 것인데 소정방 자기가 정복했다는 그런 과장된 설화적 전승으로 남은 건데, 어쨌든 그 용왕을 낚는 게 말입니다. 그때 말은 미끼이고, 용왕은 곧 해신입니다. 그래서 여기에 말이 해안의 제사유적에서 출토된다는 것은 해신을 낚기 위한 것이다. 아니 해신에게 바치기 위한 것이다. 즉, 항해의 안전을 보장받기 위해서 그렇게 한 것이다. 갑자기 그 연결이 생각나 이 말씀은 드려야 되겠다. 제가 살고 있는 김해 쪽에 나전리토성이라고 근년에 발굴된 게 있습니다. 바다하고 관련이 있을지는 모르겠는데 토석혼축의 성인데 지금 둘레가 여기 정도 됩니다. 그런데 여기서 철제 말이 출토되었는데 그 철제 말의 의미에 대해서도 신성한 제사에 사용되었고 신성한 구역이라고 봅니다. 근데 발굴자들은 보루 이런 정도로 해석했습니다. 그래서 그것도 혹시 또 말의 의미를 해석하고 또 앞으로 스토리텔링을 개발하는 데 도움이 될까 그래서 한 번 더 말씀드렸습니다.

최성락   예 감사합니다. 윤용혁 선생님으로 넘어갑니다.

윤용혁   한 가지 덧붙여 말씀드리고 싶은 것은, 제가 공주 살고 있지 않습니까? 오늘 하마다 선생 발표 가운데 해로와 관련하여『일본서기』에 나와 있는 가카라시마 무령왕 탄생기록에 대해 말씀해 주셨어요. 저는 무령왕 관련해서 매년 공주에서 참가자를 모집하여, 가카라시마 축제에 참석하고 있습니다. 그러면서 이 자료를 여러 번 봤는데 이 자료가 특히 백제의 일본과의 해로와 관련해서 굉장히 중요한 자료라는 생각을 하게 되었습니다. 그리고 앞에 말씀드린 것을 다시

한 번 강조해서 말씀드리는데, 해양교통유적을 부각하는 데 흑산도 오늘 논의된 유적의 문화재 지정이 대단히 중요하다는 점에서 조속히 성과가 있기를 기대하겠습니다.

濱田耕策　흑산도 고대문화에 대해서 참고가 될지 모르겠습니다만, 후쿠오카현에 오키노시마라는 섬이 있습니다. 3세기부터 9세기까지 계속해서 제사유물이 나옵니다. 오키노시마에 비해서 흑산도는 어떤 성격이 있을까라고 생각해보면, 흑산도는 아마 국제적인 항로라고 생각됩니다. 일본에서 중국으로 가는 해도, 아마 흑산도가 아닐까 생각하고 있어요. 오키노시마는 일본정부가 내년에 세계유산으로 신청할 예정입니다. 오키노시마는 사람이 살 수 없는 섬입니다. 오키노시마에서는 항로해상의 제사를 담당했지만 나중에 야마토정권의 국가제사로 성격이 격상되었습니다. 흑산도는 무슨 차이가 있을지 생각해보면, 우선 흑산도는 사람이 살 수 있습니다. 그리고 삼국시대 유적이 없는 것이 유감스럽지만은 삼국시대에는 어떤 성격이 있을까, 고려시대, 조선시대에도 흑산도가 교통의 성격이 있는 섬인가에 대해 연구해 주시면 좋을 것이라고 생각합니다.

최성락　예 감사합니다. 이제 마지막입니다. 신안군청 이재근 선생님이 오늘 들은 소감, 앞으로의 포부, 어떻게 하실지를 말씀해 주시기 바랍니다.

이재근　저희 흑산도를 주목하기 시작한 것은 2000년 봄부터였던 것 같습니다. 흑산도 주민들도 아직 잘 모릅니다. 이런 유적이 어떤 의미가 있다는 것을 잘 모르는 것 같고요. 우선 주민분들에게도 많이 알려야겠다는 생각을 하고 있습니다. 문화재를 관리하는 부서의 담당자로서 문화재위원님들, 교수님들께서 많은 좋은 이야기를 해주셨는데요. 지정신청승격심사를 하는데 저도 한 번도 해본 적이 없습니다. 조사기관들이 여러 기관이 참여해서 여러 번 조사했었는데요. 내년에도 조사는 계속 진행될 예정입니다. 지정승격이 방향을 더 잡을 수 있는 것 같아서 좋은 자리가 되었고요. 이런 학술행사 자리를 마련해서 조사되는 대로 또 정리하고 조만간 신청할 수 있도록 최선을 다하겠습니다.

최성락   예 감사합니다. 이제 마무리를 해야 되겠습니다. 이번 학술대회는 전남문화예술재단(現 전라남도문화관광재단)과 신안군이 공동으로 주최한 신안 흑산도 고대문화조명, 국가사적지정을 위한 국제학술대회였습니다. 여러분은 재미있게 들으셨습니까. 오늘의 결론을 정리해 보면 크게 두 가지인 것 같습니다. 하나는 흑산도의 성격을 조금 더 정리를 하고, 규명해야 된다는 과제이고, 다른 하나는 해양유적의 대표주자로서 하루 빨리 국가사적으로 지정해야 되겠다는 것입니다. 여기 계신 모든 분들이 말씀해 주시고, 손영식 선생님도 판단해 주셨기 때문에 두 가지 방향으로 추진해야 된다는 것이 오늘 학술발표와 토론의 결론이 아닐까 생각합니다. 다시 정리하면 흑산도에 대한 학술조사, 성격규명을 잘 해야 되겠다는 것과 국가 사적으로 지정하는 준비를 해야 되겠다는 두 가지 과제를 남기고 오늘의 발표와 토론을 모두 마치겠습니다. 오늘 발표해 주시고 토론해 주신 분, 끝까지 토론을 들어주신 청중 여러분께 감사드리면서 이상 마치겠습니다. 감사합니다.

전남문화재연구소 연구총서 2

신안 흑산도 고대문화 조명

(재)전라남도문화관광재단
전 남 문 화 재 연 구 소   엮음

초판 1쇄 발행 2016년 10월 31일

펴낸이 오일주
펴낸곳 도서출판 혜안

등록번호 제22-471호
등록일자 1993년 7월 30일

주소 04052 서울시 마포구 와우산로 35길 3(서교동) 102호
전화 02-3141-3711~2 / **팩스** 02-3141-3710
이메일 hyeanpub@hanmail.net

ISBN 978-89-8494-565-4   93910

값 28,000 원